日本の南進と大東亜共栄圏・目次

第2部 東南アジアにとって「大東亜共栄圏」とは何であったのか

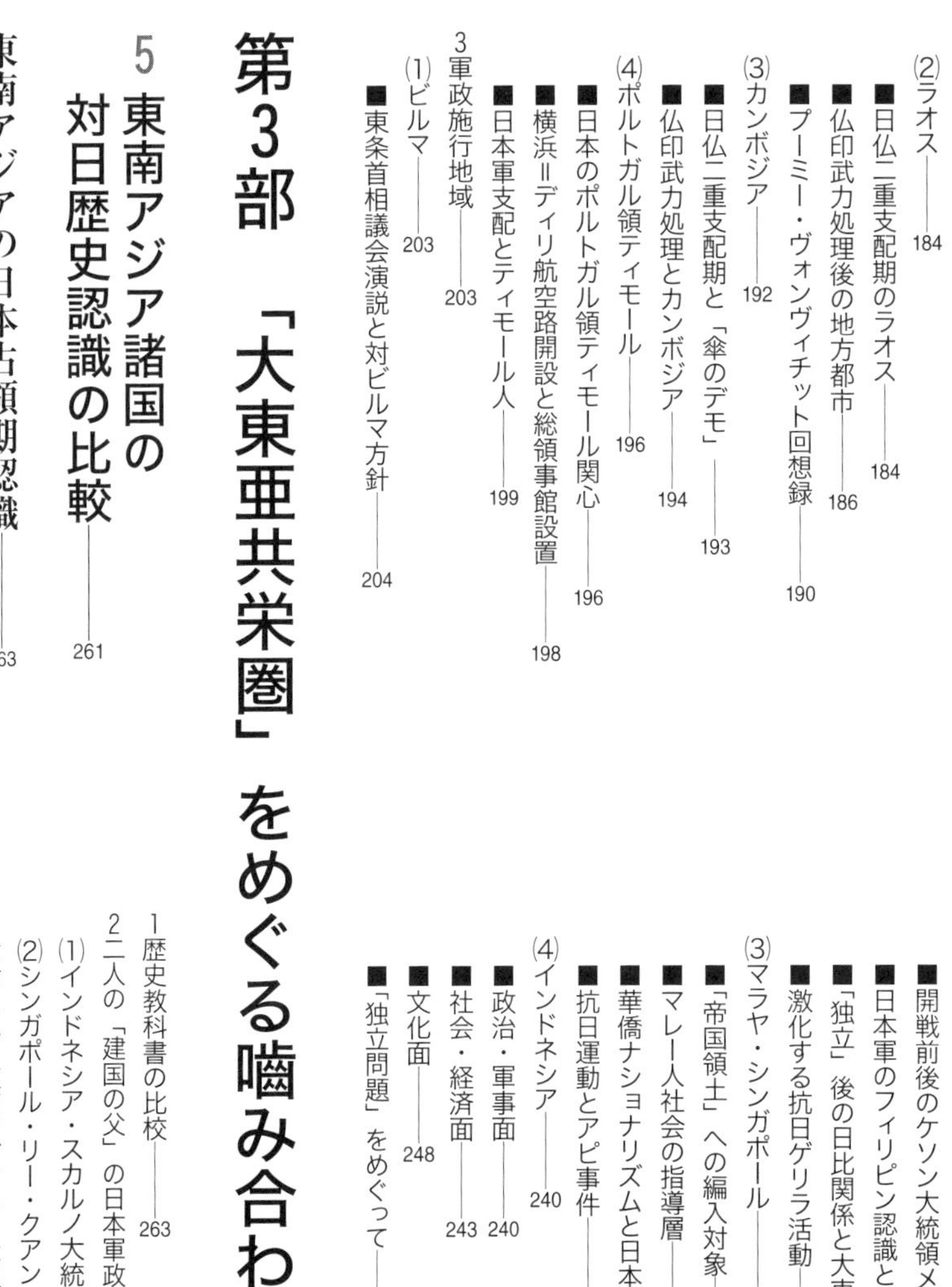

第3部 「大東亜共栄圏」をめぐる嚙み合わない歴史認識

6「殺身成仁」史観を超えて――真の「未来志向」の関係とは――293

・引用文・史料の中には、現在では不適切とされる表現も見られるが、原文のままとした。
・引用文中の［ ］、および本文中の（ ）は、筆者による補足説明。
・引用文・引用文献中の（ ）は原文のまま。
・参考文献等の刊行年は、西暦表示に統一した。
・外国の人物名・地名等の日本語表記は、執筆者により異なる場合もあるが、そのままの形で使用した。
・外務省外交史料館所蔵のものは、英語旧名の略称ＤＲＯを用い、ＤＲＯ所蔵とした。
・漢字の難語には適宜ルビを付した。

はじめに

「昭は照すことであり、永い間の暗雲を除き、すべての物に何ら差別なく太陽の光りと恵みをあまねく及ぼしたい。昭南の土地こそ必ずその名の示すようにこの方面〔東南アジア〕における光明の一大軸心、基点となる島（港）となろう。」

一九四二（昭和一七）年二月一五日、「難攻不落」と謳われた大英帝国のアジア支配の象徴、シンガポールを陥落させた二日後、大本営政府連絡会議は、右のような「心からの願い」から、シンガポールを昭南（島）と改称することを決定した（防衛庁防衛研修所戦史室編 一九七〇：五一九–五二〇）。

今日、東南アジアを構成する一一ヵ国（含東ティモール）の内、もっとも遅く世界史に登場するシンガポールが、イギリス東インド会社のアジア進出の拠点となったのは一八一九年のことである。それ以降、東西をつなぐもっとも重要な中継港として急発展をとげたシンガポールは、貿易港としてのみならず、東南アジアをめぐる国際関係において、軍事的にも、政治的にも枢要な地位を占めるに至った。一九世紀後半に始まる日本と東南アジア世界との関係においても、後述するようにシンガポールは、扇の要とも言うべき、もっとも中心的な位置を占めることになる。

かつて南洋とも外南洋とも呼ばれた東南アジアは、日本もその一員である東アジア文化圏の朝鮮半島・中国大陸を除くと、日本人が最初に足を踏み入れた異国、異文化圏であった。歴史教科書で必ず紹介されるように、一六・一七世紀には数多くの朱印船がこの海域を行き交い、域内全体で七ヵ所に「南洋日本人町」が形成され、虚実相交じえて語られてきた山田長政（タイでの欽賜名セーナーピムック）のような、謎多き伝説的人物も登場する。

これらの近世初期の日本人と東南アジアの関係については、一九三〇年代以降、史料に裏打ちされた精緻な歴史研究で実証される一方、「大東亜戦争」勃発前後になると日本人の「南洋進出の先駆」と喧伝され、日本と東南アジアの不可分かつ宿命的な結びつきの象徴として利用されるようにもなる。いわば政策的な「歴史の動員」の対象となったことも、今なおわれわれの記憶に新しい。

冒頭に紹介した「昭南」の由来が示唆するように、本書の主要な関心は、アジア太平洋戦争（当時は「大東亜戦争」と呼称）の時代とは、東南アジアにとって、また日本にとって、どのような時代であったのか、ということにある。端的に言えば、本当に「すべての物に何ら差別なく太陽の光りと恵みをあまねく及ぼす」世が実現したのであろうか、という素朴な問いかけである。そしてこの基本的な設問を、三つの観点から検討し、時代を追う形で日本と東南アジアの関係を、読者とともに考えてみたいと願うものである。

その第一は、明治期以降の日本と東南アジアの関係について、具体的な事例を通して跡付けることである。

第二は、「大東亜共栄圏」の実現を掲げ、東南アジア全域を支配したアジア太平洋戦争期の日本統治の特質と実態、そして東南アジア側の対応の諸相、さらにはこの時代が同地域に与えた衝撃とその遺産についての考察である。

そして第三は、戦後四分の三世紀余を経た今日、戦時期の両者の関係は、双方の側においてどのように記憶され、歴史化されているのか、という歴史認識に関わる問題の検討である。

以下では、本書の構成について手短に触れておきたい。

第1部　戦前期日本は東南アジアとどう関わったのか

1 二〇世紀転換期の日本と東南アジア、

2 一九三〇年代の日本の「南進」と国際環境、

第2部　東南アジアにとって「大東亜共栄圏」とは何であったのか

3 東亜新秩序論から開戦へ

では、日本を取り巻く国際環境を視野に入れつつ、戦前期東南アジアとの関わりを跡付ける。

時期的には、**第1部**は一九世紀後半から「大東亜戦争」勃発までの半世紀余を対象とするが、便宜上三期に分けて論を進めたい。第一期は、一九世紀後半から第一次世界大戦終結まで（1）、第二期は、同大戦後の新国際秩序（ヴェルサイユ＝ワシントン体制）成立から日本の国際連盟脱退（一九三三年）を経、日中戦争勃発まで（2）、そして第三期は、それ以降開戦までとする（3）。

4 東南アジアと「大東亜戦争」

では、どのような内外状況下で、日本は「大東亜戦争」に突入し、「大東亜共栄圏」樹立の名の下に、東南アジアでいかなる支配を行なったのか、それに対して東南アジア各国はどのような状況下に置かれ、また日本支配に対し、いかなる対応を示したか、について検討する。

第3部 「大東亜共栄圏」をめぐる噛み合わない歴史認識

5 東南アジア諸国の対日歴史認識の比較、

6 「殺身成仁」史観を超えて——真の「未来志向」の関係とは

においては、「大東亜共栄圏」の時代をめぐる日本、東南アジア双方の歴史認識に関わる諸問題を多面的に考察し、より開かれた将来の両者関係を展望する一助としたいと願っている。

なお本書では、基本的に前大戦を「アジア太平洋戦争」と呼ぶが、戦争呼称についての最新の詳細な考証に関しては、以下を参照されたい。庄司潤一郎「戦争呼称に関する問題——『先の大戦』を何と呼ぶべきか」戸部良一他『決定版大東亜戦争 下』新潮社、二〇二一年（筆者自身のこの点についての見解は、「アジア太平洋戦争と東南アジア」『外交史料館報』第二七号、二〇一三年 を参照）。

第1部

戦前期日本は東南アジアとどう関わったのか

1　二〇世紀転換期の日本と東南アジア

中国に対してさえ優越感を誇示した日本が、南方の近隣諸国に対し、それ以上の優越感をもって接したのは当然のことであった。中国文化圏の外縁に位置し、かつて中華の地から「化外の地」とみなされ、今また欧米列強の植民地体制に組み込まれた東南アジアに対する日本の目線は、容易に想像できるものであった。

国際関係の中のアジア

上述の時期区分の第一期は、明治政府が東南アジアの二つの都市、シンガポールとマニラに在外公館（領事館）を開設した一八八九（明治二二）年から第一次世界大戦終結までの約三〇年である。明治二二年は、大日本帝国憲法（明治憲法）が発布され、日本が天皇制を基軸とする上からの国民統合を国是とした年である。そのような年に列強の植民地支配下にあった両都市に、日本は進出の第一歩を印したのだった。

同時代の東南アジア諸地域に目を転じると、大陸部、島嶼部（巻末「関連略年表」参照）ともに、相次いで列強の軍事力に屈しその植民地化の対象となっていた。一八八五年、ビルマ（ミャンマー）では三次にわたる英緬戦争の結果コンバウン王朝が滅亡、八七年には仏領インドシナ連邦発足、既にマレー半島を勢力下に置いていた（一八二四年）イギリスは、八八年には北ボルネオ、ブルネイ、サラワクを英領北ボルネオとして保護領化していた。

一七世紀初め以来、東南アジア海域に姿を現わした当時の先進国オランダは、一七七七年にジャワ全土を制圧、一九世紀後半になるとスマトラ、セレベス（現スラウェシ）、ボルネオ（現カリマンタン）を事実上植民地化する。また一六世紀半ば以降、スペインによる植民地化が進んでいたフィリピン（除ミンダナオ諸島、スルー諸島）は、一八九八年米西戦争でスペインが敗れた結果、米領に組み込まれることとなった。

他方、明治天皇・明治維新と比較されることの多いチュラーロンコーン王とその指導下で進められたチャクリー改革によって、独自の道を歩んでいたシャム（タイ）は、一八九六年の英仏協約により両者の緩衝地帯と位置づけられ、直接的には列強の植民地支配を受けることはなかった。

そのため従来の研究史の中では、タイは「東南アジアにおける『唯一』の独立国」であり、「東南アジア現代史の例外」とし位置づけられてきた。しかしながら、この点につき村嶋英治は、二〇世紀を前にした世紀転換期に仏英両国によって版図の半分を割取されたタイは、近隣諸国とともに、植民地支配体制からの解放を国家的課題として重視したことを指摘し、これまでの「『唯一』

の独立国」との通説を批判している（村嶋英治「タイ国の立憲革命期における文化とナショナリズム」石井米雄他編 二〇〇二：二四一）。

本書が対象として取り上げるもっとも新しい国民国家は、群島国家インドネシアの海域の真っ只中に浮かぶ東ティモールである。一八世紀初めポルトガルの政治的版図に組み込まれたティモール島東部は、一九七六年インドネシアに武力併合されたが、四半世紀にわたる独立闘争に勝利し、二〇〇二年五月、新世紀最初の独立主権国家となったことは周知の通りである。独立達成とともに東ティモールも東南アジアを構成する国家の一員となったが、一九世紀後半に針を戻すと、宗主国ポルトガルとティモール島西部に勢力を拡張させたオランダとの間に領域をめぐる紛争が絶えず、一九〇四年に至りようやくティモール島を東西に分ける直線の国境線が、両国条約（批准は〇八年）によって決定した。

このように一九世紀末において、東南アジアのほぼ全域が欧米列強の植民地ないしその強い影響下に組み込まれたのに対し、日本はどのような相貌をもって国際社会に〝デビュー〟したのであろうか。

近代日本の最初の対外戦争の対手は、一〇数世紀にわたり国家形成の「師」と仰いだ中国（清国）であった。その日清戦争さ中の一八九五年、日本社会で広く口ずさまれたのは、「膺てや懲らせや」と題したはやり唄であった。「膺てや懲らせや清国を　清は御国の讐なるぞ／東洋平和の讐なるぞ　伐ちて正しき国とせよ／御国の権利を妨ぐる　傲慢無礼の敵を伐て（以下略）」（古茂田信男他編 一九八一：一八五）。

この歌詞からは、かつての師への畏敬の念はもはや消滅し、また自らがその文化圏の一員であった自覚や誇りも見出すことができない。そこには弱肉強食の国際社会の勝組に参入しつつあった日本の、対近隣アジア優越感がみごとに凝縮されている。そうした新たな秩序意識を身につけた日本人にとって、日清戦争はまさに文明の名においてアジアの蒙を啓く義戦であると理解された。先の歌詞はこう続く。「東洋平和の義を知らぬ　蒙昧頑固の敵を伐て」。

中国に対してさえ優越感を誇示した日本が、南方の近隣諸国に対し、それ以上の優越感をもって接したのは当然のことであった。中国文化圏の外縁に位置し、かつて中華の地から「化外の地」とみなされ、今また欧米列強の植民地体制に組み込まれた東南アジアに対する日本の目線は、容易に想像できるものであった。

日本・東南アジア相互認識の形成

日本人の初期東南アジア観を知る上で、その地で自分たちの置かれた立場をどのように理解していたかを見ることは示唆的である。その具体例の一つとして、駐シンガポール領事藤田敏郎のジャワ視察時の回想を見ておこう。藤田は後年（一九二〇～二三年）駐サンパウロ総領事を最後に外務省を退官するが、明治・大正期を通じ移民問題にもっとも深く関わった外交官の一人であった。

日清戦争終結後の一八九七年当時、シンガポール領事館の管轄地であった蘭領東インド（蘭印、現インドネシア）の巡回視察に赴いた藤田は、蘭印きっての大都市スラバヤに滞在中二人の日本紳士に出会い、彼らがオランダ人経営のホテルに宿泊したことを知った警察官から違警罪に問われ、紛糾していると聞かされる。驚愕した藤田は、すぐ警察署を訪ね事情をただしたところ、「日本人は東洋人にして、欧州人の区域に居住し、且止宿すべき権利なし」と伝えられる。当時の蘭印法では、「白人・東洋外国人［中国人、アラブ人、インド人等］・原住民」と人種差＝階級差が明確に規定されている、というのがその理由であった（藤田敏郎 一九三一：八二–八三）。

この説明に納得できない藤田は、蘭印総督に詳細を求めるが、日本とオランダ本国政府の間には対等条約が結ばれているが、植民地蘭印にはその条約は適用されず、したがって日本人を「東洋外国人」として処遇するのは適法であるとの回答に接するだけだった。

この経緯を藤田は、外務省本省、駐オランダ公使館に連絡し、その後の両者による外交折衝の結果、最終的に一八九九年五月「蘭印行政処務規程」が改正される。その結果、日本人は法的には「東洋外国人」の範疇から脱け出て、ヨーロッパ人同等の地位に引き上げられることになった。文字通りの「脱亜入欧」という帰結であった。

この一件に関わる日本外務省の記録は、蘭印総督の先の却下理由につき、次のような回答を伝えている。一九世紀末の植民地当局の日本観が、なまなましく綴られていると言えよう。

「日本ハ近国ニシテ給料低廉ナレバ若欧州人同様ノ待遇ヲナセハ日本人多数爪哇［ジャワ］ニ渡米シ愚昧ナル土人ノ職業ヲ奪フ虞アルニ付特殊ノ待遇ヲ変セル不能然レトモ之ヲ以テ日本ヲ侮辱スルモノト思フハ大ニ誤レルモノナリ」（外務省編 一九五四：一六六）。

外交レベルにおけるこの時代の東南アジアに対する日本の姿勢を見る上で、もう一点、独立国タイ（当時はシャム）との関係に触れておきたい。南進論者として知られた稲垣満次郎初代弁理公使の精力的な動きによって、一八九八年二月両国間に「日本暹羅修好通商航海条約」がバンコクで調印を見た。当時の日本は、欧米諸国との間に幕末に結ばれた不平等条約の改正を最大の外交課題とし、一八九九年にはその宿志をほぼ実現している。不平等条約がもたらす屈辱感を十分過ぎるほど認識していたはずの日本であったが、日本側はタイではまだ近代的な司法制度が未整備であるとの理由で領事裁判権を認めさせることを強く要求し、これをタイ側に受諾させることになった（吉川利治編 一九九二：一五九）。

独立王国としての自負を持ち、日本近代化＝明治維新をチャクリー改革のモデルの一つと見てきただけに、この不平等条約にタイは深い失望感を味わった。この点について、アメリカ人タイ研究者B・バトソンは、こう論じるのだった。「日本に対する、そして汎アジア連合をめざす［稲垣満次郎が幹事長を務めた東邦協会等の動きを指すものに思われる］日本の使命に対するタイの熱狂は著しく気勢をそがれ」ることになった（ベンジャミン・バトソン「タイのナショナリズムと対日関係の展開」杉山伸也・イアン・ブラウン編 一九九〇：三六五）。

日本暹羅修好通商航海条約は、一八五五年にタイがイギリスに迫られて結んだ不平等性を色濃く持ったバウリング条約に範をとったものであり、事実上タイが外圧によって自由貿易体制に組み込まれる重要な契機となった条約である。その意味で、日本はタイに対し「正に西洋人が之に接するの風に従て」（福沢諭吉「脱亜論」一八八五年）対処したのだった。

蘭領東インド、タイとの間で繰り広げられた上記二つの外交事例は、二〇世紀の幕開けを前に東南アジアに接する日本（人）の関わりの原型を明示した形となった。端的に言えば、日本は、「名誉白人」として東南アジアの人々の前に、その姿を現わしたのであった。「名誉」の語が冠せられることで欧米「白人」世界とは一線を画し、また「白人」の仲間に擬せられることによって他の有色アジア諸民族から異化されるという、二重の壁を自らの周りに築くことになったのだった。

このようなジレンマを国家として背負いながら、それでは日本（人）はどのような形で東南アジア世界と関わることになったのであろうか。ここではこの問題を論じるに先立ち、関係進展の一条件として、東南アジア各地における日本の在外公館の設置状況を見ておきたい（図表1-1参照）。

この表からは、三つの興味深い特徴が指摘できる。第一は、本書の時期区分における第一期中に日本領事館が開設されたのは、シンガポール、フィリピンおよびインドネシアの、いずれも島嶼部東南アジアの植民地国家であったことである。南洋航路の発達とともに明治中期以降、自由貿易制をとるこれら諸地域へ向けてのヒトの流れ、物資の輸送が盛んになっていたことを物語るものである。それに対し、第一期の大陸部東南アジアでは、不平等条約の相手国であるタイのみに、最初から公使館が開設されただけであった。

第二は、第一期から第二期への移行期である第一次世界大戦直後の一九一九年に、前述の島嶼部三国の領事館がいずれも総領事館へと格上げされたことである。大戦を機に日本の経済進出が著しく増加し、それにともなって日本からの移住者や従来少なかった大企業の進出が相次いだことが主因であろう。また保護貿易に立つフランスの植民地仏印や、海路もっとも遠方のビルマ等大陸部植民地国家に領事館が開設されたのも、第二期に入った直後のことであった。

そして第三の大きな波が、「大東亜戦争」のさ中に現われる。現地日本軍当局の強力な指導下・監視下ではあったが、名目的な「独立」を付与されたビルマ、フィリピン、そして「同盟条約」を締結した「独立」国タイに大使館が設置された。また日仏二重支配下に置かれた仏印にも、実態はともかく大使府が置かれ、東京にもこれら諸国の大使館が開設されたのだった。

図表 1-1　戦前期東南アジアにおける日本の在外公館設置年

	領事館	総領事館	公使館	大使館
ベトナム	1920			1941（大使府）（ベトナム・カンボジア・ラオス）
カンボジア	1942			
ラオス				
タイ			1897	1941
ミャンマー（ビルマ）	1920（在カルカッタ総領事ラングーン分館）			1943
マレーシア				
ブルネイ				
シンガポール	1889	1919		
インドネシア	1909	1919		
フィリピン	1889	1919		1943
東ティモール		1941		

（出所）各種年表等に基づき筆者作成（現国名で表記）。

初期日本人社会の相貌

右に見た政府間の外交関係を念頭に置きつつ、次に第一期における日本人社会の状況を、島嶼部東南アジアの事例を中心に概観してみたい。

1「からゆきさん」再論

先にも紹介した駐シンガポール領事藤田敏郎は、日清戦争終結後の一八九六、七年頃、同地在住の日本人は約一〇〇〇人を数え、その内九〇〇余人が女子、その九割九分が「醜業婦」であり、「其多くは誘拐された者」であったと記している。

さらにマレー半島やジャワについては、「到底之を知るに由なし」と述べつつ、実情はシンガポールと同様であることを示唆している（藤田敏郎 一九三一：七二）。この点描からもうかがわれるように、一九世紀末の東南アジア一帯における最初期の日本人社会は、今日「からゆきさん」の名で広く知られる、東シナ海に面した西九州、特に天草諸島、島原半島出身の、多くは甘言に欺かれ密航同様の形で渡南した若い女性たちであった（「送り出す」側の社会文化的背景については、北野典夫 一九八五 を参照）。

「からゆきさん」の最大集住地であるシンガポールの状況についての、在留邦人側の目線をまず見ておこう。「アジア主義」的心情を持つ福岡県久留米出身の医師西村竹四郎は、東京帝国大学医学部を卒業後、医を通じ自らの「日支（中）親善」を実践すべく、一九〇二（明治三五）年南洋華僑の中心シンガポールで、華人を主な顧客とする医院を開く。侠気を備えた青年医師西村の患者には「からゆきさん」も多く、自と彼女らの身の上話を聞いたり相談相手にもなっていく（西村竹四郎 一九三六）。

西村は、彼女たちの哀話に同情を寄せるだけでなく、運命に身を託した彼女らのたくましさを、男目線の感はあるが、こう描写する（同書：一九）。

「彼女等の勇気と征服力の偉大さは真に賞嘆に余りあるものがある」。西村は、市内海南街、馬来街を中心に「彼女等は軒下に籐椅子を並べ五人、六人車座を作って嫖客を吸引するのだが、その生態を一瞥すると世にも異様なもの」と形容する。こうした表現からうかがわれるように、西村竹四郎は「からゆきさん」を当時唱えられた国辱ものと見たり、道徳的観点から非難するのではな

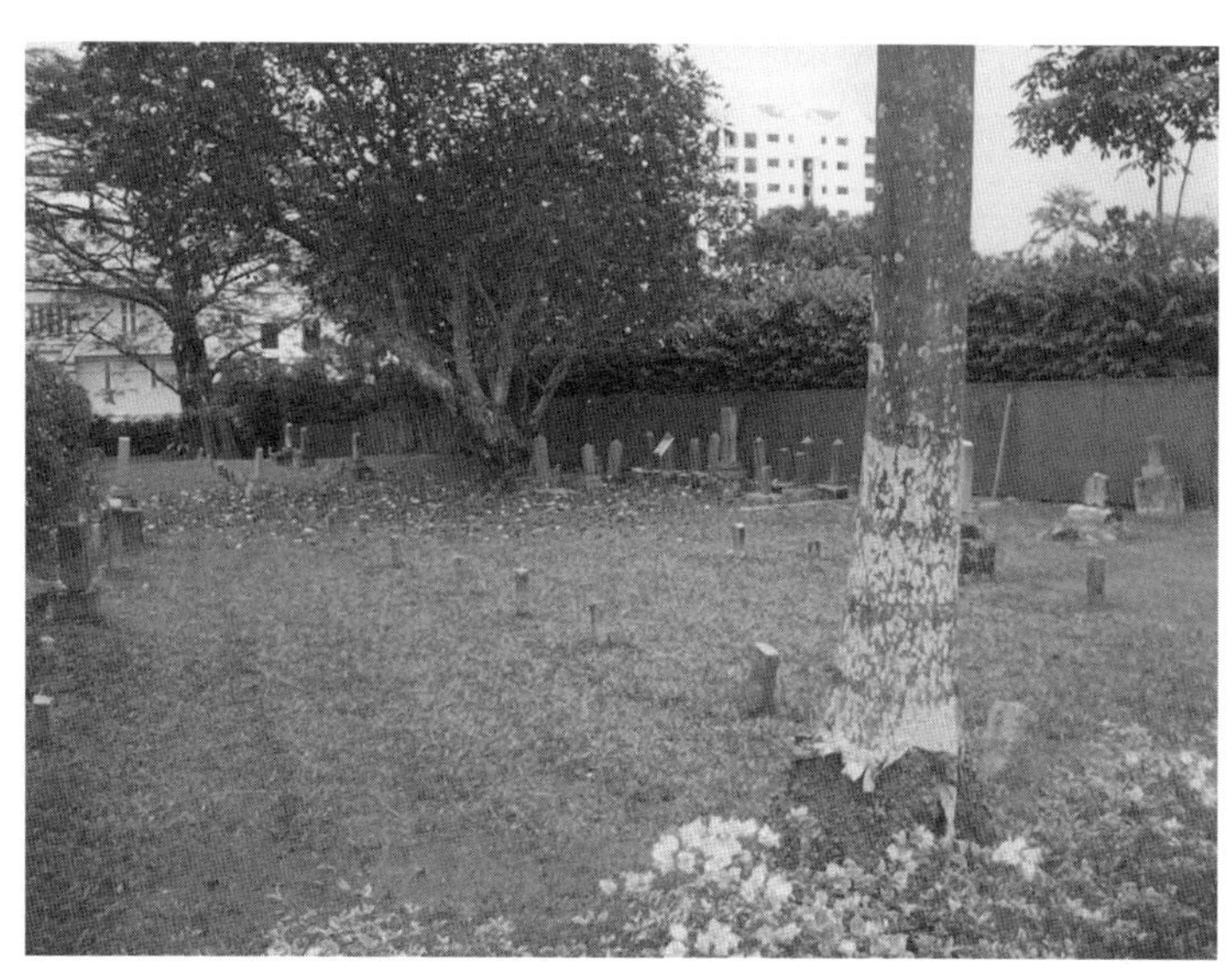

写真1-1　シンガポール郊外の日本人墓地、朽ちたものも含め数百の「からゆきさん」の墓碑が立ち並んでいる。2006年11月山﨑功氏撮影・提供（シンガポール日本人会編『シンガポール日本人墓地――写真と記録　改訂版』1993年．は貴重な資料である）。

く、きわめて没価値的かつ現実主義的な目で捉えるのだった。今日の価値観からはかけ離れていると思われるが、実話をもとにこうも述べている（同書：二〇）。「東西往来の船員等が良質の石炭を使い、新嘉坡（シンガポール）着を一時間でも早くと焦る裏にはかゝる天国が存在するからとの事だ。」

「からゆきさん」が圧倒的多数を占める初期邦人社会の特徴は、国際的な中継貿易港シンガポールだけでなく、東南アジア諸都市に共通するものであった。第一線の各国専門家による前掲論集（吉川利治編　一九九二）は、フィリピン（早瀬晋三）、インドネシア（倉沢愛子）、ベトナム（白石昌也）、タイ（吉川利治）、マレーシア・シンガポール（蔡史君）、ビルマ（根本敬）の七ヵ国を対象とした著作であるが、すべての各論が「からゆきさん」の存在とその史的意味につき、少なからぬ紙幅を費やしている。そのことは、「からゆきさん」が明治中・後期の日本・東南アジア関係を検証する上で、学問的にも無視できない歴史的事実であることを示している。

ちなみに、各国において「からゆきさん」が初めて登場した時期を見ると（図表1-3）、フィリピン（マニラ）では一八九〇年代末であるが、それ以降一九〇三年には一四〇人を数え、さらに一九二〇年に法的に廃娼が決まるまで増加の一途をたどっていた。執筆者早瀬晋三は、外務省文書をもとに一九一六年時点の管轄領事館別の「からゆきさん」数を図表1-2のように算出している。

インドネシア（蘭領東インド）では一八八二年頃が最初とされるが、駐シンガポール領事藤田敏郎は一八九七年ジャワ視察の折、在留邦人一二五名中一〇〇名が女性だったとの記録を残している。その大多数が「からゆきさん」であったと推定される。その後一九一七年に、蘭印政庁により醜業営業は表向きには禁令となった。

ベトナムについては、「からゆきさん」の人数や到来時期についての具体的記述はないが、白石昌也は日露戦争後、軍事力を背景に日本が仏印に進出することを警戒するフランス当局が、「からゆきさん」や彼女たちに随行するピンプ（売春あっせん業者）らが情報収集に従事している、と疑惑の目を向けていたことを指摘する。

既に触れた英領シンガポール、そしてマラヤについては、シンガポール人研究者蔡史君が二頁を費し論じている。蔡はシンガポールとマレー半島に初めて「からゆきさん」が登場するのは、東南アジアでもっとも早い一八七〇年頃と推定し、二〇世紀初頭一九〇二年には、在留邦人人口の七〇％を占めていたと述べる。その後日本領事館側の強い要請もあって、彼女たちに対する就業規制

図表1-2　統計に見る東南アジアの「からゆきさん」（1916年時点）

	醜業婦（人）	準醜業婦（人）	外妾（人）
シンガポール領事館			
海峡植民地	546	—	—
マレー半島連邦州他	1,057	—	—
マニラ領事館	282	50	59
バタビア領事館	406	607	79
バンコク領事館	26	—	—
ホンコン総領事館			
英領ホンコン	156	40	37
ポルトガル領アモイ	6	—	8
仏領ハノイ	113	—	80
カルカッタ総領事館			
インド本土	67	—	—
ビルマ	222	—	—
東南アジアのみの合計	2,881	697	263

（出所）吉川利治編．1992：46（早瀬晋三「フィリピン」、ハルピン等除く）。

が強められ、一九二〇年には廃娼運動が成果をおさめる（図表1-3参照）。しかしながら、実態は看板を変えた形で第二次世界大戦まで「からゆきさん」は存在していたと指摘する。

同書最終章を執筆した根本敬は、「ビルマにもいた『からゆきさん』」と題した一節を設け、三頁にわたり「からゆきさん」を両国関係史の中で位置づけている。根本によれば、英領植民地に併合（インド帝国の一部として）されたビルマの最初のセンサス（一八九一年）において、在住日本人六九人のうち四九人が女性であった。それが一九〇一年になると、男二六人に対し、女八二人となる。その後一〇年毎のセンサスの推移を整理すると、一九一一年（男三一〇人、女三五六人）、一九二一年（男二二三人、女二二六人、そして英領時代最後の一九三一年センサスでは男四一一人、女一五九人）と、初めて男性が女性を上回った。この間、他地域同様に廃娼運動の高まる中で、ビルマでも一九二〇年に廃娼令が発せられ、合法的な就業は禁止され、「その後急速に社会から葬られていった」。

図表1-3 「からゆきさん」関連略年表

	登場年	廃娼令
フィリピン	1890年代末	1920年
インドネシア	1882年頃	1917年
マレーシア シンガポール	1870年頃	1920年
タイ	1884―85年	1920年頃
ベトナム	1900年代末	1922年頃
ビルマ	1891年	1920年

（出所）吉川利治編．1992．等に基づき筆者作成。

シンガポールや仏印を経由しヨーロッパに渡った日本人、とりわけ作家たちの作品には、「からゆきさん」の存在が「南洋の風物誌」の一コマとして、しばしば登場する（白石昌也「ベトナム」吉川利治編 一九九二：一三〇―一三一、矢野暢 二〇〇九：三六）。島村抱月（一九〇二年、シンガポール）の『滞欧文談』、岸田国士（一九一九年、ハイフォン）の『牛山ホテル』、島崎藤村（一九一六年、サイゴン）の『海へ』、昭和期に入っての金子光晴『マレー・蘭印紀行』等枚挙にいとまがない。

彼ら文学者やジャーナリスト、その他知識層の手になる戦前期の「からゆきさん」観を通観すると、大別して三つのタイプに分けられる。第一は、南洋における奇異な存在として彼女らをみなしつつ、長旅の途上の「異国情緒」を慰める風物誌として好奇なまなざしで描くもの、第二は、一等国である帝国日本にとって、彼女らは国辱的な存在であり、一日も早く放逐すべきであると悲憤慷慨する見方である。この中では、宗教的・道徳的な観点から廃娼運動を熱心に提唱した、日本救世軍の山室軍平が象徴的な存在である。そして第三は、福沢諭吉がかつて『時事新報』の論説「人民の移住と娼婦の出稼」（一八九六年一月）で議論を巻き起こした、彼女たちは身体一つで貴重な外貨を稼ぎ「経世上必要なる」存在であるとする実利主義的な肯定論である。

この内、終始一貫第二の立場から「からゆきさん問題」に対処したのは、ある意味で当然であったが、東南アジア各地に駐在する日本の外交当事者であった。たとえば初代駐シンガポール領事代理として一八八九年に着任した中川恒次郎は、当地で中国人のみならず、インド人、マレー人さえも一様に日本人を侮蔑するのは「からゆきさん」の存在故であるとし、最初の現地報告でこう憤慨する（矢野暢 二〇〇九：三六 に依拠）。

「従来当地に居住するものは一に小売商、行商を除くの外は淫売女及び之に由りて口を糊する水夫上りの者のみにして彼の行商の如きも右の女子を以て得意となし…[それ故に当地住民は]日本人と見れば必ず淫売女に関係ある者と思ひ軽蔑するものなり。」

この中川恒次郎の後任としてシンガポールに赴いた藤田敏郎の所見は既に見たが、それだけに各地の外交当事者は植民地政府側に廃娼を働きかけ、ようやく第一次世界大戦後の一九二〇年に「醜業婦」の名で呼ばれた女性たちは、法律的には公認の場からは姿を消すのであった（図表1-3参照）。

藤田敏郎は、後年サンパウロ総領事として着任する途次の一九二〇年、四半世紀ぶりにシンガポールに立ち寄り、紅灯の消えた繁華街を見やりつつ、こう感慨を記すのだった（藤田敏郎 一九三一：七三）。「…山崎領事より醜業婦退去の顚末を聞き、時勢の進歩、外務省の態度の変化[廃娼積極化]と、在留日本人中多数の紳士出来[高学歴の大企業関係者の進出を意味]、同領事に協力し、此大事業を遂行し、今や同港には一人の日本人醜業婦無しと云ふ、喜悦に堪へざるなり。」

しかしながら、一片の廃娼令によって在南邦人社会の先陣を切った「からゆきさん」が、一夜にして忽然として消えたわけではない。中には帰郷したもの、あるいはヨーロッパ人や富有な華人に連れ添ったものもいたが、多くは南洋の地にとどまり、さまざまな形で「営業」を続けざるを得なかった女性（「密娼」）の方が一般的であった。そのような現状に対する外務省当局の苛立ちが、本省から駐シンガポール総領事にあてた次のような訓令（一九二四年三月一一日）からうかがえる（清水元「戦前期シンガポール・マラヤにおける邦人経済進出の形態」『アジア経済』一九八五年三月、一七頁に依拠）。

「折角苦心ノ結果公娼ヲ廃止シタル今日又々之ヲ復活スルハ甚タ遺憾ノ義ニシテ我方ニ於テハ出来得ル限リ邦人女子ノ公娼ヲ廃シタキ方針ニ付貴官ハ此意ヲ了シ貴地官憲ニ対シ我政府ノ苦衷ヲ訴ヘ日本人密娼ニ関スル限リ特別ノ了解ヲ遂ケラレ之カ復活ヲ見サル様適当ノ方策ヲ講セラレ度…。」

このように外務省本省、現地領事館当局は、一貫して「邦人公娼」「本邦売笑婦」あるいは「邦人私娼」とも呼称した彼女らを、植民地政府当局、さらには次第に大企業派遣者が中心となる邦人社会と提携しつつ消滅させることを、一九二〇年代前半の重要な課題とみなしたのだった。

いわば「一等国民意識」に支えられたこうした視線に対し、初期邦人社会の先駆らは、どのようなまなざしを「からゆきさん」に向けていたのだろうか。前述したシンガポールの開業医西村竹四郎は、日常的に一人の生身の生活者として彼女らと接してきたが、その一人一九二一年六月二〇日に「世を諦めて死」を選んだ「まあちゃん」の最期を、次のように綴っている（西村竹四郎一九三六：三二四–三二七）。「僕は彼女が新嘉坡に来た時からの知り合いであり病気を診てやつた。可憐な花であつたが、風雨に悩められ、遂に泥土に托するに至つたのは悼ましい。せめて来世は幸福な女に生れて来るやうにと祈つてやつた。」

こう日記に記した西村は、さらに「政代を弔ふ」と題した一二節からなる長い弔詩すら書き添えている。「からゆきさん」個人の歩みを描いた作品は、今日に至るまで少なくないが、この詩ほど対象への思いやり、憐憫、そして彼女らを生んだ社会への無常感を伝えるものは稀である。その何節かを追ってみたい。

「…四、小さい胸に　堪へがたき痛手　生の価値　希望を失ひ　芳紀二十四　傷ましい最期よ　○（ママ）死…五、長崎に生まれて　まだ振分髪の　巾広のリボン　海老茶袴

写真1-2　インドネシア・アチェのオランダ人墓地に建てられた長崎出身の日本女性の墓碑。1951年64歳で死去と刻されていることから、「からゆきさん」として渡南し、後オランダ人男性に嫁した女性と思われる（筆者所蔵）。

も腰高の　十五の春を　人買の手に　南の国へ　六、新嘉坡へ来たのは　叔母さんの家から　英語学校に入る為めと　彼女の小さい行李には　教科書だけが這入つてた　継母の云ふ叔母さんとは　有名な女郎屋のミセス。」

かねて政代からその身の上話を聞き何かと相談相手になっていた西村は、鋭敏な感性を持つ彼女のその後の歩みをこう続ける。「九、流れてメダン〔北スマトラ〕に入つた時　少女の心は　茨の棘のやう尖つてた　神を恨み人を恨み又自分を怨んだ　彼女は吐息を毒瓦斯と化しすべての人を殺さん事を願つた。彼女の胸の焔は生物を煨き尽さんと祈つた　十二、木の香も高い墓標〔日本人墓地内〕の上を　名もない鳥が啼き　護謨の枯葉が　音もなく落ちた　あゝ『まあちゃん』よ　お前の名を呼べば　涙がとめどなく流れる。」

東南アジアにおける列強の最大植民地インドネシアは、シンガポールと並び早くから在留日本人社会が形成され、第一次世界大戦期になると、それまでの個人商・小商社に加え大手商社、銀行、農園企業等も相次いで進出するようになった。

本書の時期区分における第一期後半に、ジャワに新天地を求めた青年の一人が、後にバタビア日本人会の指導者の一人となる近江出身の石居太楼であった。石居はポンプ等農機具販売を主とする日本商会を経営するかたわら、日本人商工業者の地位向上のため世話役として尽力した。彼が居を定めた当時のバタビア（ジャカルタ）をはじめスラバヤ、スマラン、バンドン等ジャワの主要都市には、まだ「からゆきさん」の姿を日常的に目にすることができた時代であった。そうした往時を回顧しながら、晩年の石居は「ジャワ邦人草分け物語」と題する貴重な記録を世に残した（武田重三郎編　一九六八）。

石居太楼は、「からゆきさん」が明治期東南アジアへの邦人進出の先導役でありながら、周囲から「冷たい目」で見られていることに異和感を覚えつつ、「(彼女たちこそ)島国根性の抜け切らぬ男子に先達して、南方の新天地に踏み入り、日本の国の存在と日本人を紹介し、今日の東南アジア交流の基礎を身を以って築いていった。この女性達の足跡は見直すべきではなかろうか」(同書:二四)。こう問いを投げかけ、三頁を費して彼女たちの辿った苦難の歩みを紹介する。近年の日本社会に「からゆきさん」の存在を広く知らしめることになった山崎朋子『サンダカン八番娼館――底辺女性史序章』(筑摩書房)がベストセラー(後映画化)になるのは、石居回想記が書かれてから四年後のことであった。

余談となるが、日中戦争が本格化し戦時色が次第に感じられるようになった一九三八年、「からゆきさんの唄」と題した流行歌(時雨音羽作詞・細川潤一作曲)が広く世に歌われた。後述するように、日本の政府・軍上層部で「南進」論議が高まりを見せていた時期であった。その二年前には、当時の「国民歌謡」の中で最大のヒット曲となった「椰子の実」(島崎藤村作詞・大中寅二作曲)が人々に愛唱されていた。

いずれも、まだ見ぬ遠い南方への人々の想いをかき立てる役割を果たすことになる。「からゆきさんの唄」は、実際の彼女たちの哀話を脱色したものではあるが、こう歌われる。「一、暗い海辺の　船着き場／見送るものは波ばかり／買われてゆくのは　からゆきさん／心ひとつが　身のたより／遠いボルネオ　旅の果て　二、潮の香りが　身にしみりゃ／日の丸恋し　故郷恋し／船を見送る　からゆきさん／シンガポールの黄昏に／泣いて暮らして　母となる」(古茂田信男外編 一九八一:三五一)。この時期に「からゆきさん」の語がこうした形で社会に流布するのも、無意識裡の「歴史の動員」と言えるのかもしれない。

近代日本と東南アジアとの関係の第一期(一九世紀後半～第一次世界大戦終結)を考察する本章の中で、「からゆきさん」の叙述が多すぎると思われるかもしれない。しかしながら、当時の東南アジアに骨を埋めようとした日本人の書き残したもの、彼らの回想記録、さらには東南アジアを研究する専門家の著作を見ても、「からゆきさん」は開戦に至る日本・東南アジア関係史を読み解く上で、

図表1-4　東南アジアにおける日本人関係組織の発足年

	日本人会発足	日本人学校設立	三井物産出張所等開設	在留邦人（人，1919年）
フィリピン	1901	1917	1901	9,798
インドネシア	1913	1925	1907	4,144
マレーシア・シンガポール	1915（シンガポール）	1912	1891	8,297
タイ	1913	1926	1927	282
ベトナム		1943年に在外指定	1926年常駐駐在員	361（1920年）
ビルマ	1933（日緬協会）	1937	1927	449（1921年）

（出所）吉川利治編．1992．在留邦人数については山田毅一．1934．日本経営史研究所編『挑戦と創造——三井物産一〇〇年のあゆみ』三井物産：1976等を参照。

避けて通ることのできない、また忘却してはならない歴史的事実であったことを改めて強調しておきたい。

さらには上述したように、第一期の日本の外交当局者にとっても、「醜業婦」と絡印した彼女たちの存在とその処遇の仕方は、東南アジアを統治する欧米列強との外交折衝においても、きわめて優先度の高い課題であったことを確認しておきたい。

2 東南アジア関心の高まり

図表1-4は、東南アジアの主要都市に日本人会、日本人学校が設立され、また大手貿易会社の典型としての三井物産の出張所が開設された時期を示したものである。日本人会について見ると、二〇世紀初めに発足したマニラを除くと、いずれも一九一〇年代以降の成立であり、またいずれの都市でも、それと相前後して三井物産の出張所（欧米諸国では支店）がいち早く開設されていることが分かる。

図式的に見るならば、東南アジア各地との通商を求めてまず商社が進出し、それに伴うように、さまざまな形で正業を求める日本人が移動していったことを物語っている。そして家族を伴い、あるいは現地で家庭を築き長期在住を選択した日本人の数が一定の規模に達すると、日本人学校設立の要望が高まってきたことを意味した（インドネシアにおける日本人学校の設立を例にとると、一九二五年のスラバヤに続き、二八年バタビア、二九年スマラン、三三年バンドンと、邦人人口の多い順になっている。なお在外指定学校ではなかったが、三〇年代半ば東部ジャワ・マランにも日本人学校があったがスラバヤ日本人学校に吸収)。

一九一〇年代に入り、日本から南アジアへの人の流れが増加する一因として、日露戦争前からの対外的膨張論の高まりの中で、かねてから「国益圏」として重視してきた朝鮮、満州(中国東北地方)を植民地下に、あるいは事実上日本の支配下に置いたことがあげられる。

端的に言えば、明治初期からの宿願であった「北進」が一段落し、新たな進出先として従来二次的な関心の対象に過ぎなかった東南アジアが、視界に入ってきたのであった。

ただしこの時点での「南進」論は、武力を行使して列強の植民地下にある東南アジアに侵略するのではなく、欧米が創出した植民地体制を承認した上で、平和的手段による経済的進出を企図したものであった。

約言すれば、二〇世紀初めの日本の対東南アジア政策は、日英同盟(一九〇二年)、日米間の桂・タフト覚書(一九〇五年)、日仏協約(一九〇七年)などの列強との一連の条約・覚書の枠内で進められた。それらの諸文書は、日本と相手国がアジアにおけるそれぞれの既存権益を相互に承認し、侵害しないことを確約していた。

そうした中で、多くの研究者が指摘するように、一般の日本人の眼を東南アジアに向かわせる上で、一九一〇年に公刊された竹越與三郎『南國記』(二酉社。復刻=日本評論社、一九四二年)が与えた影響は絶大なものであった。福沢諭吉の門下生であり、衆議院議員としてまた新聞記者、史論家として著名の士であった竹越與三郎(号三叉)は、一九〇九年インドネシア各地を巡遊し、その旅行記を翌年『南國記』として公刊したのだった。

名文家として知られ、かつ一般社会の南方関心が高まり始めていたという追い風もあり、同書は爆発的な売れ行きを示した。

竹越を志賀重昂、服部徹、菅沼貞風、鈴木経勲、田口卯吉、稲垣満次郎とともに、明治期の代表的な七人の「南進論」者の一人と評する矢野暢は、当時の「南進論」関係の出版物の中で、一年半で一〇版を数えた『南國記』ほど、「世間に大きなインパクトを与えたものは、あとにも先にもないように思う」と記している(矢野暢二〇〇九:二〇〇)。

竹越は、自著の第一章の見出しを「南へ! 南へ!」

と題して書き起こし、「熱帯を制するものは世界を征する」との刺激的なフレーズからうかがわれるように、インドネシアを中心とする東南アジアへの経済的進出を流麗な筆致で謳い上げた。

日本の有力者の渡南ということで、蘭印当局も竹越の各地視察に神経を尖らせていたが、そのことは竹越自身も察知していたようで、同書の中でこう記していた（竹越與三郎 一九四二：二四二）。「（日露戦争当時）和蘭人は心中また私かに露国に党したりと思はるるもの少からず、爪哇（ジャワ）の新聞紙が露国の敗北を報道するを禁じ…此頃より爪哇在留日本人の挙動に対して、深く注目し、殆んど十中の八九、みな国事探偵なるかの如く、監視の下に置かるるに至りたりき。」

蘭印政庁の竹越與三郎に対する警戒の念については、日露戦争直後から三〇年にわたり、インドネシア各地で経済事情を中心に各種情報収集を行なってきた福岡県出身の在南ジャーナリスト竹井十郎（号天海）も、一九一二年頃の一文の中でこう述べていた（後藤乾一 一九八五：一九七）。「（蘭印政庁当局は）我等日本人と言へば眇たる行商人の如きまで常に猜疑の目を以て迎へ、一昨年竹越三叉［與三郎］氏の演説がたまたま露国より独仏等の新聞雑誌に訳出説諭せらるるや、当地の新聞は競うて之を刺激し、大人気もなく我娘子軍［からゆきさん］を見て、彼女等は日本政府の或る委嘱を受け居るものなりとまで論ずる…。」

第一次世界大戦の直前から開戦直後にあたる一九一〇年代前半（明治末から大正初期）は、竹越に代表されるように、従来特に東南アジアとの関係を有さなかった著名な知識人の南洋論が、相次いで出版された時期であった。そうした中で、大正デモクラシーの領導者と言われる人々も、論壇で積極的に南方論を展開するようになった（この点については、神谷忠孝「『南洋』神話の形成」矢野暢編 一九九一：第三章 を参照）。

たとえば一九一三年一一月号の雑誌『太陽』の臨時増刊号は、「南進乎北進乎」と題した特集を組んだが、その中で植民政策学者で後の国際連盟事務局次長新渡戸稲造は、「米国併合後の比律賓」と題した論文において、列強の植民地支配の現状を論じた。一九一五年三月には、『実業之日本』春季増刊が「南洋号」を特集し、ここでも新渡戸は、実業界の代表的な南進論者井上雅二とともにに執筆者として名を連ね、「文明の南進」を寄稿している。さらに同年一二月には、吉野作造編輯の『南洋』(監修は徳富蘇峰)も公刊された。

こうした大正期の南洋論を考察する中で、神谷忠孝は、鶴見祐輔の『南洋遊記』(講談社、一九一七年)を特記する。竹越與三郎と同じく出版前年に四ヵ月にわたりマラヤ、フィリピン、カンボジア、ジャワを巡遊した後藤新平の娘婿鶴見は、大正期の青年に実利主義によらない海外雄飛を促し、欧米世界だけでなくアジアに目を向け、世界における日本の位置を確認せよ、と呼びかけた。

同書も『南國記』同様、短期間で一八版を教えるなど日本社会の耳目を東南アジアへ向けさせる上で、少なからぬ影響を持つものであった。その点を評価する一方、神谷論文は「沃土の民は惰なり」とする鶴見の南洋観に、日本民族優越論を見出すのだった。すなわち、「先進国として彼等を扶掖誘導するの地位に立つことが、真正なる意味に於ける、日本の帝国主義ではあるまいか」という鶴見の問題提起に、「大東亜共栄圏構想の下地」が伏在しているのではないか、と指摘する(同上:五九)。

3在留邦人社会の二重構造

東南アジアへ向けて海を渡る日本人の流れを図式化すると、前述したように、「からゆきさん」がどの地域でも先陣を切ったことが明白である。それに続く流れは各地で必ずしも同じパターンではなく、いくつかの形態に枝分かれする。それを見るために、二〇世紀前半(第一期)の東南アジアへの人流がほぼ一段落したとみなせる一九三二年(第二期)時点の、地域別就業人口比を概観しておこう(図表1-5参照)。この図表から「ポスト・からゆきさん」時代の東南アジア邦人社会の、おおよその特徴を抽出してみたい。

①主要四分野に大別される職業のうち、全体として見ると(「合計」欄)商業と農業がほぼ拮抗した数値を示している。しかしながら、農業人口を地域別に見ると、フィリピンにおいてのみ圧倒的に優勢である。このフィリピンにおける邦人農業人口の多さが、東南アジア全体として農業従事者の比率が、商業人口とほぼ並んでいることの主因となっている。これはいうまでもなく、ミンダナオ島南部のダバオ地方のアバカ(マニラ麻)産業に従事する沖縄出身者を主とする日本人移民の多さを反映した

図表1-5　東南アジア各地における日本人の主要四職業別就業人口比（1932年）

	フィリピン	仏印	英領マラヤ	タイ	蘭印	合計
総人口（人）	20,316	265	6,446	290	6,874	34,191
有業人口(人)（その他・無職を除く）	11,502	100	2,889	91	3,486	18,068
農業（%）	52.6（29.8）	13.0　(4.9)	9.1　(4.1)	2.2　(0.7)	3.9　(2.0)	36.0（18.9）
漁業（%）	9.7　(5.5)	16.0　(6.0)	35.0（15.7）	2.2　(0.7)	17.2　(8.7)	15.2　(8.0)
製造業（%）	11.0　(6.2)	9.0　(3.4)	12.7　(5.7)	15.4　(4.8)	9.6　(4.9)	11.0　(5.8)
商業（%）	26.8（15.2）	62.0（23.4）	43.3（19.4）	80.2（25.2）	69.2（35.1）	38.0（20.1）

（出所）『南方年鑑昭和十八年版』1943：23に基づき筆者作成。なお原表は実数表記、（　）内は総人口に対する比率を示す。

ものである。フィリピン、仏印を除くと、早くからゴム栽培に着手したマレー半島の農業人口の比が高い。しかしそれでも英領マラヤの四産業中農業比率はもっとも低い。②農業の比率が高いフィリピンを除く四ヵ国では、いずれも商業人口比が首位を占め、特にタイ、インドネシア（蘭印）での高さが顕著である。在留邦人数が少ないタイはともかく、邦人人口の多いインドネシアでの商業従事者の比率の高さは、戦前期東南アジア邦人社会は、「からゆきさん」時代を経、行商→個人商中心の邦人社会へと変容していったという、広く定着してきたイメージを形成する上での、最大の要因であったと言えよう。また東南アジア全体を見ても、商業人口比がもっとも高く、第一次世界大戦以降の大手企業の進出に先立ち、商業移民として渡南した人々の存在が無視できないものであることを物語っている。

③四職業分野の内、製造業の比は全体としてもっとも低く、また地域別に見るとタイを除くとおおむね低調である。これに対し、英領マラヤ、インドネシア、仏印では、漁業人口がいずれも商業人口比に次いで二位を占めている。これら地域に共通するのは、沖縄からの漁業者が圧倒的に多いことである。「琉球処分」（一八七九年）により日本に併合後の沖縄は、早くから「移民立県」の県是を掲げ、ハワイ、南北アメリカ大陸等へ多くの移民を送り出してきた。さらに第一次世界大戦後、新設の国際連盟の決定により南洋群島が日本の委任統治領となると、同群島（内南洋）さらにはシンガポール、蘭印を中心とす

写真1-3　戦前期ジャワのトコ・ジュパン（日本人商店）内の典型的な光景。日本人店員は上下ともこざっぱりした白の服装、1930年代初スマランの加藤商店（筆者所蔵）。

る東南アジア海域へ、巧みな伝統的漁業技術で知られる糸満出身漁夫が進出し、地元住民を対象とした漁業活動で経済基盤を築いていった（後藤乾一 二〇一五 参照）。

④図表1-5は、一九三二（昭和七）年の在留邦人社会のデータであるが、大陸部東南アジアでは基盤が弱く（同表にビルマは含まれていないものの）圧倒的に島嶼部東南アジアを中心に、邦人社会が形成されていたことが大きな特徴である。その差異の理由はさまざまであるが、日本からの距離、船舶ルート、日本からの人流をひきつける物産の有無、さらには現地（植民地）政府がとっていた通商貿易政策や外国人受け入れの法体制、あるいは各地域についての情報量の多寡等があげられよう。

こうして見ると、第一期における日本から東南アジア各地への人流には共通点も見られるが（たとえば南米や後の満州等と異なり非政策型の移民であること等）、前述したように、地域毎に多様性に富んだ特徴を有している。その様相を単純化して見ると、①商業移民が中心的役割を担っている事例――総数・比率とも優勢なインドネシア、人数は少ないが比率の高いタイ、仏印、②アバカ、ゴムなどで労働力を吸収する農園が開拓されていたフィリピン、英領マラヤ、仏印、③在留邦人中漁業従事者（主に沖縄、鹿児島出身者）が多いシンガポール、インドネシア特にジャワ、に大別できよう。

以上は、第一期末までに長期在住、あるいは（半）永住を目的に東南アジア各地に根を下ろそうとした人たちを主対象としている。その後第一次世界大戦を契機として、大手商社、銀行、海運会社、倉庫会社、農園等、本社の社命で派遣される人々の本格的な進出が始まり、まだら模様の邦人社会が形成されるようになる。その中で各地に共通して見られた現象として、大手企業の駐在員を中心とする短期居住型の「エリート」階層と、長期在留型の先住邦人との間に生じた目に見えない、しかし誰にもそれと分かる亀裂の芽生えがある。

日本・東南アジア関係史の中で、西村竹四郎の『在南三十五年』を踏まえ、シンガポールを事例にその邦人社会の特異性＝二重構造を、「グダン族」と「下町族」の断絶として定式化したのは、矢野暢であった（矢野暢 二〇〇九：九二）。そこでは邦人社会内の「グダン族」と「下町族」の距離感が、ある種のもの悲しさをもって描写される。

「グダン族」とは、総領事館関係者を頂点とし、日本の大手企業の支店・出張所が建ち並ぶ、かつて倉庫地帯（ゴーダウン）と呼ばれたシンガポールの心臓部で働く高学歴駐在員の集合名詞であり、「下町族」は先住の長期在留邦人の総称である。トコ・ジュパン（日本人の店）の名で親しまれた雑貨商たちにより築かれたバタビア、スラバヤ等インドネシアの主要都市の邦人社会をはじめ、マニラ、バンコク等でも状況は同じであった。

たとえば日本人商活動の最大拠点であった東部ジャワの商工業都市スラバヤには、一九三〇年代半ば、会員六〇〇名近くを数える日本人会が存在していた。しかし実態的には、「金曜会」「地元会」という二つのサブグループを単位として日常的に活動していた。前者は、シンガポールの「グダン族」に相当し、後者は、その名の通りジャワに骨を埋める覚悟で生活の基盤を築いたトコ・ジュパン関係者の集まりであった。そして「地元会」の人たちは、二、三年の駐在勤務を終えると、本社からの辞令一本でジャワを去って行く「金曜会」関係者を「浮草組」と呼び、日頃のうっぷんをはらすのだった。

このような両者の微妙な関係を見る一助として、一九一四年当時のバタビア領事浮田郷次の、本省宛て公信を紹介しておきたい（「大正二年中管内日本人状勢一般」一九一四年一月二日、外務省外交史料館所蔵＝以下DRO所蔵と記）。

「日本人約二千五百ノ中真ニ欧州人対等ノ名誉乃至教養ヲ存スルモノハ殆ント指ヲ屈スルニ過キス其余ハ悉ク真珠貝採集業者、売薬行商、理髪職、大工、洗濯屋、駄菓子屋、吹屋、玉転シノ類ニシテ女子ハ欧州人支那人ノ妾タラスンハ［先述したように廃娼運動が強まる中でかつての「からゆきさん」はこうした形で転身した事例が少なくなかった］珈琲店□（不明）食屋ノ酌婦ノ類ニ属シ正業ニ従フ者ト雖モ猶本邦雑貨店舗等ノ下婦ヲ勤ムル位ヲ精々トスル有様ナリ。」

この公信には、領事自身を含む高学歴を有すると自負する大手企業駐在員（スラバヤの事例で言えば金曜会員）を「欧州人対等ノ名誉乃至教養」を備えた日本人とみなし、先住者たる在留邦人を見下す視線が、如実に示されている。領事の目には、彼らは「種々ノ点ニ於テ頗ル劣等ニシテ寧ロ支那人土人［インドネシア人］ニ伍スヘキノ多ク」と映じるのであった。

「中継地域」と東南アジア

1 小笠原諸島領有と南洋群島

明治初期の日本人にとって、最初に意識に上った南の地は小笠原諸島であった（それに先立つ一世紀前の一七八五年、林子平『三国通覧図説』は、当時「無人島（ムニンシマ）」と呼ばれていた小笠原諸島開拓の重要性を指摘していた）。その小笠原諸島の管治（領有）権を日本政府が英米独仏伊等欧米一一ヵ国の駐日公使に通達したのは、一八七六年（明治九）年一〇月一七日のことであった。同諸島には一八三〇年以降、ハワイから移住した欧米系住民とカナカ系（太平洋諸島の諸民族の総称）住民を構成員とする、小規模ながら自立した移住者社会が存在していた。

一方日本政府当局は、それに先立つ一五〇年以上前の一六七五（延宝三）年、長崎代官末次平蔵が同諸島巡検のため派遣した島谷市左衛門によって、同地に「此島大日本之内也」と記した標識が建てられたことを根拠に、小笠原諸島は日本固有の領土であると認識し、その旨を諸外国に伝えたのであった。

東京から南へ約一〇〇〇キロ離れた小笠原諸島の南方には、後に南洋群島の名で知られる広域な海の世界（当時は多くがスペイン、ドイツ支配下）が広がっていた。一八八〇年前後に〝花開く〟明治期南進論の対象が、この海域に向けられたことは、志賀重昂の『南洋時事』、鈴木経勲の『南洋探検実記』、服部徹の『日本之南洋』『南洋策一名南洋貿易及殖民』等々の巡遊記が余すことなく示している。

この内一八八七〜八八年にかけ、小笠原諸島を拠点に南洋群島一体を巡遊し、上記二著作を著した土佐人服部徹の議論の一端を、その『南洋策』を手がかりに見ておこう（詳細は後藤乾一 二〇一九：第三章）。

まず服部は、日本人が進出すべき「南洋」とは、目下欧米列強（とりわけドイツを強く意識）が虎視眈々と進出機会を狙っている海域である、と指摘する。そこは「我日本帝国ノ近邇シテ、親密ナル関係ヲ有スル群島」だと述べ、具体的にはフィリピン群島、ミクロネシアのマリアナ、カロリン、マーシャル、ギルバート諸島の名をあげる。そして「以上の群島ハ自今我邦人カ鵬翼ヲ伸ブベキノ地」であると力説する。しかしながら、服部を含め明治二〇年代の「南進」論壇の基調は、軍事力を背景とした攻撃的な膨張主義ではなく、貿易や殖産・植民を軸とする実務的・勧業主義的な「南進」論であったことは留意しておきたい。

服部徹の議論でもう一点興味を引くことは、彼が一六世紀末から一七世紀初めにかけ、多くの日本人が「貿易ニ殖民ニ、其他拓地侵略ニ従事シ…其勇壮ナル志気、其豪宕ナル精神」と「気風ノ活発ナル冒険起業ニ熱心ナル」ことを高く賞讃する一方、その返す刀で現今の日本人の低調・低質を嘆いてやまないことである。その具体例として服部は、「桑港（サンフランシスコ）ノ不浪人、香港新嘉坡ノ醜業者流［からゆきさん］」の増加をあげ、明治二一年（一八八八）年の時点で、シンガポールにおける「からゆきさん」の存在（前述したように一八七〇年頃から登場）を把握している。

明治中期の「南進」論者が熱い視線を向けた南洋群島は、それから約四半世紀後、日本が「大正の天佑」と小躍りした第一次世界大戦を契機に、思わぬ形で事実上日本の支配下に組み込まれた。しかも、当時の南洋群島の支配は、スペインに代わってかつて日本が警戒したドイツの領有下にあった。日英同盟を奇貨として第一次世界大戦に参戦した日本は、甚大な戦禍もなく、開戦二ヵ月後の一九一四年一〇月、ドイツ領南洋群島を海軍（臨時南洋群島防備隊）軍政下に置き、さらに戦争終結後のヴェルサイユ講和条約（一九一九年六月）により、新設の国際連盟からC式委任統治領（旧独領南西アフリカと太平洋諸島に適用。もっとも自国領土に近い形での統治が可能）の受任国として指定され、実質的に領土化した。

矢内原忠雄がつとに指摘したように、委任統治制度は帝国主義国家間の領土再分割の一形態にすぎず（矢内原忠雄 一九三五：三八）、列強が「植民地なき帝国主義」を模索し創出した装置であった。「［いまだ自立できない人民の］福祉及発達」を計ることは、「文明ノ神聖ナル使命」であるという委任統治の理念の下、日本支配は正当化されたが、実質的にはその「神聖ナル使命」を実現するための手段として、徹底した日本化政策が導入された。

第一次世界大戦以前の南洋群島は、目立った形ではなかったが、早くから小規模な日本の貿易会社が進出していた。たとえば後に南洋庁本部が置かれるパラオ、ならびに西カロリン、マリアナ諸島には、大戦直前の一九一二年、一二三名の白人（うちドイツ人一〇五名）に伍し、既に七三名の日本人が居住していた（同書：四二）。ただ地図1-1が示すように、広大な海域に小島が散在し、しかも人口稀薄な南洋群島（内南洋）には、燐鉱業や糖業以外に、国際貿易上これといって経済的価値がある物産はなかった。その点では同じ南洋といっても、日本の一三倍の面積と三倍の人口を有し、市場としても原料供給地としても、また有力な移民先とも見られた東南アジア（外南洋）の重要性とは比べるまでもなかった。

それにもかかわらず、日本とりわけ同群島を占領した帝国海軍が大きな関心を寄せたのは、この地域を①対米戦略上の軍事的拠点として位置づけたこと、②ここを中継地として、さらに南方に位置する東南アジアへの経済進出を期待したためであった。第一の点との関連で見ると、一九二三年改定の「帝国国防方針」において、アメリカはソ連と並ぶ仮想敵国とみなされ、南洋群島は対米戦おける主力決戦のための前哨線（主力決戦線は小笠原諸島）と位置づけられた（松島泰勝 二〇〇九：三八）。

第二の点については、次のような見解が海軍側から表出されていた（我部政明「日本のミクロネシア占領と『南進』

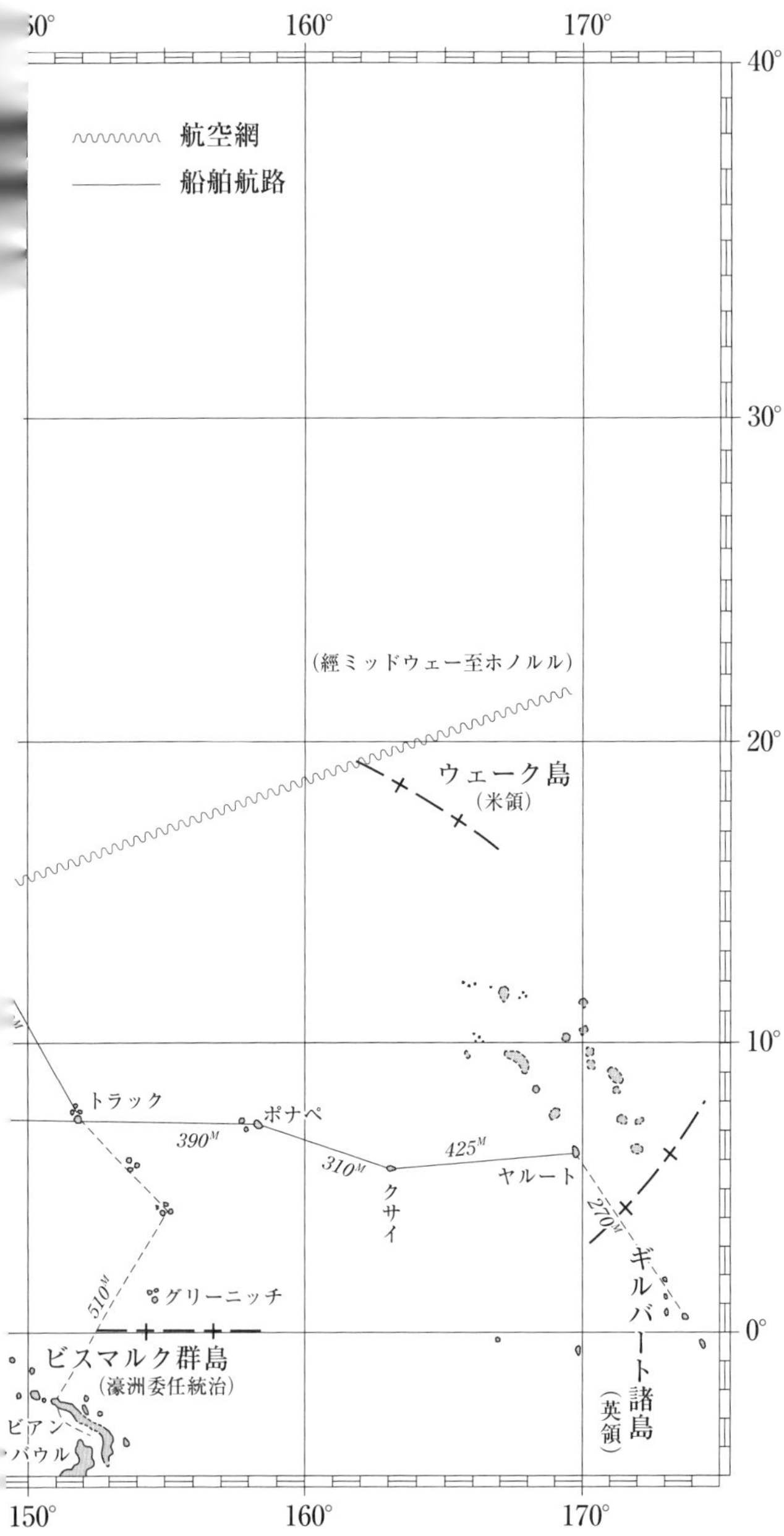

航空網
船舶航路
(經ミッドウェー至ホノルル)
ウェーク島
(米領)
トラック
ポナペ
390M
310M
425M
クサイ
ヤルート
270M
ギルバート諸島
(英領)
510M
グリーニッチ
ビスマルク群島
(濠洲委任統治)
ビアン
バウル
150°
160°
170°
40°
30°
20°
10°
0°

地図 1-1　日本統治下の南洋群島とその周辺地域

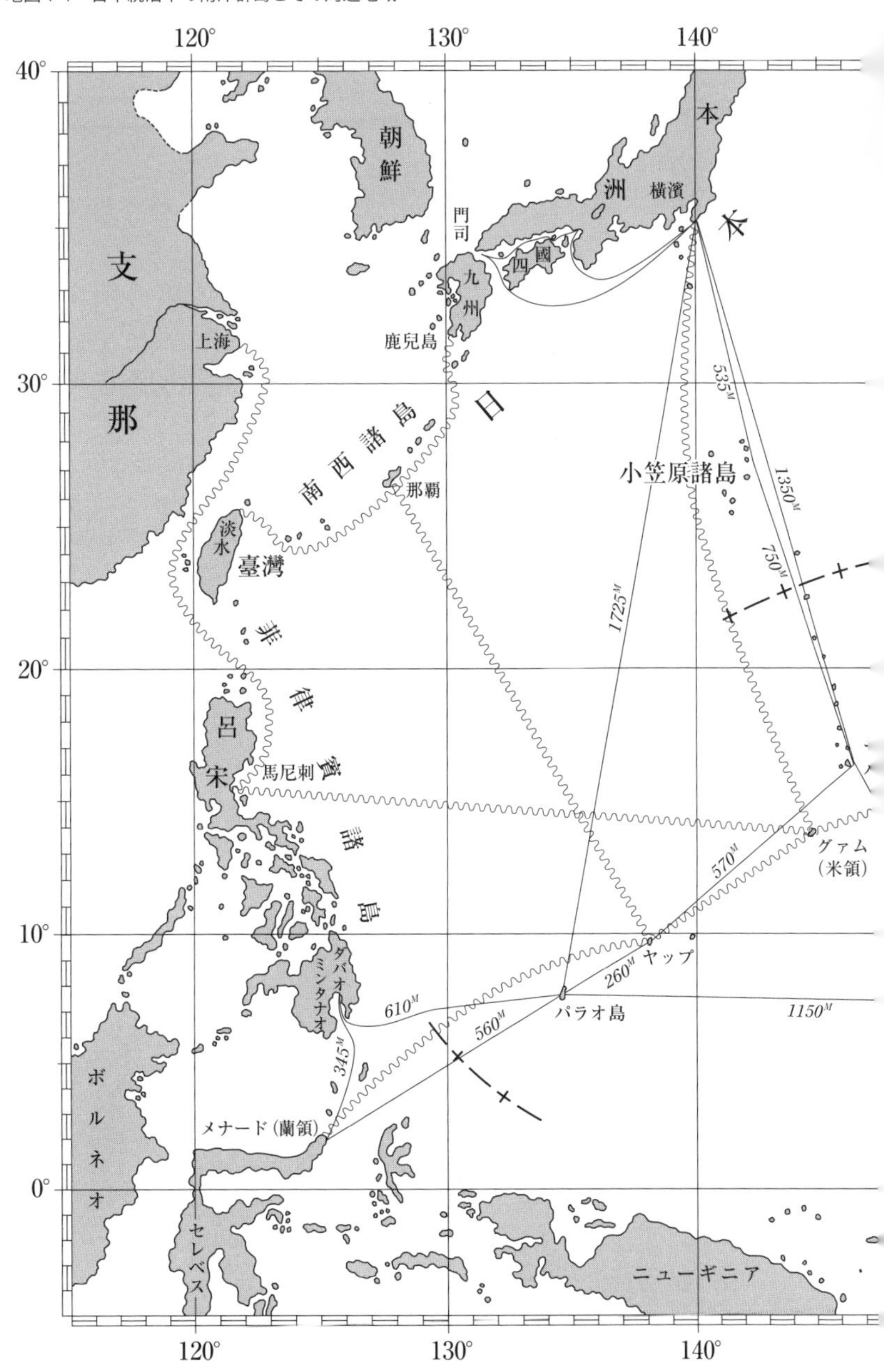

(出所) 吉田清編『日本統治地域南洋群島解説写真帖』研文社. 1931. 付図。

（一）」『法学研究』一九八二年七月、八四頁 に依拠）。「［同諸島ハ］我国ト東印度諸島［インドネシア］、比律賓、ニューギニア、ポリネシア諸島トノ連鎖トシテ最必要ナル位置ニアル。仮ニ直接ノ利益カナイトシテモ南方ノ宝庫金蔵ニ通フ飛石トシテ大切ニ保護セネハナラヌモノテアルマイカ。」

南洋群島については次章でも取り上げるが、第一期の初期（明治期）においては、まだ机上の議論であったこの海域への進出が、この期の最後の段階で、事実上日本の支配圏に組み込まれたという点を確認しておきたい。そして南洋群島を日本の勢力下に置いたことで、そこを一拠点として、外南洋（東南アジア）へ向けての日本人の関心をより拡大させる重要な一因ともなった。

2台湾＝「図南の飛石」

近代日本の最初の対外的軍事行動として知られる一八七四（明治七）年の「台湾出兵」を経、日清戦争（一八九四～九五年）で勝利した日本は、下関条約によって清朝から台湾を割譲させる。国内には戦争中から台湾の有する地政学的地位に鑑み、そこを将来の南方進出の基点とみなす発想が明確に見てとれた。当時の対外強硬論の有力な主唱者、徳富蘇峰の「台湾占領の意見書」と題する次の論は、その代表的なものであり、爾後の台湾＝南進拠点論の原型と言うべきものであった（徳富蘇峰 一九二五：一八二－一八三）。

「［台湾は］我邦に於ける恰も南門の関鍵にして、苟も南方に向けて大日本帝国の版図を膨張せんとせば、先ず此の門をくぐらざる可からずは口論を俟たず候…之よりして海峡諸半島及び南洋諸島に及ぶは、当然の勢いと存候…我れ若し今日に取らずんば、他国諸強国必らず今後に於て取る可く候。台湾は東洋に於ける好餌に候…」。

第二代台湾総督となる長州出身の陸軍大将桂太郎も、台湾の持つ潜在的な拠点性を認識しつつ、「南清［華南］一帯の地はあたかも朝鮮半島の如くならしめる要意」を強調し、「台湾の地勢は独り南清に対するのみならず、さらに南方群島に羽翼を伸張するに適宜の地位を占む…将来台湾を根拠として南洋に向かって政事、商事の勢力を伸張するまたもとより難事にあらず」と楽観的な展望を行なっていた（徳富蘇峰 一九一七：七〇七－七一二）。

こうした台湾拠点論は、その後一貫して日本の要路の台湾観の原型をなすものであった。台湾領有に先立つ三五年前の一八六〇年、日米修好通商条約の批准書をワシントンで交換した幕府の遣米使節団の副使村垣範正は、帰途最後の寄港地香港を離れ、台湾を遠望した折の所感をこう記していた。「此島を開いて支那の乱を避くるものを移して我版図に入なは国力盛大に成るべしと思ふ。」（村垣範正 一九七七：二三七―二三八）

このように、要路で早くから表明されてきた「南進」の拠点としての台湾への期待が、一気に現実のものとなったのは、日本経済の東南アジア進出と軌を同じく、第一次世界大戦期であった。日本資本主義の総体的拡大とともに、植民地台湾においても砂糖、米を中心とした農業経済が発達し、それをテコにした貿易・投資の伸張も顕著となった。

こうした中で、台湾総督府の認可を受けた大阪商船の南洋航路開航、台湾銀行のジャワ三支店（スラバヤ、バタビア、スマラン）の開設、さらには「南支南洋施設費」の新設等による華南・東南アジアへ向けての積極的な経済施策が進められた。その間の状況を矢内原忠雄は、第一次世界大戦を機に「台湾はわが資本の為めに完全に『図南の飛石』となった」と形容した（矢内原忠雄 一九二九：六八）。

以上述べたように、「南進」の拠点性の発揮という植民政策学的な観点から見ると、南洋群島と台湾はともに第一次世界大戦期に経済分野に限ってではあるが、政界・経済界・軍部の期待と要請に一定の「回答」を出すことになったと言えよう。もちろんそのことは、両地域における植民地帝国日本の支配が、より一層深化したことを意味するものであった。最後に本節のむすびとして、日本支配下に組み込まれた「南進の中継地域」としての台湾と南洋諸島の概況を、比較論的に整理しておきたい（図表1―6参照）。

図表1-6　台湾・南洋群島における日本統治の比較

	台湾	南洋群島
日本統治期	1895―1945年	1914―1945年
日本統治前	清朝「化外の民」	ドイツ領（←スペイン領）
支配形態	公式植民地	C式委任統治領
統治理念	内台一如、一視同仁	文明化
統治目的	経済的利益、「南進」基地	糖業、戦略拠点
文化政策	皇民化、台湾神社	皇民化、南洋神社
民衆動員	皇民奉公会、志願兵、徴兵制	隣組、青年団、パラオ挺身隊
抗日運動	植民地戦争、西来庵事件、霧社事件	モデグゲイ運動（パラオの土着的宗教団体の抵抗）
＊民衆呼称	本島人	島民（土人）
文学作品の中で	佐藤春夫「魔鳥」(1923)、 中村地平「霧の蛮社」(1939)	中島敦『南島譚』(1943)

筆者作成。
＊タテマエとして同化、平等を謳うも、現実は「本島人」「島民」の名称に示されるように日本人＝一等国民から異化。

東南アジアから見た日本

1日本人社会へのまなざし

これまでは第一期における日本と東南アジアの関係を、主に日本側の立場、関与の仕方から見てきた。それと合わせ鏡の形で、本節では、その日本は東南アジアの人々からどのように見られたのか、という問題を考察してみたい。

一九世紀末以降、「からゆきさん」を先陣として東南アジア各地に居住した初期日本人は、単純化した表現を用いるならば、日本の近代化から「はじき出される」形で渡南した、社会的・経済的には下層に属する人たちであった。

他方、国家としての当時の日本は、富国強兵、殖産興業を旗印に、近代資本主義国家へと急激な変貌をとげていた。対外的には日清戦争に勝利し、欧米列強の治外法権の撤廃に成功し、二〇世紀初めには日英同盟締結、さらには大国ロシアに勝利するなど列強の仲間入りを果たしつつあった。

東南アジアの人々の前に現われたのは、こうした二つの顔を合わせ持つ、同じアジアの有色民族・非キリスト教国日本という国であった。

インドネシア・中部ジャワのマタラム王朝の歴史が息づく古都ジョクジャカルタで、一八九五年『レトノ・ドゥミラッハ』（ジャワ語で「ランプのように光り輝く」の意）という名の雑誌が刊行された。同誌は、毎週二回ジャワ語とマレー語（インドネシア語の前身）で刊行された知識人向けの雑誌である。

『レトノ・ドゥミラッハ』の編集者は、当時のアジア情勢についても関心を寄せ、特に日清戦争後の日本の台頭を東方の黄色い星として、期待と好意の念で把える記事も少なくなかった（永積昭他 一九七〇）。

ただそのことは同時に、日本が持つ他の一面、すなわち「脱亜」し近隣アジア諸国に膨張の触手を伸ばそうとしている姿を、オランダ植民地支配下にあったジャワ知識人が、的確には見据えていなかったことを意味するものでもあった。

これとは異なる、もう一つのインドネシアの日本像を見ておきたい。一九二五年生まれの現代インドネシアを代表する作家、プラムディヤ・アナンタ・トゥール（二〇〇六年死去）の代表作『人間の大地』の主人公、ミンケの眼に映じたオランダ統治下の日本人社会の姿である。著者は、「原住民社会」の上層の出自を持つ教養豊かな知識青年ミンケに、こう語らせる（プラムディヤ・アナンタ・トゥール 一九八六：一九八）。

「私の同級生のなかに、この国と民族に関心をもつ者はひとりもいなかった。友人たちは、日本人を、論じるに値しないきわめて低劣な民族とみなしていた。日本という国を、彼らはいとも簡単に、クンバン・ジュプン［「日本の花」の意。転じて歓楽街］に溢れる淫売婦、あるいは居酒屋、料理屋、床屋、行商人と雑貨といったイメージに短絡させ、それらは近代の学問と科学に挑戦するような産業を何ら反映していない、と考えていた。」

著者プラムディヤがミンケに語らせたこの言葉は、オランダ式学校に通う「原住民」エリート青年でありながら、その出自の故に社会的上昇を断たれ、矛盾に苦悩する知識人のものである。ここには一世代前の『レトノ・ドゥミラッハ』に拠るジャワ知識人が、深まりゆくオランダ支配を見やりつつ描いた日本＝同じアジア→それ故の日本への賞賛と期待という図式ではなく、近代西欧を規矩として、日本の後進性を見つめる新たな視点が生まれていたことを物語っている。

同時代のフィリピンでは、どうであったのだろうか。早瀬晋三は、興隆する近代工業国家としての日本というイメージを持ちながらも、一般のフィリピン人が日常目にする日本人は、「『からゆきさん』とそれにまつわるならず者、『ベンゲット移民』のような単純肉体労働者、大工、雑貨店主、行商人、せんべい屋、かき氷屋など」を生業とする人たちであり、彼らは「明らかにアメリカ人、スペイン人に比べ体格・品格で見劣りしたため、フィリピン人から尊敬される存在ではなかった」と指摘する（早瀬晋三「フィリピン」吉川利治編 一九九二：五四・四五）。

その一方早瀬は、タガログ語誌『リワイワイ（暁の意）』（一九三二年創刊）を利用しつつ、大衆小説から浮かびあがるフィリピン人民衆の日本観を考察した寺見元恵の研究を紹介しつつ、大衆レベルでは「魅力的、優しい、控えめでおとなしい、美しい、甘い香りをただよわせる」日本女性（「からゆきさん」）のイメージが強く、そこには「売春婦としての暗い、マイナスのイメージはあまりなかった」（同書：五四）、という日本人像をも同時に指摘するのであった。

また現代フィリピンの代表的な歴史学者リカルド・ホセは、初期日本人社会を目にして形作られたフィリピン

図表 1-7　フィリピン初期邦人社会の職業構成（1903年，1907年）　（単位：人）

1903年			1907年		
大工職およびその家族	253 15	268	大工職	674 10	684
漁夫	50 0	50	漁業	120 5	125
工夫	45 0	45	農業	306 1	307
酌婦	0 280	280	雑業	18 290	308
銘酒小売営業	0 33	33	内外国人被庸人	96 93	189
その他	425 114	539	その他	247 32	279
計	773 442	1,215	計	1,461 431	1,892

（出所）橋谷弘「戦前期フィリピンにおける邦人経済進出の形態」『アジア経済』1985年3月、37頁。なお人数の上段は男、下段は女を示す。

人の日本イメージは、一九三〇年代後半になっても持続されていたと指摘しつつ、こう述べる（リカルド・T・ホセ「たわめども折れず——大戦期フィリピン・ナショナリズムと日本の文化政策」大江志乃夫他編 一九九三C：八四）。「多くの人々にとって、日本は即ち、ここかしこにいる小商いや庭師や床屋であり、恐れるに足らぬ存在であった。」

　こうした記述を裏付ける一つの資料として、二〇世紀初頭のフィリピン邦人社会の職業状況を紹介しておこう（図表1-7）。

2日露戦争のインパクト

「爾が所謂戦勝の結果は爾を如何なる位置に置きしかを覚悟せりや。一方に於ては、白皙人の嫉妬、猜疑、少なくも不安は、黒雲の如く爾を目がけて湧き起こり、また起らんとしつゝあるにあらずや。一方に於ては、他の有色人種は爾が凱旋喇叭の声に恰も電気をかけられたるが如く勃々と頭を抬げ起し来れるにあらずや。此両間に立つて、爾は如何にして何をなさんと欲する乎。一歩を誤まらば、爾が戦勝は即ち亡国の始とならん、而して世界未曽有の人種的大戦乱の原とならん。是れ豈爾が発展々と足を空に心を浮かしてから騒ぎに盲動すべき時ならんや。」

「勝利の悲哀」（一九〇六年）と題した作家徳冨蘆花のこの一文（神崎清編 一九六六：三六七）は、日露戦争の「勝利」に湧く（そしてその得た権益の少なさに激昂する）日本人の大衆心理と、それへの批判を的確に直視したものである。結果から見ると、短期的には「アジアの一員」であり非キリスト教国の日本が、ヨーロッパの強国でありキリスト教（ロシア正教）国のロシアに勝利したことは、当時の日本人が予期した以上に国際的な関心を呼び起すことになった。

　今日の日本の歴史研究者の間でも、蘆花が述べた「有色人種」へ与えた衝撃に関して見ると、「日露戦争での日本の勝利の印象は世界的に強い印象をつくり出した。日本に対する畏敬の念がアジア全域に高まった。留学生たちは日本に向かった」との言説が広く受容されている（和田春樹他編 二〇一〇：三一）。

　他方、「黒雲の如く」日本に向けられた「白皙人の嫉妬、猜疑少なくも不安」の面から見ると、日露戦争後に生じた日米関係の緊張は、「太平洋戦争の破局に向かう大河に注ぐ源流」となったことも、疑いのない事実であった（細谷千博 一九九三：四一）。

この点を東南アジアの「有色人種」の立場から見ると、どういうことが言えるのだろうか。結論的に言うならば、日露戦争が東南アジアのナショナリズムに与えた影響や衝撃はけっして単色ではなく、それぞれの国の個別状況により、少なからぬ差異が見られた。

その影響の及ぼし方を見ると、①フィリピンやタイの場合のように、社会の一部に対日幻想のタネをまいたり、戦局推移に「アジア人」としての共感をもって注視した事例、②日本の勝利に刺激を受け、実践活動に移すことになるベトナムやビルマの事例、そして③インドネシアに見るように、当時はまだ年少であった後年の民族主義指導者に大きな衝撃を与えた事例までさまざまである。

①型の事例としてのフィリピンについて、「日本の勝利はグローバルな規模で植民地民衆に衝撃を与え」たとの理解に立つ中野聡は、比警察軍の諜報報告やスペイン語の有力諸紙の間で、「ナショナリスト・急進派知識人の間で日本軍によるフィリピン解放への期待」が語られていた事実を紹介する（中野聡「太平洋植民地の獲得とアメリカの『アジアへの道』」和田春樹他編 二〇一〇：一三一）。即ちフィリピンでは、伝統的支配層プリンシパリア出身のエリート民族主義者の多くは、日本の動向を冷静に見ていたが、民衆社会の一部には対日幻想とも言える加熱した日本期待感があり、日本の援助による「植民地解放の夢は、第二次世界大戦にいたるまで、フィリピンの反米民衆運動の想像力のなかに深く根を下ろしていくこと」になった、と中野は指摘する（同書：一三一）。

日本との不平等条約を強いられながらも、独立国として独自の近代化を進めていたタイの場合はどうであっただろうか。英仏両国に領土の一部を割取されたタイは、他国とは性格を異にする民族主義運動を展開していた。

そのタイでは、進行中の日露戦争を活劇を楽しむ形で見ていた感があった、と吉川利治は指摘する。吉川論文は、日本で作成された日露戦争の実況映画が、駐バンコク公使稲垣満次郎によって、王宮前広場で五日間にわたり上映され、連日大入り盛況であった事実を紹介する。タイで初めての映画ということもあり、新聞報道で日露戦争の戦況を知っていたバンコク市民に、この日露戦争の映画は興奮をもたらしたと、吉川は日本の文化政策の成功の一端として紹介する（吉川利治編 一九九二：一六六）。

タイについては村嶋英治も、ロシアのバルチック艦隊のシンガポール通過、ベトナム・カムラン湾寄港、日本海（対馬沖）海戦での敗北等を伝えるタイ紙に、識者の多大な関心が寄せられたことに言及する。それとともに、日本の奮戦がタイをはじめ東南アジアの華僑社会に与えた影響を指摘する（「タイ華僑社会における中国ナショナリズムの起源」和田春樹他編 二〇一〇：二五二）。

それは具体的には、在米中国人社会が、アメリカによる中国人排斥を国際法上正当化した条約へ抗議し「米商品ボイコット」を提唱し、これを受けて一九〇五年五月から中国本土での米貨ボイコット運動へ発展し、さらにその影響がタイや英領マラヤ等東南アジア各地の華僑社会に飛び火した事件であった。この反米デモの発生と拡大を初めて報じた『バンコク・タイムズ』（同年五月二七日）は、「日本の対ロシア戦争の成功が、〝おとなしく控えめな〟中国人を奮起させ、アメリカの反中国人法令に対する抵抗を、前例のないほど断固たるものにしている」と報じた（同書：二三二）。すなわち間接的な形ではあるが、日露戦争のインパクトが、東南アジア各地の華僑社会のナショナリズムを反米ボイコット運動という形で発現させることとなった。

しかしながら、このような形で表面化した華僑ナショナリズムは、その後中国に対する日本の軍事的政治的経済的な圧迫が強まるにつれ、その矛先は直接日本に向けられることになった。とりわけ一九三〇年代に入ると、満州事変を契機として東南アジア華僑社会は、後述するように祖国とみなした中国を侵略する日本を最大の敵とみなすようになる。

これまで取り上げたフィリピンおよびタイにおける日露戦争が現地ナショナリズムに与えた影響が、きわめて限定的であったとすると、それと対照的に日本の対ロシア勝利に大きな刺激を受け、日本と提携しての反植民地権力闘争を模索したのがベトナムとビルマであった。ベトナムの開明的儒者ファン・ボイ・チャウ、ビルマの反英民族主義的な仏教僧侶ウー・オウッタマに象徴される二〇世紀初めの両国の民族主義者については、白石昌也、根本敬らによる著作があるので、ここではその両氏の研究に依拠して論じることにしたい。

一八八〇年代初め既にフランス植民地支配下に置かれ

たベトナムだが、歴史的には一〇数世紀にわたり中国文化圏の一員であり、その意味では日本とベトナムは「同文同種」の間柄であった。明治維新とほぼ同時期一八六七年に中部ベトナム・ゲアン省の貧しい儒者の子として生まれ、後に「ベトナム近代民族運動の創始者」（石井米雄他監修 一九八六 桜井由躬雄執筆）と呼ばれるファン・ボイ・チャウは、青年時代に中国改革派の知識人梁啓超の著作に親しみ、それを通じ早くから維新後の日本の発展に関心を寄せていた。そのファン・ボイ・チャウにとって、アジアの「同文同種」の小国日本が大国ロシアに勝利したとの報は、「東風一陣、人をしてきわめて爽快の想いあらしめた事件」（ファン・ボイ・チャウ 一九六六：一一八）として受け止められ、その後の抗仏民族意識を高める上で大きな刺激となった。

ファン・ボイ・チャウは日本からの武器援助を得るべく、一九〇五年春来日（上海経由横浜着）する。しかし当時横浜亡命中の尊敬する梁啓超から、独立達成には武器ではなく「人材培養の急」が肝要だと諭され、犬養毅、大隈重信らの支援を得てベトナム青年を日本で学ばせる東遊運動を進めることになった。この体験を元にファン・ボイ・チャウは、『ヴェトナム亡国史他』はじめ日本でも長く読み継がれている著書を執筆した（ビン・シン「東遊運動」和田春樹他編 二〇一〇：一九六—一九七）。

他方、在京のフランス政府当局にとって、自国の植民地ベトナムから来た「危険分子」ファン・ボイ・チャウとその影響下にある最盛期には二〇〇名を数えた留学生の反仏活動は、国益に反する黙過できないものとみなされた。このフランスと日露戦争後満州や朝鮮で手に入れた権益につき国際的な承認を欲した日本の間で、一九〇七年六月日仏協約が結ばれ、東アジアにおけるそれぞれの既得権益を相互に尊重することに合意をみた。

日本から見れば、強大国の地位承認と引きかえに、「脱亜」の立場から近隣アジアとの関係を構築することを鮮明にした形となった（一九〇二年の日英同盟、〇五年の桂・タフト覚書も基本的に同趣旨）。これを契機に、東遊運動は重大な危機に直面することになった。事実一九〇九年になり日本政府は、仏当局からの外交的圧力に屈する形で、東遊運動に関係するベトナム青年を国外追放に処したのだった。

同志青年たちを「激励鼓吹した諸印刷物」をすべて日

本政府に没収された傷心のファン・ボイ・チャウは、同年三月日本出国を余儀なくされ、その後香港、中国、タイなどで亡命生活を送ることになる。また一九〇六年春以来、ファン・ボイ・チャウの求めで運動の盟主として来日していた皇族クオン・デも同年一一月に追放、香港に居を定める（東遊運動については『ヴェトナム亡国史他』とともに白石昌也 一九九三 を参照）。ファン・ボイ・チャウは藁にも縋る思いで入国した「同文同種」の国日本のベトナム人に対する「脱亜」した立場からの姿勢について、自著『ヴェトナム亡国史他』の一節の題名を「フランスの魔手伸びて、同志悉く日本を逐わる」と名づけた（ファン・ボイ・チャウ 一九六六：一四〇）。

また日本から放逐後、広東に亡命したファン・ボイ・チャウは、時の外相小村寿太郎宛に長文の漢文書簡を送っている。その中で彼は「日本が白人のフランス人におもねって、同じアジアの黄色人種たるベトナム人を弾圧している」現実を強く非難した（白石昌也「ベトナム民族運動と近代日本」萩原宜之・後藤乾一編 一九九五：七四）。

東遊運動がクオン・デ侯を戴き本格的な活動を開始しようとした一九〇六年、徳冨蘆花は前述のように「白皙人」と「有色人種」の両者の間にあって、日本は「如何にして何をなさんと欲する乎」と問いを発した。それへの答は、そのわずか一年後に、日仏協約による明白な意思表示によって返されたのであった。

白人のキリスト教（ロシア正教）大国ロシアを打ち破った日本に刺激を受け、渡日したもう一人の東南アジアの知識人が、ビルマの反英的仏教指導者ウー・オウッタマ僧正である。ファン・ボイ・チャウより一回り年下で一八七九年生まれのオウッタマは、青年時代カルカッタに留学し、さらに一九〇一年にはパーリ語講師として再び同地に滞在、折から吹き荒れていたベンガルの反英民族主義運動に触発され、ビルマ人としての民族意識に目覚める（彼の略歴については、根本敬「ビルマ（ミャンマー）」吉川利治編 一九九二 を参照）。一九〇五年滞欧中に日露戦争の結末を知ったオウッタマは、同じアジアの仏教国とみなした日本を手本とし、仏教復興と民族興隆を自己の使命と感じ、その日本の土を踏むことになった。日露戦争二年後、そしてファン・ボイ・チャウが東遊運動に奔走していた一九〇七年のことであった。

後年オウッタマは、ビルマ語で書かれたビルマ人による最初の日本論『日本国伝記』（一九一四年刊）の中で、渡日の動機の一端をこう綴っていた（同書：二三六）。

「…アジアの東端のランプほどの国である日本。その日本人とロシア人を比較してみると日本人は体が小さくロシア人は日本人よりも二倍も大きい…しかも、アメリカ、イギリス、フランス、ドイツなどの四大国がロシアを大変に恐れてきたのである…ヨーロッパ人はアジアの人々が米を食べ仏教を信仰しているからという理由で関心を払わず、重視もしてこなかった。ものの数に入らぬその日本人がロシア人と戦ってなぜ勝てたのか、不思議に思った。」

旺盛な知識欲と行動力を備えたオウッタマの二年間の日本滞在を、物心ともに支援したのは、西本願寺門主の大谷光瑞である。大谷大学学長でもあった光瑞は、大正期に入り実践的な南進論者としてジャワをはじめ東南アジアと深い関わりを持つが、その南方関与の第一歩がオウッタマとの邂逅であった。大谷光瑞は自らの大学のパーリ語・サンスクリット語の教授としてオウッタマを招いたのだった。

帰国後のオウッタマは、ビルマの最初期の民族主義結社である青年仏教徒連盟（ＹＭＢＡ、一九〇六年創立）の反英民族主義運動や、自治領獲得を目標として結成（一九二〇年）されたビルマ人団体総評議会（ＧＣＢＡ）の政治活動へも関わる中で、自らの提唱で英国製品ボイコット運動、農村等地方での納税拒否・裁判所への出頭拒否闘争等、非暴力による抵抗運動を領導したのだった。

このように日本から帰国後、一九二〇年代までのオウッタマの民族主義運動には見るべき貢献があった。しかしながら、三〇年代に入ると「日本の中国大陸への侵略を無理やり正当化しようとした悲惨な本」と根本敬が評した（同書：二三八）『中国と日本』を出版するなど、かつて「中国と日本の連帯を願い、それを通じて全アジアの解放を夢みていた」理想主義から大きく逸脱し、第二次世界大戦勃発の一九三九年九月、悲惨な生涯を閉じたのだった。

日露戦争の受け止め方の第三の例、すなわち当時は少年であったが、日本の勝利を後年まで強烈な印象として内面化した、後の民族主義指導者の事例を見ておきたい。それは以上に紹介したフィリピン、タイ、ベトナムではそれほど顕著に見られず、インドネシアで特に顕著に見られた点に大きな特徴がある（ビルマの場合は、回想録『ビルマの夜明け』の著者、後述のバ・モオが該当しよう）。

日露戦争終結当時六歳の少年であった、西部ジャワのスンダ人貴族の出自を持つイワ・クスマ・スマントリの回想をまず見ておこう。後に宗主国オランダのライデン大学法学部に留学し、民族主義エリートの一人となるイワ（独立後、初代社会相、国防相、高等教育相、国立パジャジャラン大学初代学長等を歴任）は、晩年に執筆した回想録の中で、次のように書いている（イワ・クスマ・スマントリ 二〇〇三：九）。

「日露戦争はアジアの人々を眠りからよび覚ましました。自民族の維新の意義を正しく認識するならば、アジアの小国ですら、ヨーロッパの大国に打ち勝つことができるということを、その戦争は示していた。アジアとインドネシアのその後の政治の発展の中で、その戦争における日本の勝利の意味は、はかり知れないほど大きいものがあった。」

このイワ・クスマ・スマントリ、そしてスカルノをはじめほとんどの同世代のインドネシアの民族主義指導者は、日本の植民地支配や軍国主義にはきびしい目を向けるものの、こと日露戦争に関しては、満州や朝鮮への膨張の第一歩と把えるよりも、「同じアジア人」としての共鳴から好意的な評価を下すのであった。

戦後、独立インドネシアの初代大統領となるスカルノの場合を見ておこう。一九〇一年、二〇世紀最初の年に生まれ、自らを「黎明の児」と称したスカルノは、バンドン工科大学在学中から民族主義運動の傑出したリーダーとして頭角を現わし、一九二七年にはインドネシア国民党を創設する。彼は同年執筆した「インドネシア主義と汎アジア主義」と題した最初期の論文の中で、日本の対ロシア勝利をトルコのムスタファ・ケマル・パシャの改革、中国民族主義の反帝国主義運動とともに、国際関係における「ヨーロッパに対するアジアの勝利」として積極的に評価し、これら一連の動きが自分たちの民族主義運動の進展に重要な影響をもたらしたと評価する（後藤乾一・山﨑功 二〇〇一：一九）。

次章で見るように、スカルノはその後の日本の近隣アジアへの軍事侵略を帝国主義として非難することになるが、幼年時代に見聞した日本の対ロシア勝利には、素朴な共感を終生抱き続けた。「終身大統領」として栄光の頂点にあった一九六〇年代初めの論文においても、スカルノは「われわれアジア人にとっては、当時のばくぜんとした初期のナショナリズムというものは、人種的感情と密接に結びついていたということである。われわれは白人帝国主義の重圧を感じ、事柄を深く理解することなしに、白人を帝国主義と同一視した。…われわれにとって、日本はアジアであった。われわれは、白人がその得意とするゲーム、戦争というゲームで、アジアに打ち負かされるのをみた。それは、全アジアにわたってナショナリズムを促進したのである。…全アジアを通じてナショナリズムという言葉のうちに未来を見はじめていた人々を励ましたのであった」と回顧するのであった（増田与 一九七一：一一六）。

2　一九三〇年代の日本の「南進」と国際環境

日本では、東南アジアは、経済的には「未開発の厖大な資源が放置」されており、政治的には「欧米植民地支配下で隷従」を強いられ、そして文化的には「きわめて低い段階」に置かれている地域だと了解されたのであった。それ故に、資源を必要とし(「開発」の意志も能力も有する)、「アジア解放」を国家目標に掲げ、「アジアで唯一近代化に成功」し、かつ「同じアジア」人たる日本人によって、そうした現状は打破されねばならない、という論理が組み立てられ、東南アジアに向けて発信されるに至ったのであった。

第一次世界大戦後の国際秩序と日本

先に見たように日露戦争直後に筆をとった「勝利の悲哀」の中で徳冨蘆花は、日本の勝利により「他の有色人種は爾が凱旋喇叭の声に恰も電気をかけられたるが如く勃々と頭を抬げ起し」てくるであろう、と予言した。

この日本が与えた日露戦争インパクトの結果、一部の東南アジア知識人の中には、日本に期待を寄せ自ら来日し、提携協力の道を探し求めるものも現われた。

しかしながら、国家としての日本は彼らの期待に応えることはなく、逆に欧米列強がアジアを「処分」する方法で彼らに接し、第二期以降の対東南アジア関係に暗い影を落とすことになった。「脱亜」し「入欧」するという明治初期以来の国家的課題をひとまず達成した日本だが、それは同時に蘆花が鋭く感取したように、「白皙人の嫉妬、猜疑、少なくとも不安は、黒雲の如く爾を目がけて湧き起こ」る第一歩ともなった。

このような自らに対する「白皙人」の潜在的な脅威感を肌に感じつつ、日本は時の首相大隈重信が「日本国の発達に対する大正新時代の天佑」と呼んだ第一次世界大戦に日英同盟を奇貨として参戦し、さしたる人的物的損失を蒙ることなく経済的南進のきっかけを捉み、さらには戦勝国として中国山東省のドイツ権益と赤道以北のドイツ領南洋群島を獲得した。

当初日本に参戦を促したイギリスが、その直後に急拠これを撤回しようと試みたのも、戦争に乗じ日本が中国、太平洋方面で権益を拡大することを恐れたからに他ならなかった。欧米列強中、これら諸地域で最大の権益を有していたのがその大英帝国であった。

第一次世界大戦のヨーロッパ戦勝国を中心に誕生した国際秩序いわゆるヴェルサイユ＝ワシントン体制の一角を占めた日本は、一九二一年一二月「太平洋方面における島嶼たる領地の相互尊重を約する日・英・米・仏四国条約」を締結する。それに続きオランダ、ポルトガル両国政府に対しても公文を送付し、太平洋方面における両国の属地（インドネシア、およびポルトガル領ティモールを指す）に対し、「同国ノ権利ヲ尊重スルコトヲ固ク決意」する旨確約したのだった。約言すれば、東南アジアにおける欧米列強の植民地体制を追認した上で、同地域に向け平和的手段による経済的権益の追求をはかることを、対南方政策の原則として掲げたのだった。

しかしながら、列強との協調外交は、外に向かって羽翼を伸ばそうとする帝国日本の国力発展に手枷足枷をはめるものだとし異議を唱える動きも、まだ主流ではなかったものの政府・軍部指導層の一部に根強くあった。このような戦後国際秩序に対する批判をいち早く表明し、かつ後年の角逐を予言した支配層の代表が、公爵近衛文麿であった。近衛は大戦終結直後に「英米本位の平和主義を排す」(『日本及日本人』一九一八年一二月号)と題した政治論文を発表し、大きな社会的注目を集めた。

同論文において近衛は、英米が唱える平和主義とは「現状維持を便利とするものの唱う事なかれ主義」であるにもかかわらず、本来ドイツと同じく現状打破を唱えるべき日本人が、「英米本位の平和主義にかぶれ、国際連盟を福音視」することは、「実に卑屈千万にして正義人道より蛇蝎すべき」だと語気鋭く非難した。

さらに近衛は、英米両国の「黄色人種に対する排斥差別運動」、あるいはイギリスなどがその植民地の門戸を閉鎖しようとしていることを指摘し、もしそれらが現実化するならば領土狭く資源の乏しい日本は生存そのものを脅かされるであろうと憂慮し、「かかる場合には、わが国もまた自己生存の必要上、戦前のドイツのごとくに現状打破の挙に出でざるをえざるに至らん」とまで踏込んだのだった。

「大東亜戦争」前夜、三次にわたり首相を拝命した近衛文麿の国際秩序観を見る上で、この一九一八年論文は政治的にも思想的にも、きわめて重い意味を持つものであった。第一次近衛内閣が発足したのは一九三七年六月四日のことであり、その三三日後の七月七日深夜、日中戦争の発端となる盧溝橋事件が勃発したことは留意しておきたい。

近衛論文に象徴されるように、第一次世界大戦後の日本の政府・軍部の指導層の間には、欧米列強との国際協調路線は持たざる国日本の対外的拡張を封殺するものだと理解し、現状打破を唱える強硬論も底流に渦巻くようになっていた。特にワシントン海軍軍縮条約(一九二二年二月調印)を外務省や海軍主流派が英米両国の要求に屈した結果だ、と難じる海軍強硬派(一九三〇年代に入り艦隊派と呼ばれる)の発言力は無視できないものであり、加藤寛治や末次信正に代表されるこの強硬派＝艦隊派が、一九三〇年代中葉以降の海軍中枢を占めるに至ったことは、爾後の日本の南進政策にも重要な影響を及ぼすことになった。とはいうものの、ヴェルサイユ＝ワシントン体制下では、列強の植民地東南アジアへの日本の進出は、一九三〇年代に入るまでは、基本的には平和的手段による経済的目的を目指すことに主眼が置かれたと総括できよう。

東南アジアへの経済進出

1 貿易摩擦と対日警戒感

ヨーロッパが主戦場となった第一次世界大戦により、ヨーロッパ本国からその植民地東南アジアへの綿布等日常生活用品の輸出は、急激かつ大幅に落ち込んだ。その間隙をぬう形で東南アジア市場に輸出攻勢をかけたのが、アジア最大の工業国日本であった。この間の推移は、国際貿易都市シンガポールで状況を目のあたりに目撃していた西村竹四郎の次の記録に、余すことなく描かれている（西村竹四郎 一九三六：二六九）。

「欧州戦争は在留邦人の歴史に一ポイントを画した。欧州品の杜絶に乗じた邦品は、非常な勢で進出し、今は動かぬ基礎を築いた。…戦争は地図の色を塗り替へるといふが領土の変更ばかりでない。商業勢力圏迄変更した。欧州戦争は飛躍日本の天与の機会であった。」

それ以降の日本の貿易急伸の理由について経済史家は、一九二〇年代中葉から官民一体で進められた産業合理化によるコスト引き下げと、三一年末の金輸出再禁止による為替相場の低落であり、両者の相乗効果によって綿布を中心とする日本の輸出ドライブが促進されたと指摘する（正田健一郎編 一九七八：一八九）。

この日本製綿布の東南アジアにおける最大の輸出市場はインドネシアであり、同国におけるそのシェアは一九二九年の四一％から三三年には八四％と二倍強に達した。一方宗主国オランダの比率は、それぞれ二八％から五％へ、またイギリスは二〇％から三％へと激減している。世界恐慌をはさんでの綿布等日本製の軽工業品の大々的な進出につき、清水元は「購買力の低下にあえぐ東南アジア各地の現住民の需要を充足するものではあったが、市場シェアを食われた欧米各国からは『ソシァル・ダンピング』、『為替ダンピング』といった非難が投げつけられ、東南アジア各地で貿易摩擦を激化させた」と指摘する（矢野暢編 一九九一：九八）。

この指摘からもうかがわれるように、東南アジア各地を通じ安価な日本製商品が一般民衆には歓迎される一方、植民地政府当局には怨嗟の的になるという二面性が見られたのが、開戦一〇年前の東南アジアにおける日本商品の特異性であった。

若干のデータによりつつ、日本の対東南アジア経済進出の様相を垣間見ておこう。図表2-1は大正期一九一〇年代の対東南アジア五ヵ国（英領マラヤ、蘭領東インド、仏領インドシナ、米領フィリピン、シャム）との貿易額と全体に占めるその比率を示したものである。

図表 2-1　日本と南洋圏 5 ヵ国との貿易統計　（単位千円）

	輸出	輸入	合計
	%	%	%
1914年	22,745（3.8）	52,731　(8.9）	75,476（6.4）
1915年	30,264（4.3）	35,472　(6.7）	65,736（5.3）
1916年	51,349（4.6）	43,417　(5.7）	94,766（5.0）
1917年	87,111（5.1）	59,367　(5.7）	146,478（5.7）
1918年	153,495（7.8）	156,738　(9.4）	310,233（8.5）
1919年	110,687（5.3）	263,330（12.6）	374,017（8.8）
1920年	184,997（9.5）	126,035　(5.0）	311,032（7.3）

※対象 5 ヵ国：英領マラヤ、蘭領東インド、仏印、フィリピン、シャム（タイ）
（出所）大蔵省管理局．1947a：83.

この表からうかがわれるもっとも顕著な特徴は、日本経済の東南アジア市場への急激な進出であり、大正三（一九一四）年と同九（一九二〇）年を比べると、輸出は額において八倍強に、比率では約二倍半増加している。輸入においても日本は総額面で重要性を高めているが、これは大戦終結後、工業化に必要な各種資源を東南アジアに求めたためと思われる。輸出部門での活動を担ったのは、前章で概観した第一次世界大戦を機に東南アジアに渡った中小の個人商と、それを追う形で進出した大手商社であった。こうした貿易の拡張は、当然のことながらそれに付随して海運業、銀行、倉庫業等の関連諸分野の有力企業の進出を促すことになった。

ここで、日本にとって東南アジアの中で最大の進出先となったインドネシアの事例を見ておこう。図表2-2は、日露戦争後から「大東亜戦争」勃発前年までの同国の国別輸入について、長いスパンの動向を示したものである。この表からうかがわれる主な特徴として、以下の諸点があげられる。

①なにより顕著なことは、第一次世界大戦後比重を高めていた日本からの輸入が、世界恐慌後の一九三〇年代

図表 2-2　蘭印の主要国別輸入比率　（単位：%）

	1905	1913	1923	1930	1932	1934	1936	1938	1940
シンガポール	33.6	18.7	18.3	10.6	12.5	11.3	10.0	7.6	3.2
オランダ	31.0	33.3	21.0	18.9	15.8	13.3	16.7	22.2	12.5
アメリカ	1.7	2.0	5.5	10.5	6.7	6.2	7.7	12.6	23.1
インド	3.6	5.2	4.8	7.3	4.7	2.8	3.1	3.8	3.6
日本	1.2	1.6	8.1	11.6	21.2	32.5	26.7	15.4	23.3
イギリス	16.3	17.5	15.1	10.2	9.6	8.2	7.8	8.0	8.3
中国	1.1	2.1	1.5	2.1	1.6	2.3	2.1	1.7	4.0
オーストラリア	1.4	2.4	3.9	2.9	3.3	3.3	3.0	2.8	3.8
ドイツ	2.7	6.6	8.0	10.0	7.7	7.4	9.1	10.3	2.9
その他	7.4	10.6	13.8	15.9	16.9	17.7	13.8	15.6	14.5

（出所）大蔵省管理局．1974b：24.

に入ると初めて一〇%を超え、三二年にはほぼ倍増し宗主国オランダを超え、さらに三四年にはオランダの約二・五倍にもなったことである。こうした現象は、他の東南アジア諸国でも大なり小なり見られるものであった。その結果、一九三〇年代中葉以降、自由貿易主義をとるオランダ、イギリスを中心に、列強植民地政府当局との間で深刻な経済摩擦が生じ、その解決のための経済会商が相次いで開催されるようになった。

②宗主国オランダから見ると、一九三〇年代中葉以降の主に日本人を主とする外国人経済活動を対象とした各種規制措置が奏功し、一九三八年には八年ぶりに輸出首位を取り戻す。しかしながら、第二次世界大戦が勃発し本国がドイツ占領下に置かれる一九四〇年になると日本、アメリカに次いで第三位に転落する。

③二〇世紀初等には英連邦圏（イギリス、シンガポール、インド、オーストラリア等）からの輸入が五四・九%と過半数を超えていたが、一九三〇年には三一%、そして四〇年には一八・九%と下落する。とりわけインドネシアをはじめ東南アジア市場全体での英綿業の凋落は著しく、しかも失ったシェアのほぼすべてが日本の手に入った。

こうして一九三二年には、イギリスは基礎関税法を発布、同年夏のオタワ会議以降になると英帝国のブロック化が進行した。また一九三四年二〜三月、ロンドンで日英会商が開かれるも不調に終わり、イギリスは植民地、保護領での外国綿製品・人絹に対する輸入割当制を導入するまでになった（清水元編 一九八六：九九）。

また隣邦シンガポールの比重が一九三〇年代後半以降縮小し、特に第二次世界大戦勃発に連動するかのように、インドネシア市場から後退している。このことは、東南アジア域内の経済的相互依存性の弱まり、さらに宗主国・植民地間の垂直的な経済関係を軸とするブロック経済圏への傾斜傾向を示すものと考えられる。

④二〇世紀に入り新植民地フィリピンとの強力な経済的結びつきを通し、同地への支配を強めていたアメリカが、一九三〇年代になりインドネシア市場でも次第に存在感を示すようになる。開戦により英仏蘭等ヨーロッパ宗主国が対独戦争で苦境に陥る中、無傷の大国アメリカにとって、東南アジアは可能性を秘めた一大市場として眼前に現われたのだった。

図表2-2との関連で、日本の怒濤のような輸出攻勢

をどこよりも深刻に受け止めた蘭印の対応を、もう少し見ておこう。前述したように、蘭印当局者の間では、日露戦争以降、日本を潜在的脅威視するようになったが、第一次世界大戦直前になると「日本の経済的拡張が政治的拡張を導くことは不可避」、あるいは「大量の日本人移民は、日本人と反オランダ分子〔民族主義者〕との接触の機会を増すので好ましくない」との見解が広く共有されつつあった（ピーター・ポスト「対蘭印経済拡張とオランダの対応」大江志乃夫他編 一九九三a：五四）。

図表2-3は、前表の中からオランダと日本の二国を取り出して、蘭印市場への輸出の推移をグラフ化したものである。自国の植民地でありながら、輸出において日本より劣位に置かれたことで、蘭印当局者の間では、日本の経済的浸透は来るべき軍事占領の単なる序曲に過ぎない、との警戒感が次第に高まってきた。そして二〇世紀初頭以降、折にふれ表面化した日本への猜疑・不安が一挙に顕在化し、「非常時輸入制限令」「営業制限令」等各種対日経済規制の強化、さらには在留邦人に対する監視体制の制度化へとつながった。

貿易摩擦はオランダ、イギリスの植民地だけでなく、

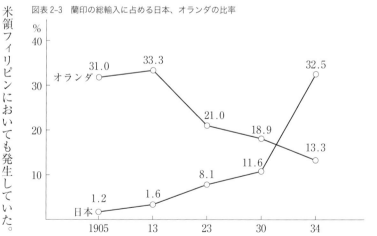

図表 2-3　蘭印の総輸入に占める日本、オランダの比率

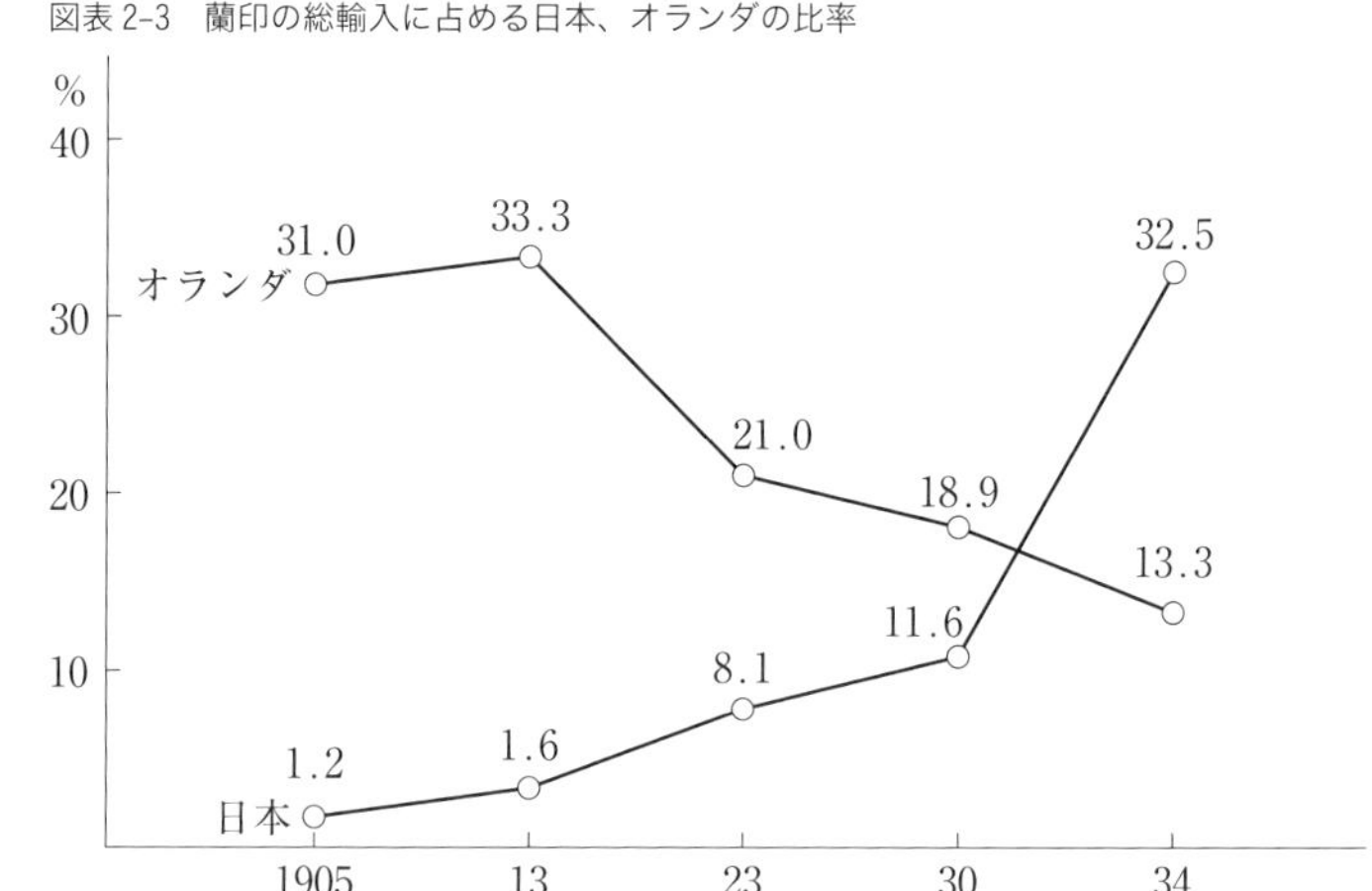

（出所）大蔵省管理局．1947b：24より著者作成。

米領フィリピンにおいても発生していた。一九一〇年代前半、日本はフィリピンの輸入先として、中国に代わり二位となったものの全体の六・三％を占めるにすぎず、アメリカの四六・九％には遠く及ばなかった。この構造

は一九三〇年まで変わることはなかった。しかしながら、フィリピンの綿製品輸入を見ると、一九二〇年代前半まではアメリカがほぼ独占していたが、三〇年代半ばには日本がアメリカの手強いライバルとなって立ち現われた(詳細は永野善子「フィリピンのアジア間貿易と日本 一八六八〜一九四一年」池端雪浦編 一九九六:第三章)。

永野論文で紹介された戦前期フィリピン政府の貿易統計によると、同国の綿製品輸入相手として、日本は第一次世界大戦以降急激に拡大し、一九三〇年には初めて三〇%を超えた。その後三二〜三三年は退潮したが、三四年には三五・六%(アメリカは五〇・一%)、そして翌三六年には四二・七%へと上昇し、宗主国アメリカの四四・二%に迫る勢いとなる。こうした現実に危機感を強めた米綿業界からの強い圧力もあり、一九三六年一〇月「日米紳士協定」が結ばれ、開戦前年の一九四〇年には一六・八%(アメリカ七二・六%)と日本側の自主規制の「成果」が示された。まさにフィリピンを舞台に繰り広げられた「日米繊維戦争」の感があった。

2 漁業問題の発生・展開・帰結

一九三〇年代の日本と東南アジアに植民地を持つ欧米列強との経済面での摩擦は、上述した貿易問題だけではなかった。ここではやはり第一次世界大戦以降、東南アジア諸海域で操業を開始し、三〇年代に本格化する日本漁業をめぐる摩擦の状況を検討してみたい。1―二〇世紀転換期の日本と東南アジアの「初期日本人社会の相貌」で、東南アジア各地の日本人社会の職業別就業人口比(一九三二年)を紹介したが(図表1-5、032頁)、その中から漁業人口比(総人口に占める)のみを抜き出して見ると、以下の通りである。フィリピン五・五%、仏印六・〇%、英領マラヤ一五・七%、タイ〇・七%、蘭印八・七%。漁業摩擦を見る上においてもシンガポールを含む英領マラヤ、蘭印の重要性が高いことがうかがわれる。

この内、ここでは蘭領東インドの事例を取り上げてみるが、それに先立ち蘭印の邦人社会における漁業従事者の比率の推移を見ておこう。当初は、一九一五年〇・一%、二〇年〇・八%ときわめて低調であったが、大戦後の二五年になると三・七%、さらに三〇年六・九%、そして三五年には七・八%へと増加しており(村山良忠

「戦前期オランダ領東インドにおける邦人経済進出の形態——職業別人口調査を中心として」『アジア経済』一九八五年三月、五八頁)、上述の一九三二年の八・七%という数字とあわせ、三〇年代に入ってからの急伸が明白である。

東南アジア海域への漁業進出の全体的な状況を見る好個の資料として、一九三一年六月、拓務省拓務局がまとめた「南洋ニ於ケル水産業調査書」の要点を紹介しておきたい(沖縄県農林水産行政史編集委員会編 一九八三 所収)。

この報告書は、前年末、マレー半島、蘭印、英領アンダマン諸島、そしてフィリピン各地の日本人漁業の実態調査を行なった、二名の水産技師が編纂にあたったものである。ここには各地の現状が紹介されるとともに、以下のような具体的な所見や提言がなされている。

①最大の可能性を持つ蘭印近海は、「海中ノ宝庫」で「数千ノ島嶼ハ無比ノ好漁場」であり、政治的な反日気運の強い北洋漁業(主にソ連を念頭)に代わり得る、きわめて有望な漁場である。

②近年では、追込網漁業を武器とする沖縄の糸満漁民が操業の主な担い手となっている。彼らの漁獲高は、邦人漁業者全体の供給高(売上金)のうちシンガポールでは九割、バタビアでは九割余を占めている。しかし「(彼らは)殆ンド全海面ニ於テ操業」しているので、過当競争による共倒れにならないよう、何らかの政策的調整が必要である(沖縄漁業の東南アジア進出については、後藤乾一 二〇一五:第三章 を参照)。

③各市場で日本漁業者のオーバープレゼンスが目立ってきたが、現時点ではシンガポール、英領マラヤのイギリス側官憲は、安価で大量の鮮魚を供給する日本人漁業者に「絶大ノ好意」を寄せ、しかも華僑の排日ボイコットに対しても、保護の手を差し伸べてくれる、と英当局に感謝の念さえ表明している。

④蘭印当局についても、英領ほどではないが「相当ノ好感」をもって、日本漁業の進出を歓迎してくれている、と述べつつも日本人漁業の進出を警戒する空気についても言及している。とりわけ漁業が主産業である北スラウェシ等の地方では、日本人漁業がオランダ人漁業と「土人漁夫」を圧迫している状況に鑑み、「之等ノ利益ト甚シク衝突スルコトヲ避クル必要アリ」と注意を喚起する。そしてもしこの状況を放置するならば、今後日本人漁業を敵視し「官憲又ハ与論ヲ動カ」す事態が各地で生じか

ねないと指摘し、「我漁業界ノ為ニ多少ノ不安」を覚えるのみならず蘭印当局の対日姿勢にも影響を及ぼすことになりかねない、と率直な危惧を表明するのであった。

この拓務省報告書が出されてわずか二、三年後、上述の一抹の不安は現実のものとなる。折から表面化していた貿易面での緊張に加え、報告書提出直後に発生した満州事変、それを契機とする国際連盟からの脱退通告という日本の対外政策の硬化は、蘭印当局のみならず域内植民地政府の対日姿勢を、急激に変化させる一因となった。こうした政治的要因を背景に、東南アジアにおける日本との「漁業摩擦」も新たな段階に入った（渡辺東夫 一九四一 を参照）。

蘭印との間の一連の漁業摩擦の発端となったのは、一九三二年末に発生した日本漁船爆破事件である。この事件は、バタビアを拠点に操業していた沖縄船籍の追込網漁船が、要塞地帯に入り禁漁区違反をしたとして、蘭印海軍工兵隊によって爆破された事件である。事件が在留日本人社会に与えた影響は大きく、邦字紙『爪哇日報』で関連記事の見出しを追うと、「告発処罰されし邦人漁夫［船長ら五名］の領海漁業、領海操業許可の諒解は没却邦人漁業者は対策を講ぜよ」（一九三二年一二月一六日）、「オランダ官憲の暴挙、我が漁船を爆破す　南洋の邦人に一々色眼鏡　在留民母国に訴ふ」（三三年一月一八日）等、日頃は日蘭融和の立場から穏健な論調で知られた『爪哇日報』も、緊張感を露にしていた。

事件は日本国内でも深刻に受け止められ、たとえば南進論者として知られる貴族院議員野村益三は、爆破の経緯を政府当局に質すとともに、こう発言した（「第六四回帝国議会貴族院予算委員会議事速記録第二号」一九三三年二月一五日）。「南洋の開発は支那人の手では出来ませぬ和蘭人の手では出来ませぬ、独り日本人の手に依るに非ずんば到底行はれない、言葉を換えて申する南洋開発には我国民か最も適応して居るものである…。」

現地住民には一顧だにせず、白人・中国人をも軽視するこうした議論に対し、満州事変後の国際世論の対日批判が高まる中、外相内田康哉は、爆破事件は遺憾であるが、「（日蘭）両国の親交に累を及ぼさないやうに結末を付けたい」と答弁し、伝統的な日蘭友好の枠内であくまでも平和的方法による南洋漁業進出をめざす、との基本方針を強調した。

日本漁船爆破事件後、蘭印当局は、植民地議会（フォルクスラート）やマスメディアを通じ民族主義指導者の間から「土民漁業を保護せよ」との声が高まる中、さまざまな法的規制を相次いで打ち出すようになる。その最初の措置は、一九三三年四月に発効した「沿岸漁業令」の改正であった。これにより、違反した漁船は「漁具漁獲物ノミナラズ漁船ヲモ没収」されるというきびしい処分が科せられることになった（一九三三年四月一七日駐バタビア小谷淡雲領事代理発内田外相宛公電、DRO所蔵）。この一九三三年という年は、前述のように、蘭印全輸入に占める日本の比率が三割を超え、本国オランダの二・五倍に達した年であった。

こうしたマクロな両国経済関係の悪化を背景に打ち出された漁業規制の強化は、現地日本人社会に大きな動揺を与えることになった。『爪哇日報』は、その痛手をこう報じた（一九三四年四月一九日）。「何れにしてもこの罰則強化は爪哇の邦人漁業が極度の不振に悩まされている折柄邦人漁業の拘束の過剰であり新しい警告であると理解せねばならぬ。」

ついで一九三四年二月になると「船舶籍勅令」が発せられ、オランダ・蘭印以外の外国船籍の運搬船は、入港ごとに水揚げ高の三割を輸入税として徴集されることになった。外国船一般が対象であったが、実質的には日本人とりわけ沖縄漁民への締めつけを意図したもの、と現地日本人社会では受け止められた。ちなみに一九三六年六月時点における蘭印在住漁業者六〇六人の県別内訳を見ると、沖縄五三一人、高知二〇人、鹿児島一六人等で九割近くが沖縄からの出漁漁民であった（「南洋漁業根拠地邦人漁業者出身地方別表」DRO所蔵）。

翌一九三五年になると、「領海及び要塞地条例」が出され、インドネシア人漁民以外の要塞地帯での操業が禁止された。しかも要塞地帯の範囲が逐次拡大され、首都バタビアへの航路であるスンダ海峡、軍港スラバヤを控えたマドゥラ島近海の好漁場から、日本人漁船が大幅に締め出されることになった。

その他の規制措置も含めた一連の施策の結果、たとえば最大のバタビア市営市場における日本人漁業者の水揚げ率は、最高時一九三一年の二九・一％から三五年には一六％にまで急落した（片岡千賀之 一九九一 所収表より算出）。しかも一九三〇年代後半、とりわけ日中戦争勃発以降になると、蘭印当局は経済的観点のみならず、軍事的な観点からも、日本の漁業南進に警戒の念を深めるようになった。

たとえば一九四一年当時、蘭印海域で操業する約五〇〇隻、四〇〇〇人に達するとみなした日本人漁民を、彼らは日本の対外膨張政策の先兵であり、海軍の密命を受けて蘭印の海事情報をひそかに収集している、と疑惑の目を向けた。一九三〇年代末のオランダ当局＝ロンドン亡命政府が、いかに日本の浸透工作を警戒していたかは、以下の報告書に詳しい（The Netherlands East Indies Government. 1942)。

付言すると、日本漁業の進出を日本海軍の情報収集と関連づける見方は、二〇世紀初頭から東南アジア各地に存在した。たとえば一九〇七年、マニラ在住の日本人が「フィリピン・フィシング・カンパニー」を設立した折、同地の英字紙はこの会社を「日本海軍省の指示による日本人スパイのフィリピンへの潜入と組織的活動をカモフラージュするための『隠れ蓑』と見なす向きもある」と報じたのだった（リディア・N・ユー・ホセ「フィリピン中立化問題をめぐるフィリピン・アメリカ・日本三国関係一九〇〇〜一九三九年」池端雪浦他編 二〇〇四：四三）。

一九三二年頃から段階的に強化されてきた蘭印側の日本漁業取り締まりは、日中戦争勃発二ヵ月後の一九三七年九月、ついに死傷者を出す惨事へと発展した（本事件についての先行研究として、たかだふじお「シンガポールの糸満人――徳栄丸事件を中心に――」『沖縄文化――沖縄文化協会創設四〇周年記念誌』一九八九年 がある）。この事件は、オランダ軍艦「フローレス」の艦載機により、リアウ州テタップ島近海で操業中の大城組船籍の沖縄漁船が砲撃され、船長ら二名が死亡、負傷者二名を出した事件である。事件後バタビア、東京、ハーグで外交折衝による事態収拾が図られたが、解決まで予想以上に難航したことが外務省記録からもうかがわれる。

たとえば同年一二月八日、堀内謙介外務次官はパブスト蘭公使に対し、艦載機による一〇八発の砲弾発射は、オランダ側が主張する「警察権行使」とは到底認められないと抗議するも、受理されることはなかった。ハーグではそれに先立ち一〇月一六日桑島主計公使が蘭外務次官に抗議したが、日本漁船の領海内密漁事件は従来からあとを絶たなかったし、今回の発砲も蘭側が収集した情報によれば「真ニ已ムヲ得サルノ処置」をとった結果であると一蹴された。

解決に向けての外交交渉は翌春まで続き、一九三八年三月、ようやく幕引きを図るための「覚書」が交わされた。その中でオランダ側は、死傷者が出たことには「遺憾の意」を表したものの、発砲自体は正当な行為との姿勢を崩すことはなかった。

しかも遺憾の意思表示は、自己の責務を果たすべく発砲したオランダ士官の行為を否認するものと解さぬよう、釘をさしたのであった。また死傷者の遺族等に計四二〇〇ギルダーの弔慰金を支払うことで和解が成立したが、これについてもオランダ側は、あくまでも「一方的恩恵トシテ交付」するものとの立場を貫いた。

東南アジアの華僑ナショナリズムと日中関係

日中戦争が日本にとって泥沼化するにつれ、政府・軍部の間には、その打開のため——とりわけ東南アジアからの援蔣ルート遮断と資源確保を求め——同地へ積極的進出＝武力南進をすべきであるとの声が高まってくる。

他方、二〇世紀初頭以来、日本が中国への干渉・介入・侵略の度を深めるごとに、東南アジア在住の華僑はさまざまな方法で、反日・抗日運動を展開するようになった。そしてこうした華僑ナショナリズムに対する報復措置として、日本軍政下の華僑社会——特にシンガポール、マラヤにおける——への厳格な処置が講じられ、逆にそのことが華僑社会全体の抗日抵抗運動を深化させていくことになる。その意味でも、戦前期東南アジアにおける華僑ナショナリズムの発露は、「大東亜共栄圏」下の対華僑施策に重要な影響を及ぼし、さらにはその延長で、一九四五年以降の東南アジア華僑（華人）の対日観に、深い影を落とすことになるのであった。

東南アジア在住の中国人、特にその中心地シンガポールの華僑が、悪化する日中関係の動向に関心を示すのは、一九〇八年の辰丸事件以降と言われる（吉川利治編 一九九二：二〇四）。この事件は、同年二月マカオ沖で拿捕された第二辰丸が中国革命派向けの武器弾薬を積荷しているとの嫌疑で、船長以下乗組員が清国官憲に抑留されたことが発端であった。日本政府は、船長らの即時釈放と賠償金支払いを要求し決着がついたかに見えたが、これへの抗議運動が各地で展開された（詳細は、菊池貴晴 一九六六：第二章 参照）。そして同事件、さらにはそれから間もない一九一〇年の「安奉線鉄道改築問題」を契機として始まった日貨排斥運動が、華僑による最初期の抗日運動とみなされる（満鉄東亜経済調査局 一九四〇：三六五）。

また東南アジア華僑の抗日運動の推移について、原不二夫は、その拠点となったのはマラヤ・シンガポールであったと指摘しつつ、こう述べる（原不二夫「華僑の民族主義と中国・日本」和田春樹他編 二〇一一：七四）。「…一九一五年の『対華二一カ条要求』、一九年の『五・四運動』などに伴って散発的に起こされたが、［中国］国民党指導のもとで各地に抗日組織が結成されるようになったのは、一九二八年の日本軍による第二次『山東出兵』以後のことである」。さらに原は、こうした運動は当初は地方組織にとどまり、かつ一過性のものであったが、日中戦争後になると各国に強力な統一組織が設けられ、それを基盤に一九三八年一〇月一〇日の中国国慶節（双十節）を機として、「東南アジア華僑が打って一丸」となった「南洋各属華僑籌賑祖国難民総会」（南僑総会）が設立されたと述べ、その意義を重視する。

南僑総会の発足において中心的な役割を演じたのが、シンガポール華僑社会の有力指導者陳嘉庚であった。一八九〇年、一六歳で福建省から渡南した陳嘉庚は、ゴム農園等の経営で巨利をおさめ、二〇年代には東南アジア最大の華僑実業家として知られるようになった。祖国中国への強い愛国心を持つ陳嘉庚の指導下で、一九二八年の日本軍による第二次「山東出兵」に抗議する抗日運動が展開され、その盛名もあって陳嘉庚は一〇年後、一九三八年に南僑総会の主席に選出された。

一九二八年の山東省済南で発生した日中両軍の軍事衝突＝「済南事件」後の第二次山東出兵に抗議する抗日運動については後述するが、それに関連しそれ以前の主だった華僑の抗日運動を概観しておきたい。シンガポールで激化する華僑の抗日運動に甚大な関心を寄せてきた医師西村竹四郎は、中国での五・四運動直後の一九一九年六月一〇日、「山東問題」によって点火され北京、天津、上海、漢口へと蔓延した中国の排日気勢は、はやくも一四日にシンガポールに飛火したと日記に記し、さらに二〇日にはその運動が暴動化した様子を、こう描写している（西村竹四郎 一九三六：二七九）。

「夜七時、支那人暴徒蜂起し、花柳界方面を中心とし、邦人家屋を破壊した。…愈々数百千の支那人暴徒が喊声を揚げて殺到して来た。馬来［マレー人］警官は何んの制止力もなく、右往左往するのみであった。暴徒は血の飢えた暴虎の如く吶喊し来り、邦人家屋の戸を壊す者、硝子戸を破る音、非常な騒ぎとなつた。」

翌六月二一日には、英当局によって市中に戒厳令が布かれる中、日本人は日本商品陳列館を本部として対策を講じる。抗議の標的は邦商だけでなく、日本商品を販売する中国人商店にも向けられたので、彼らは「日本品を家の前の道路に持ち出し、それに火をつけて焼却した。その焰が濛々として全市を覆ひ凄まじい様相を呈した」と西村は記すのであった（同書：二七九）。

マレー半島やシンガポールの華僑ナショナリズムと比べ、やや異なる展開を見せたのはタイであった。タイ華僑の抗日運動が本格化するのは、他地域と同じ一九二八年の「済南事件」以降であるが、その源流的な動きが――直接日本に向けられたわけではないが――一九〇五年と一九二五年に見られた。

前者は、先に述べた一九〇四年のアメリカの中国人移民制限政策に反発し、在米華僑がアメリカ商品のボイコットを提唱、その動きが一九〇五年五月からの、中国におけるる米貨ボイコット運動へと発展する。さらに同年六月、その動きはシンガポールに波及、またタイにおいても七月から八月にかけて、華僑の米貨ボイコットが頂点に達した。その後、米政府の中国人移民制限を見直すとの方針が示され、運動は次第に下火になった（村嶋英治「タイ華僑社会における中国ナショナリズムの起源」和田春樹他編 二〇一〇：二三二―二三五）。

もう一つは、それから二〇年後の一九二五年、上海で発生した「五月三〇日事件」を機に、中国各地で反英・反日運動が始まると、タイにもその動きが波及したことである。五月三〇日事件とは、上海の共同租界での日本内外綿紡績工場の労働者虐殺に対し、学生などが租界回収、打倒帝国主義を叫んで行なった反英反日の抗議活動である。これに対し、英警官隊が発砲、死者も出したことで、六月五日には市内の共同租界に戒厳令が布かれた。タイにおける日本の経済権益は英国に比べはるかに小さいものの、日中関係の悪化とともにタイ華僑の排外運動が、日本にも向けられたことを示す事件であった（同事件については、村嶋英治「タイ華僑の政治活動――五・三〇運動から日中戦争まで――」原不二夫編 一九九三：二六八 を参照）。

同論文において村嶋は、「五・三〇運動を契機としてイギリス［公使］から注意を促されてシャム政府が在シャム中国人の共産主義活動に初めて関心を持つようになった」と指摘するが、この点は一九三〇年代のタイ政府の華僑観・政策を見る上でも興味深い。

たとえば日タイ関係史でしばしば取り上げられる、一九三三年二月の国際連盟での日本軍の満州撤退勧告案の採択に際し、タイ政府は棄権票（白票）を投じた。日本側文献の中には、これをタイの積極的な親日感情のあらわれとするものもあるが、吉川利治はタイ側一次史料の精査を通じ、そうした見方を排しつつ、こう指摘する

写真 2-1　タイ－アユタヤ県の日本人町跡と長政神社
（出所）朝日新聞北角記者撮影、1942年、山﨑功氏所蔵。

（吉川利治編 一九九二：一七一）。「中国での［抗日］運動に合わせてタイ国内で民族運動を展開する華僑の動きに、［タイ政府は］嫌悪と脅威を感じていたという、日本への配慮よりも、華僑に対するタイの感情表現であった。」

従来は散発的、かつ一時的な性格が強かった華僑の抗日運動にとって、大きな転換点となったのは、前述したように一九二八年五月の日本軍の第二次山東出兵、そして済南占領である。比較的活動が低調であったタイでも、「中国国民党暹羅（シャム）総支部」が、中国での反日運動の激化に伴ない「従来にない活発な日貨ボイコット」を展開した（詳細は村嶋英治「タイ華僑の政治活動」原不二夫編 一九九三：二七二―二七六）。その具体的な動きについては、吉川利治の平明な描写を引用しておこう（吉川利治編 一九九二：一七〇―一七一）。

「タイの華僑は［一九二八年］五月一五日より、日本品は扱わない、契約中のものは解約することを決めた。精米業者も参加し、日本商社との精米の取り引きを中止した。バンコク港では華僑労働者が荷役の仕事をボイコットしたため、タイ人の苦力を急いで雇わねばならなかった。こうした一連の動きで、当時の金額で年額二千万円にのぼる日本品ボイコットになり、日・タイ貿易に重大な影響を与えつつあるとして、日本公使館は九月一五日にタイ政府に在タイ華僑の厳重な取り締まりを要請した。」

結果的にタイ政府当局は、自国内での中国指向の強い華僑の反外国ナショナリズムに、かねてから否定的な見方をとっていたこともあり、済南事件後の日貨ボイコットも取り締まりの対象となった。一九三〇年代の満州事変から上海事変を経て、盧溝橋事件へ至る日中関係の険悪化の中で、タイ華僑の組織的抗日運動は継続された。しかしながら、一九三八年末に登場した陸軍出身のピブーン首相下の政権は、強烈なタイ民族主義を掲げ、国家統一至上主義の観点から、華僑の政治活動を封じ込めていった。

英領マラヤ・シンガポール、独立国タイに続くもう一つの比較の事例として、インドネシアの華僑社会の動向を見ておこう。一九三〇年の蘭印政庁による国勢調査によれば、同地の華僑人口は約一二三万、総数から見れば東南アジア最大となるが、人口比では二％にとどまる。また華僑のうち蘭印出生者の比率は、全国平均で六三・

五％、人口稠密地のジャワ・マドゥラに限ると七九・四％に達している（蘭印経済部中央統計局編 一九四一：Ⅱ章 参照）。このように蘭印では、華南を中心に新規に中国から移住した中国人（新客（シンケ））が少数派であることも、新客が多いマラヤ・シンガポールの反日運動と比べ、異なる色合いを与えた要因であった。

こうしたインドネシアにおいても、華僑の反日貨ボイコット運動が従来になく高まるのは、やはり一九二八年五月の済南事件後の日本軍の山東出兵を契機としてのことであった。シンガポールを起点に始まったこの日貨排斥運動は、六月以降インドネシアにも飛火する。当初日本側は、それ以前のボイコット運動と同じく、今回も短命に終わるだろうと楽観視していたことは、次の領事公信からもうかがえる。

「漢字新聞［特に中国指向の強い『新報』］ハ日々反日的電報及記事ヲ掲ケ居レリ、併シ当地警察署ノ取締厳重ナルタメ露骨ナル日貨排斥ノ提唱ヲ避ケ…支那商人カ一致シテ『ボイコット』ヲ為スカ如キコト無ク実取引ノ大勢ハ殆ト変化ナシ」（姉歯準平駐スラバヤ領事発田中外相宛公電、一九二八年五月二四日、DRO所蔵）。

このように日本の現地外交当局は、蘭印華僑の反日運動は根の深いものではなく、シンガポールや広東から送られた国民党や共産党につながる「排日指導員」がバタビアの国民党支部と提携し、華字紙の反日キャンペーンを煽っているとみなした。

また当時は、蘭印との経済摩擦はまだ深刻化しておらず、日本側は対日貿易関係を重視する蘭印政庁が、華僑の抗日運動を取り締まってくれることを期待していた。六月以降の「排日ノ形勢ハ其後却テ悪化ノ徴ヲ呈シ商談引キ続キ不活発ナリ」と憂慮していた三宅哲一郎バタビア総領事が、「当領政府ニ対シ煽動者ノ厳重取締ノ為各地方官憲へ訓令方依頼」したのも、蘭印側の協力を得て問題解決にあたろうとした日本側の方針を示すものであった。（この点については、後藤乾一 一九八五：第十二章を参照）。

なお、蘭印の華僑社会に見られた主な潮流として、以下の三グループがあげられる。

①植民地政府への支持と協力を通じ、現存体制の枠内で華僑社会の地位を向上させようとする親蘭的な立場、一九二八年設立の中部ジャワ・スマランを拠点とする中

華会に代表される、②それと対照的に、インドネシア華人社会史上、初めてインドネシア民族主義への支持を掲げる立場、一九三二年設立のスラバヤを基盤とする華人党に代表される、③明確な中国志向を持つ華字紙『新報』を中心に結集したグループで、シンガポールに近く、また新客人口の多いジャカルタを拠点とする。またシンガポールと経済的・文化的関係の強い西カリマンタンも、外島（ジャワ以外の総称）における華僑の反日運動の一大中心地であった（この点については、松村智雄 二〇一七：一九‐二〇 を参照）。

満州事変を引き金とする一九三〇年代の日中関係の険悪化に呼応し、高まりを見せるインドネシア華僑の反日ナショナリズムを代弁するのも、この『新報』派の華僑であった。

とはいうものの、世界恐慌後の経済不況下で、華僑の商活動そのものが停滞していたことに加え、一九二八年の日貨ボイコットが、結果的に華僑社会の利益を損なうことを経験した華僑は、具体的な行動においては抑制的な態度をとった。しかも恐慌後一九三二年には、前述したように、日本が最大の輸入相手となる状況下、日貨ボイコットは経済的にマイナスであるとの見方が華僑社会の中で強まっていた（東亜研究所 一九四五：四二）。

このように一九三〇年代初めにおいては、インドネシアの華僑社会は、概して日貨ボイコットには慎重な態度をとった。他方、日本側当局は、これまでの体験から華僑の動きは平静に見えるとしながらも、次の公電が示すように、内心では警戒の念を隠そうとしなかった。「上海事変後排日貨空気漸次濃厚、未タ表面化スルニ至ラサルモ極秘裡ニ寧々軍資金ノ調達ニ併セ排日貨ヲ策動シ居ル形勢ナリ」（在バタビア佐々事務代理発芳沢外相宛公電、一九三二年二月二三日、DRO所蔵）。

しかしながら、こうした現場の外交当事者の懸念は現実のものとはならず、結果的には「済南事件の際行はれたる祖国への政治的寄与に比し、民族意識が根強く培養され居るにも拘らず微弱であった。それ故［中国への］献金運動も熾烈ではなかったし…祖国の事変公債に対す華僑の引受けも活発ではなかつた」と総括される形となった（満鉄東亜経済調査局 一九四〇：三六六）。

日本側が不安を抱いた蘭印の華僑ナショナリズムの主

たる担い手は、上述のように『新報』であった。その親中国派の『新報』の中心は、国民党だけでなく、共産党周辺の知識層をも支援していた郭克明であった。郭は、戦後まもなく刊行した回想録『新聞記者生活四半世紀』の中で、満州事変の報に初めて接した時、自分を含め「中国内外の中国人は戦慄を覚えた」と評し、さらに「日本の満州侵略は世界史の中で重大な意味を持つものであり、この事件を契機に第二次世界大戦に向けての炎が燃え始めた」との歴史観を開陳している。

この郭の満州事変観の中でもう一つ興味深い点は、日本の軍事侵略を非難すべき蘭印政庁やオランダ人社会が示した冷淡な態度を、きびしく批判していることである。

その理由として郭克明は、満州事変は「オランダ植民地主義者には祝福の種」と映じているのではないか、と難詰するのだった。すなわち郭は、日本の南進を恐れる蘭印政庁は、もし日本が満州を領有することになれば、大陸経営にエネルギーを注ぐことになり、そうなれば南方への政治的・軍事的関心を弱めるであろう。そしてそのことは、蘭印が日本の脅威から自由になることを意味する、という自己本位の考えを持っていたと批判するのであった（Kwee Kek Beng. 1948 : 61–62）。

もちろんオランダ本国政府は、国際連盟で満州における日本軍の軍事侵攻に批判の一票を投じていたものの、郭克明が指摘したように、内心では日本の領土的関心が北方に向かうことに、ある種の安堵感を覚えていたことも確かだと思われる。

華僑ナショナリズムの議論からやや脇道へそれるが、郭克明と似たような現状認識は、南隣のイギリス自治領オーストラリア（一九〇一年連邦国家成立）にも共有されるものであった。伝統的に白豪主義を掲げるオーストラリアであったが、世界恐慌後の経済不況の中で、三〇年代以降総輸出に占める日本の割合が、それまでの一桁から一〇％を超えるまでに伸び、日本が重要な経済パートナーとなっていた（Nevil Meaney. Toervor Matthew. 1988. 付表より算出）。そのため、満州事変直後に発足したライオンズ内閣は、日本を刺激することを慎重に避け、日本の膨張の方向が「南進」ではなく「北進」という形をとったことに、安堵すら覚えたと言われる。その意味で、イギリス本国とは異なるオーストラリアの対日観の一端に言及した外交史家A・メルボルンの、次の指摘は示唆的である（T. B. Millar. 1978：56）。

「オーストラリアの究極的な対日関係は、満州国における日本の実験が成功するか失敗するかにかかっている。もし成功すれば日本は大陸拡張政策を無制限に追求することになるだろう。…もし満州国で失敗することになれば、日本は依然として過剰人口のハケ口、原材料や食糧の供給地、そして工業製品の販路を必要とすることになろう。そしてこの大陸政策の挫折の結果、日本はフィリピン、オランダ、インド〔蘭領東インドか〕そして西太平洋諸島、さらにはオーストラリア北部を占領することを企図するようになるだろう。」

写真 2-2　戦前期オーストラリアから見た「南進日本」の脅威イメージ。
（出所）Henry P. Frei. 1991：表紙カバー。

「一九三六年危機」論をめぐって

―国際連盟脱退から「無条約時代」へ

「…帝国政府は平和維持の方策殊に東洋平和確立の根本方針に付連盟と全然其の所信を異にすることを確信せり…。」

日本政府がこう言明し、国際連盟事務総長宛てに連盟脱退を通告したのは、一九三三（昭和八）年三月二七日のことであった（その年一〇月、連盟事務次長を務めた新渡戸稲造、カナダで客死）。本章冒頭で紹介した近衛文麿の論文「英米本位の平和主義を排す」が、国際連盟を「福音視」するなかれと説いてから、わずか一五年後のことであった。かくして日本は、第一次世界大戦後、列強の一員として自らもその一角を占めたヴェルサイユ＝ワシントン体制と訣別し、それに代わる新しい国際秩序をアジアにおいて樹立すべきことを標榜したのであった。

近衛論文はまた、「本来ドイツと同じく現状打破」を唱えるべき日本人と述べたが、そのドイツでは日本の連盟脱退の二ヵ月前、一九三三年一月、ヒトラーが政権を握り、これまたヨーロッパにおける既成秩序への挑戦者として名乗りをあげていた。そして日独両国は、東西において各々既成秩序の打破を唱えつつ、一九三六年一一月には日独防共協定、そして四年後にはイタリアを加えた三国同盟に調印するのであった。

満州事変以降の中国への軍事的侵略、東南アジアに植民地を有する列強との経済摩擦の深化と時期を同じくしての国際連盟からの脱退は、爾後の日本の対外政策決定過程に重大な影響を与えることになった。

中でもかねてから、近衛文麿らと歩調を合わせ国際協調路線に異を唱え、ワシントン海軍軍縮会議に続くロンドン海軍軍縮条約（一九三〇年四月）についても、英米両国の圧力に屈したと批判する海軍内の対外強硬派（艦隊派）は、既成国際秩序の打破を掲げ、その主要な対外政策課題として積極的な「南進」を打ち出すようになる。

特に海軍は、石油の供給こそが国家存亡に関わると考え、また自らの存在そのものが「石油燃料の有無に依り消長」すると言われるほど、石油確保が絶対的な要請であった（有終会編 一九三三：四七五）。国際連盟脱退の半年後の一九三三年九月、海軍のイニシアティブで商工省を主務とする審議会で、初めて「燃料国策の大綱」が定められ、それに基づき翌三四年三月に、「石油業法」が公布される。同法の最大眼目は、「有事に際し石油供給を円滑」に行なうことで、そのための具体的な諸施策が定められた（柳原博光 一九六四：一一〇-一二七）。

一九三一年における日本の石油輸入の国別比率を見ると、アメリカが六二・二%と他を圧倒し、二位が蘭印一七・六%、三位ソ連領アジア一四・五%、となっている（有終会編 一九三三：四八五）。つまり仮想敵国第一のアメリカが、最重要石油供給国であるとの深刻なジレンマを、日本はかかえていた（第二仮想敵国のソ連が第三位）。かくして対米関係が次第に悪化する中で、「有事に際し石油供給を円滑」にすることが、一九三〇年代中葉以降、焦眉の政策課題となってくる。

こうした中で、特別な関心が寄せられるようになったのは、貿易摩擦で不協和音が高まっていたものの、第二の石油輸入国蘭印＝インドネシアであった。細部にわたる議論には入らないが、結論を先取りするならば、開戦前年ともなると、陸軍中枢においても、「日本のいまや生命線は南方にある…端的にいえば油の問題…蘭印からとるしか仕様ない」（木戸日記研究会・日本近代史料研究会 一九六八：二六五）との認識に到達し、それが後述するインドネシア軍事占領への重要な伏線となっていく。

国際連盟を脱退した当時の海軍は、艦隊派が中枢ポストを占め、その主導で一九三四年にワシントン海軍軍縮条約の廃棄方針を定め、さらに三六年一月、折から開催中のロンドン軍縮会議からも脱退した。その一方、無条約時代への突入に備え大幅な軍備拡張を進め、「一九三六年危機」に対処せよとの論陣を張った。こうした戦闘的な国際政治認識は、一般社会にも少なからぬ政治的、心理的な影響を及ぼすことになった。海軍にとっては、「危機」はもちろん太平洋から来るものであり、その中心は第一の仮想敵国アメリカであった。

2「非常時日本」と太平洋世界

一九二三年二月改訂の「帝国国防方針」において、アメリカはソ連に代わる第一の仮想敵国と定められたが、その際前述したように、海軍は小笠原諸島を沖縄列島に代わる主力の「決戦線」と位置づけ、またその「前哨線」を委任統治下においた南洋群島にまで押し進めることなった（島貫武治　一九六五：一二二）。

それ以来、南洋群島とも近接する硫黄島を含む小笠原諸島は、軍事的にも枢要な地へと再編されていく。そのため国際連盟脱退後、連盟主要国の中から日本は連盟を脱退した以上、その委任統治領たる南洋群島を返還せよとの声が高まった。それに対し、海軍強硬派の間では、南洋群島は前世界大戦で日本が「海軍力を以て占領した地域であり、事実上日本領土として統治」されてきたとの主張が展開される。そして「若し之に対して理不尽な干渉を試みやうとするものがあれば、実力を以てこれに対抗する外はない」と揚言し、同群島は帝国海軍の指導下に置かれるべき日本の版図であると主張した（関根郡平　一九三三：一七三）。

南洋群島返却問題が関心事となる中で、その北方に位置する小笠原諸島の住民（一九三五年時点で人口七三六一人）の国際情勢に対する関心は、「内地」以上に高まりを見せるに至った。その間の事情は、父島・大村尋常高等小学校生徒の文集『なでしこ』からもうかがうことができる（公財・小笠原協会所蔵。復刻版がめこんより近刊）。同誌一九三三年一二月号の高等科一年の男子生徒の作文は、こう述べる。

「今の日本は危機にあるのです。日本は国際連盟から脱退した。連盟の国々から南洋群島をかへせと言ふであろう。其の時日本は断じてかへさないのである。返へす必要はないのである。南洋は日本の海の生命線である程大切な所である。」

こうした学童の時局認識は、学校での教育や両親はじめ、周囲の大人からの影響を受けて形成されたものと言えるが、小笠原諸島の学童たちは、黒板にはられた太平洋の地図をながめつつ、自分なりの国際理解に努めていたと言えよう。

「我が国の危機」を論じた『なでしこ』誌上の作文から四年後、日中戦争が勃発した一九三七年七月（号）の尋常科六年の女子生徒の作文を、次に紹介しておこう。「非常時日本」と題された詩の中で、少女はこう謳った。

「太平洋の真中に　ぽつんと一つはなれ島　非常時日本の玄関番／南の島の小笠原

力をこめて我々は　守ろう海の生命線／我等は日本の子どもなり　世界で強き日本に生まれし我等は幸福よ／お国の為よ君の為　力の限り我々は　守ろう海の生命線

写真2-3　小笠原諸島父島の大村尋常高等小学校の校誌『なでしこ』の表紙（1934年9月）。満州事変後の小笠原の対外危機意識が反映（公財・小笠原協会所蔵）。

／守れよ小笠原　南海遠きはなれ島　我等非常時日本の玄関番の小笠原　学びはげみ身をきたへ　守ろう海の生命線。」

この「健気な」女子生徒の短詩には、「海の生命線」という語が三回、そして「非常時日本」「非常時日本の玄関番」の語が二回づつ登場する。国際連盟脱退後の小笠原諸島を取り巻く太平洋が、「平和の海」から敵侵攻を防ぐ最前線として、生徒たちに教えられ受け止められていたことが如実に示されている（当時の同諸島については以下を参照。後藤乾一 二〇一九：第五章、石井良則 二〇二〇）。

ちなみに同年一二月、「南京陥落」に際しての学校行事の一端を『なでしこ』（一九三七年一二月号）から見てみよう。その祝賀行事は、全国共通のものと思われるが、大村尋常高等小学校では一二月一四日の朝礼時に行なわれ、その行事スケジュールは、以下の通りであった。「1学校長訓辞、2宮城遥拝、3靖国神社遥拝、4万歳三唱」。

こうした国際環境下、南洋群島の軍事的・地政学的重要性は、日本特に海軍にとってますます高まってくる。国際連盟による委任統治制度は、本質的には大国間での領土分割の一形態に過ぎず、その実態は植民地に準ずるものであった。「［いまだ自立できない人民の］福祉及発達ヲ計ルハ、文明ノ神聖ナル使命」、という大国側による身勝手な統治理念のもとで、日本支配が正当化され、連盟脱退後の返還要求論を拒絶しつつ、結局は現状が維持される形となった。しかしながら結果的に見ると、南洋群島は「大東亜戦争」の最終段階において、「文明」の産物たる二個の原爆搭載機の発進基地となり、かつ第一の仮想敵国アメリカとの最激戦地として、多くの住民が巻きぞえになった。「海の生命線」と形容され、日本本土を守るために「捨て石」にされたという点で、南洋群島は小笠原諸島なかんずく硫黄島、そして沖縄にも共通する運命をたどることになる。

広大な海域に散在する南洋群島の現地住民の人口は、南洋庁による施政（実態は海軍による内面指導）が始まった一九二二年時点では四万七七一三人であったのに対し、日本人（朝鮮人・台湾人等を含む）は三三一〇人に過ぎなかった。しかしながら、図表2-4が示すように、その後日本人の流入は増え続け、「一九三六年危機」が唱えられていたさ中の一九三五年になると、五万人を超え現地住民（日本は彼らを「島民」と蔑称）の人口を凌駕し、その差は年々拡大していった。また一九三〇年代後半に入ると、飛行場はじめ各種の防衛施設の建設工事に動員される朝鮮人の飛躍的な増加が際立つようになる。

日本統治期の南洋群島の最大産業となったのは糖業であるが、ここには国策会社南洋興発株式会社（社長松江春次）が、海軍の全面的支援を受けつつ独占的地位を占め、その労働力として気候風土が近く甘蔗栽培にも習熟している沖縄からの移民が、六割近くを占めるようになる。そのこともあって、戦前の沖縄からの移民者の間には、「南洋は沖縄の延長」といった親近感もあった。

図表 2-4　南洋群島在住者人口表

年度	総数	現地住民	日本人	うち朝鮮人
1922	51,086	47,713	3,310	149
1923	54,358	49,090	5,203	82
1924	55,186	49,576	5,550	93
1925	56,294	48,798	7,430	98
1926	57,466	48,994	8,395	95
1927	58,816	48,761	9,979	147
1928	61,086	48,545	12,460	176
1929	64,921	48,617	16,202	179
1930	69,626	49,695	19,835	198
1931	73,027	50,038	22,889	225
1932	78,457	50,069	28,291	278
1933	82,252	49,935	32,214	313
1934	90,651	50,336	40,215	318
1935	102,537	50,573	51,861	546
1936	107,137	50,524	56,496	545
1937	113,277	50,849	62,305	579
1938	122,969	50,998	71,847	704
1939	129,103	51,725	77,254	1,968
1940	135,708	51,106	84,478	3,463
1941	141,259	51,089	90,072	5,824
1942	145,272	51,951	93,220	6,407
1943	148,982	52,197	96,670	

（出所）沖縄県文化振興会史料編集室編．2011：351.

一方、当時南洋群島の社会経済的分析を行なった矢内原忠雄(一九三五)や、戦後のアメリカ人歴史学者マーク・ピーティーの研究(マーク・ピーティー「日本植民地支配下のミクロネシア」大江志乃夫他編 一九九二)等が指摘するように、群島内には日本人を頂点、現地住民(「島民」)を底辺とするヒエラルキーができ、その中間に沖縄出身者と朝鮮人が組み込まれ、そこには「明確に区別のつく三つの階級」(同書:二〇六)が成立していた。

こうした階層性を見る上で、かつての「島民」の一人金玉岩の回想を引用しておこう。朝鮮人(当時は「日本人」)の父、現地チャモロ人の母との間にロタ島で生まれた金玉岩は、こう回想する(『琉球新報』一九九三年七月三日)。「日本人はいつも、沖縄は二等、朝鮮は三等と言っていた。軍隊の中でも沖縄の人は二等兵から上にはなかなか行けなかった。」

委任統治構想の前提とされた「いまだ自立できない人民」を、質的に向上させることが「文明ノ神聖ナル使命」とされる中で、日本は「島民」統治の根本原則として「日本化」=皇民化を図った。その手段として日本語教育の徹底、修身教育や神社参拝、各種社会教育等を通じての日本的価値観の注入、あるいは日本式の青年団その他の社会団体の結成等が推進された。

これらの統治技術のいくつかは、日本軍占領下に置かれた戦時期東南アジアにも「輸出」され、実践に移されることになる。こうした一連の文化政策は、いうまでもなく強者の論理の押しつけであったが、受け手である南洋群島の住民の間には、そうした「文明」の論理の押しつけに対し、固有の価値観・文化伝統にのっとって抵抗を試みることは、東アジアの他の公式植民地あるいは戦時東南アジアと比べ、はるかに弱かった。その意味で、マーク・ピーティーの次のような評価は、おおむね妥当であると思われる(マーク・ピーティー「日中戦争・太平洋戦争期の日本の植民地帝国」細谷千博・本間長世他編 一九九三:四〇五)。

「ミクロネシアの人々は、物理的に互いに遠く離ればなれにあり、彼らの間の文化的つながりは大変弱く、共通の『民族意識』をもたなかった。そのため、日本の支配は、最後の臨戦時段階にいたるまで、驚くほど無抵抗に受入れられた。」

ここでピーティーが指摘する「最後の臨戦時段階」の

写真 2-4　1940年11月 3 日に建立されたパラオ南洋神社の跡地に近年再建された神社（清流社建立）。
（出所）稲宮康人・中島三千男．2019：40.

抵抗とは、一九四五年に入って極度に困窮化し狂暴化した日本駐屯軍が、島民に加えた「蛮行」に対する彼らの反発を指す。他方、こうしたアメリカ人史家の評価に対し、松島泰勝は、南洋群島の中心パラオの事例を引きつつ、固有の文化伝統に基づく抵抗運動の存在について、こう言及する（松島泰勝 二〇〇七：四六）。

「…日本政府による同化政策に対し、島民はただ従順に従っていたわけではなかった。パラオでは日本統治当初からモデグゲイ［パラオ語で協力するの意］と呼ばれる宗教団体による抵抗運動が見られた。一九一六年［日本海軍軍政下］、神から霊力を得たとしてテメダドという名のパラオ人が、日本人により汚されたパラオ貨幣を浄化するための儀式を挙行した…モデグゲイはキリスト教の要素を取り込んだパラオ独自の宗教であるが、病人の治療、預言、パラオ貨幣の製造、食物タブーの実施、古い神々の廃棄、多様な地元神の復活等が行われた。」

モデグゲイ信者の抵抗運動はさまざまな形をとったが、それは「皇民化教育」の場たる公学校（「島民」対象の小学校）の破壊、南洋庁で働く同胞との結婚禁止、反日的な歌を作って合唱する、といったものであった。

写真2–5　グアム（大宮島と改称）アガナ高地に1942年に建立された大宮神社。
（出所）Wakako Higuchi. 2013：76.

こうした事例をあげつつ、松島は戦後日本人の抱くパラオ＝「親日的な島」との自己満足的な言説に、異をはさむのであった。パラオにおける歌によるレジスタンスという文化形態は、南洋群島の真っ只中に位置する米領グアムにおいても、共通するものがあった。これは日本軍占領下に置かれた戦時期の事例だが、ここで比較のために紹介しておきたい。

グアム出身のチャモロ人文化人類学者キース・カマチョは、戦前チャモロ人はアメリカ統治に対し多様な見方を持っていたが、日本の強圧的な同化政策への反動として、「彼らの神とアメリカへの忠誠」をさらに強め、それが「より強い親米的な感情や政治的帰属意識」を産むことになった、とのグアム在住の日本人研究者樋口和佳子の分析を、同意をもって紹介する。（キース・L・カマチョ 二〇一六：七二）。その上でカマチョは、日本軍占領支配への不満や批判を「歌や祈りやユーモアといった消極的な抵抗」で表出するしかなかったグアム住民は、アメリカの復帰を願望したり、日本を揶揄する歌を日本軍のいないところで口ずさむのが、唯一可能な抵抗手段であった、と指摘する。

カマチョ著作の中で紹介される、諷刺にみちた歌詞の一部を抜き出しておこう。以下は、その一つである。

「月曜の夜明け時／グアムは戦火に見舞われた／一九四一年一二月八日のこと　ああ、ミスターサム、親愛なるアンクル・サム［アメリカ人を指す］／グアムへ戻ってきておくれ／私たちの命が危ないんだ／戻ってきておくれ／日本人を全員やっつけておくれ、まさしくここグアムにおいて［一九四四年夏の米軍との戦争で約一万六〇〇〇人の日本人死者］、以下略。」

もう一つは、「先生、先生／何を食べてらっしゃる？

／醤油味の料理と味噌汁　それが好物なんですね／道理で醜いわけですね」（同書：六九－七〇）。半世紀にわたるアメリカ文化の洗礼を受けたグアムのチャモロ人にとっては、親愛なるアンクル・サムが口にし、自らもなじんできた「コーンビーフ、ハム、サンドイッチにジュースにジャム」こそが、その復帰を待望するアメリカの文化的象徴であった。

3「躍進台湾」と南進論

太平洋をめぐる「一九三六年危機」論が声高に唱えられ、小笠原諸島にも政治的・心理的影響を及ぼしていた当時、「南門の関鍵」と喧伝された植民地台湾の日本人社会の間でも、「南進」への関心が急速に高まっていた。

「興隆日本南進の　使命は強く双肩に
溢る力燃ゆる意気　吾等の前途に光あり
躍進、台湾わが台湾
おお栄あれ記念博」

「躍進台湾」と題されたこの行進曲の歌詞は、一九三五年台北で開催された「始政四十周年記念台湾博覧会」に際し、その主宰者台湾総督府の歌詞公募に一席で入選し、後にコロンビアからレコード化され広く歌われたものである（台湾総督府　一九三九：四五八）。

日清戦争後、最初の海外植民地として台湾を領有した直後から、先に見たように台湾を「南進」の拠点と位置づける気運が強く見られた。しかしながら、領台初期の台湾総督府は、漢族台湾人や山地諸民族による根強い抗日運動の鎮圧、あるいは財政基盤の確立といった「内治」上の難門に直面し、「南進」を推進するための客観条件が整っているとは言えない状況であった。

その後、第一次世界大戦を機に、日本経済の対東南アジア輸出が急増するのに伴い、在台湾の総督府・台湾軍、日本人実業界の間でも、南方への関心がようやく本格的な高まりを見せ、貿易・投資の伸張が見られた（中村孝志編　一九八八　参照）。

しかしながら、その後は台湾社会自体の「植民地近代」は一定の深化を見せたものの、一九三〇年代半ば時点の「南進」論については、「二〇年来消極政策に終始し、施政の沈滞期」にあったと評された。そうした中で、ようやく領台四〇周年（一九三五年）記念を契機として、「南進」に向け積極策をとり回生を図ろうとの空気が強くなってきた（毎日新聞社 一九七八：一一八）。

そうした時代を背景に、台湾総督府は、上記博覧会を鳴物入りで開催し、「躍進台湾」の進むべき方向を「南進」に求めたのであった。その一九三五年一〇月には、あわせて熱帯産業調査会が開かれ、内地からも大谷光瑞、井上雅二、石原広一郎といった南方各地で幅広く事業を展開していた著名な南進論者を招き論議を重ね、その中から国策会社＝台湾拓殖株式会社が設立されるに至った（一九三六年一一月）。この熱帯産業調査会の「設立趣意書」の中では、「南支南洋地方ト経済上ノ一層密接ナル関係ヲ保持シ其ノ貿易ノ進展ヲ図リ相互慶福ノ増進」を重視することが謳われた。

この「南支南洋」という地理概念からも明らかなように、台湾総督府関係者の間では、対岸の華南地方との歴史的・文化的・経済的近接性から、同地を台湾の「南進」政策の対象として射程に入れ、漢民族たる「台湾籍民」の華南進出を促進しようとしていた（地図2−1参照）。ただその進出方法は、日中全面戦争二年近く前でもあり、武断的なものではなく、あくまでも経済的「南進」を主眼とするものであった。

この熱帯産業調査会の提言に基づき発足した台湾拓殖株式会社（当初資本金三〇〇〇万円、主要株主として台湾総督府、大日本製糖、台湾製糖、三井物産、三菱社等）は、同時期に設立された南洋拓殖と並ぶ二大南方国策会社として知られ、その「設立趣意書」では、台湾島内の開拓、各種栽培事業等とともに、「南支南洋ニ於ケル邦人拓殖事業ノ進展」を強力に推進し、それによって「彼我資源ノ開発」を進めることが謳われた（台湾銀行史編纂室 一九六四年 を参照）。

なお台湾総督のポストは、領有直後の初代樺山資紀から第七代明石元治郎に至るまで、陸軍出身者が握っていた。その後、大正期における台湾人の民族主義運動の台頭もあり、第一次世界大戦後の第九代田健次郎から第一六代中川健蔵までは、文官がその地位についた。そうした中で、台湾における一九三五年を機とする「南進」政策の進展と軌を一にする形で、海軍は一九三六年九月念願の総督ポストに海軍大将（予備役）小林躋造（せいぞう）を送り込み、ついで開戦一年前一九四〇年一一月には、同じく海軍大将長谷川清が後任となり、その両名が通算八年余にわたり台湾総督の地位につくことになった。

地図 2-1 「台湾は大東亜共栄圏の中心」と銘打った地図

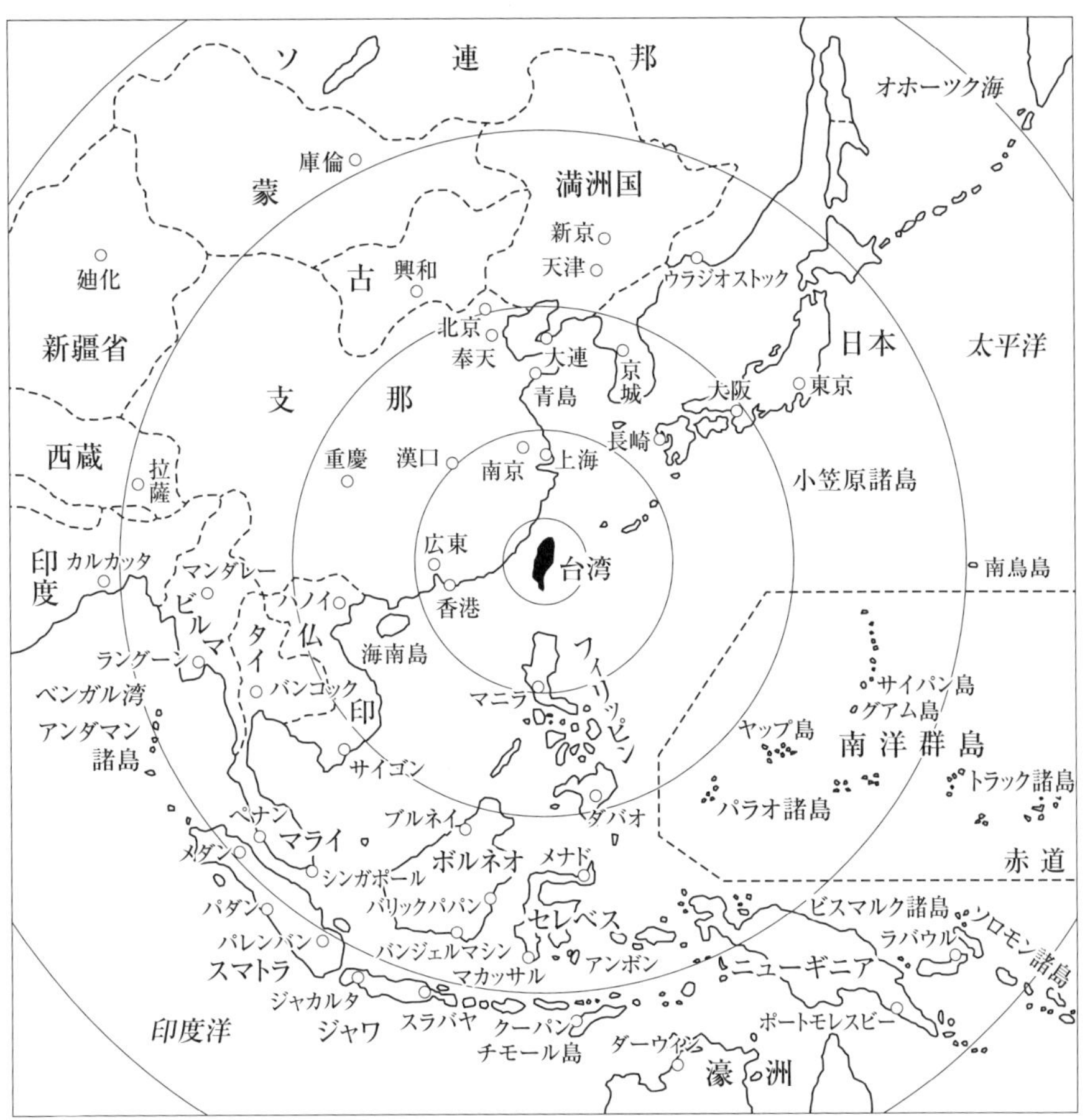

(出所) 朝日新聞社編．1944.

この点に関連し、台湾人研究者蔡慧玉は、小林総督が就任する前後期の一九三六年八月から一〇月にかけ在台日本人メディアの間で、「皇民化、工業化、南進化」のスローガンが創出されたが、それが小林の総督就任三年近くを経た一九三九年になり、ようやく具体的政策として実施に移されるようになったと指摘し、この三原則は小林総督就任当時から提唱されたとする、従来の学説に修正を求めている（蔡慧玉「植民地台湾における戦争体制――総力戦下の同化と動員を巡って」和田春樹他編 二〇一一：二二七―二二八）。

「国策ノ基準」と「南進」政策

1 海軍と「国策ノ基準」

日本の内外に大きな衝撃を与えた二・二六事件から半年近くを経た一九三六年八月七日、新首相の座についてまもない外務省出身・広田弘毅率いる内閣の五相会議（首相、外相、蔵相、陸相、海相で構成）は、「国策ノ基準」を決定した。これは同年六月末、陸海軍の間で妥協の産物として成案された「国策大綱」を踏まえてのものであった。その大綱では、日本の根本国策を、「東亜大陸における帝国の地歩を確保するとともに、南方海洋に進出するに在り」と謳われていた。

明治以来日本の対外国策は、陸軍が主唱する「東亜大陸」重視の「北進」論を基軸としていたが、この新政策では、先に見た海軍の主張を汲み、「南方海洋」進出＝「南進」が初めて公式に打ち出されることになった。その意味で、今日の「南進」研究や外交史研究では、「国策ノ基準」は「南進」政策の具体化に向けての重要な第一歩として、広く理解されてきた。しかしながら、その実質的な意味合いについての評価は、研究史の中でもさまざまな見解が提起されてきたことも事実である。

たとえばこの分野の先駆的共同研究の成果である日本国際政治学会編『太平洋戦争への道・第六巻南方進出』（朝日新聞社　一九六三）は、「国策ノ基準」は国策としての「南進」を打ち出した最初の宣言ではあるが、実質的には「無条約時代への突入を宣言」した海軍が、対米軍備の大拡張をはかり、また華中・華南への発言権を確保するものでしかなかった、と消極的な位置づけを行なっている（同書：一四八）。また防衛庁（省）関係者の一著作も、五相会議の決定に過ぎない「国策ノ基準」は権威のあるものではなく、「帝国内外の緊迫せる情勢に対処しうる国策とは認めがたい」と一蹴している（島貫武治　一九六五：三二）。

最近の研究においても、「国策ノ基準」は極東国際軍事裁判で日本の東アジア制覇の意図を示すものとして重視されたが、「実際は陸軍の大陸発展論と海軍の南洋発展論の妥協の産物で、陸海軍の予算確保のための作文という側面が強い」との評価がなされている（波多野澄雄編著　二〇一九：一八二）。

「国策ノ基準」がその後の政府・軍部の対外政策決定、あるいは開戦に向けてどの程度影響力を持ち、また推進力となったかの評価は別として、「南方海洋殊ニ外南洋〔東南アジア〕方面」に対して、「我民族的経済的発展ヲ策シ、努メテ他国ニ対スル刺激ヲ避ケツツ、漸進的平和的手段ニヨリ我勢力ノ進出ヲ計リ…」と謳われたことは（外務省編　一九六六　等参照）、日中戦争突入前年の軍部、政府の基本的な対東南アジア関心を集約したものと言えよう。ただ、ここで述べられた東南アジア方面に対する日本の「民族的経済的発展」を、列強を刺激することなく「平和的手段」で遂行するということは、特に目新しいものではなく、第一次世界大戦以降の日本の対東南アジア政策を追認する形のものであった。

海軍が「南進」論・政策の主たる担い手であったこととの関係で、図表2-5を見ておこう。この表からは、以下のようなことがうかがわれる。

①陸軍が満州を中心に大陸部で勢力基盤を固めていたことへの対抗上、海軍は「一九三六年危機」を唱えつつ、「無条約時代」に備えて軍備拡張のため、満州事変後日中戦争勃発に至るまで一貫して予算を増額させていた。

特に国際連盟脱退後は陸軍予算を上回るようになった。

②陸軍予算は、一九三四年は前年より減少しているものの、全体として増加傾向にあり、特に日中戦争勃発の一九三七年には前年比三倍強の伸びを示している。

③何よりも顕著なことは、一九三〇年代中葉の時点で、国家予算に占める軍事比の割合が早くも五割近くに達していることであり、さらに日中開戦とともに、それは七割近くに激増し、国家総動員態勢に入りつつあることを示している（国家総動員法は一九三八年四月公布）。

図表 2-5　軍事費の推移

	軍事費／総予算（%）	陸軍（億円）	海軍（億円）
1932年	35.2	3.74	3.13
1933年	38.8	4.63	4.10
1934年	43.5	4.58	4.83
1935年	46.7	4.96	5.36
1936年	47.3	5.11	5.67
1937年	69.0	16.6	10.7

（出所）中原茂敏．1981：58.

以下では、海軍軍事費が増大傾向にあった一九三〇年代半ば前後の、海軍の「南進」に関わる実情の一端を見ておこう。一つは新南群島の帰属問題、もう一つはポルトガル領ティモールへの関心である。両地域とも、アジア太平洋地域の周縁部に位置する小島嶼に過ぎないが、「大東亜戦争」に至るまでの海軍の南方関心のあり方を知る上で、重要な補助線となるものである。

2 新南群島の台湾編入

日仏関係の中で、新南群島（英語名スプラトリー諸島、中国名南沙諸島）の問題が急浮上し国際問題化するのは、日本の国際連盟脱退と密接に連動している。連盟脱退四ヵ月後の一九三三年七月二四日、フランス政府は日本に対し、同群島に対する主権保持通告を行なった。これに対し日本外務省は、八月一五日の閣議でフランスの領有宣言を否認した上で、外交ルートを通じ抗議を行なった。

その根拠として日本は、第一次世界大戦末期の一九一八年以来、ラサ島燐礦株式会社が同島を占有、巨額の資本を投じて資源開発を行ない、現在は大恐慌のあおりで事業を中断しているものの、それは一時的なものに過ぎないと主張した。

さらに駐パリ長岡春一大使宛て訓電において、日本は一歩踏み込んだ形で、「時期到来セハ之カ領有ヲ宣伝スルノ意思ナカリシ次第ニ非ス」との方針であることを伝えた。

その上で、「有事ノ際本件礁島ヲ軍事上ニ利用シタキ意向」があるので、そのことを考慮に入れつつ、仏当局との折衝にあたるよう駐仏大使に訓令した。「有事ノ際…軍事上ニ利用シタキ」の語が示すように、太平洋方面の軍事戦略を重視する海軍側からの、強い要望があったものと考えられる。しかもその付記として「本件嶼島ノ軍事的価値ニ就テハ極秘トセラレタシ」と書き込まれていた（「仏国ノ南支那海礁島領有問題ニ関スル在仏長岡大使宛訓電」一九三三年八月一五日、DRO所蔵）。

しかしながら、対仏関係の急激な悪化を憂慮する外務省のその後の対応は、海軍が台湾総督府と提携し、「軍部トモ相当密接」な関係にある在台日本人実業家を利用し、「桟橋、無電台、飛行場、海域防禦用武器の貯蔵等」を事業とする開洋興業なる会社を支援している事実に不快感を抱き、その活動が軍事的意図を秘めたものとの疑惑を列強に与えないよう、警戒するようになる。

さらに外務省当局は、新南群島をめぐる日仏間の紛争が表面化するならば、同群島の地政学的地位に鑑み、「米、蘭印及英国ガ日本ノ南洋ニ対スル真意ニ付種々憶測ヲ逞シクスベク我南方政策ノ前途ニ更ニ暗影ヲ投ズルニ至ルベキヤ必セリ」と注意を喚起するのであった（外務省欧亜局「新南群島問題」一九三六年一二月、DRO所蔵）。

この報告書が作成されたのは、南進国策を謳った「国策ノ基準」からわずか四ヵ月後のことである。そのことに留意するならば、この時点における外務省の立場は、海軍の積極的南進策によって、列強と事を荒立てることは避けたいとの融和主義であったと言えよう。

新南群島をめぐるその後の、特に日中戦争勃発後の状況は、外務省が憂慮した方向に向かうことになる。前述の開洋興業の同群島進出に対する対抗措置として、フランス側は先の領有宣言を踏まえ、一九三八年七月下旬、船艦を派遣し「建築用木材、人夫仏印支那人三〇名、仏巡査五名、豚三〇〇頭内二〇〇頭屠殺セルモノ」を群島に陸揚げしたのだった。

それを目撃しつつ開洋興業側は、八月二二日、台湾総督府の指示を踏まえ、群島の一島イツアバ（長島）で開拓記念碑の除幕式を挙行、その碑の表面には日本国旗の下に「大日本帝国」と彫られ、日仏双方が現場の一島嶼でにらみ合い状況となった（「新南群島問題経緯」一九三八年（二巻）、DRO所蔵）。

新南群島の帰属をめぐる東京、パリでの外交折衝が続く中、日本側は仏領有を認めないことを根本方針としつつ、将来は日本の領有を認めさせることを第一義とした。

その過程で、在パリ杉村陽太郎大使から本省（井上欧亜局長）宛ての公信（一九三八年八月二二日）中に、次のような所見が述べられたことは注目に価する。

そこでは「…我南進ノ大勢上同島ハ何レノ日カ必ス我領有ニ帰スヘキハ睹易キノ理ナレハ早マツテ事ヲ荒立テフィリピンノ米、馬来ノ英、ジャヴァノ蘭ノ如キヲシテ仏ト結ンテ我南進阻止ノ共同戦線ヲ張ラシメサル様」留意することが、何よりも重要だと進言していた。

一九三三年以来、東南アジアに植民地を有する列強が注視する中、日仏外交紛争の主因となっていた新南群島であったが、一九三八年一二月二三日の閣議は、同群島を台湾に編入することを決定し、翌三九年三月三〇日、台湾高雄州への編入によってその手続きを完了させた。ヨーロッパで第二次世界大戦が勃発する六ヵ月前、仏独関係が風雲急を告げている時期であった。

この新南群島の台湾編入の直前二月一〇日、日本軍（台湾混成旅団、第十五艦隊）は、海南島への上陸作戦を断行した。援蔣ルート封鎖のための航空作戦基地を確保するための軍事行動、という名目であった。有田八郎外相は、海南島占領は蔣介石政権壊滅を早期に実現するための限定的な軍事作戦であり、「領土的目的」によるものではないと声明を発した（鹿島平和研究所　一九七三：二九）。

しかしながら、蔣介石政権を支持し東南アジアに植民地を保持する列強は、この日本軍による台湾以南の海域への最初の本格的な軍事行動を、武力南進を企図する日本の野心の第一歩と糾弾した。そしてそれから五〇日後の、新南群島の強引とも思われる台湾編入は、列強の対日警戒のレベルを一段と深めることとなった。

自らの喉元に匕首を突きつけられたと判断した蔣介石政府は、海南島が交戦国日本の手に落ちたことで、外国人記者団を前に、この事件は「第二の奉天づくり、奉天は満州事変の発端、海南島は太平洋戦争の発端」だときびしく日本を非難した。さらに蔣介石は、日本の海南島占領の真の目的は、対中戦争がらみの限定的なものではなく、「戦争を太平洋まで拡大する危険を冒す決意の下に」実施された膨張主義だと断じたのであった（防衛庁防衛研修所戦史室編 一九七三：九七）。

3豪亜地中海・ポルトガル領ティモール問題

国際連盟から脱退以降、朝野の関心が南に向かう中で、日本の政・軍・経済界の中で「豪亜地中海」という地域概念が登場するようになった。その範囲は、今日のインドネシア東部海域とオーストラリア北部沿岸にはさまれた海域にあたる（地図2-1、085頁参照）。

日本から見れば、委任統治領南洋群島（内南洋）をさらに南下し、東南アジア（外南洋）の周縁に位置するいわば「奥南洋」とも言うべき地である。その中心がポルトガル領ティモールである。

歴史的には、長らく「無主の地」であった新南群島とは異なり、ティモール島東半分（今日の東ティモール）は、れっきとしたポルトガルの植民地であり、日本は一九二一年のワシントン会議でその「島嶼タル属地」の主権を尊重することを言明していた。この小植民地（一九三六年時点の人口約四七万人）ポルトガル領ティモールに、国際連盟脱退後の日本は、「南進」との関連で従来にない〝熱い視線〟を向けるようになった。

折しも一九三二年七月、ポルトガル本国では、財政再建で実績を残した財政学者オリバー・サラザールが独裁政権を樹立し、日本との政治経済関係の強化を目指し、直接的な外交関係を樹立した（同年駐リスボン公使館開設）。そして両国関係の目玉の一つが、ポルトガル領ティモールの「資源開発」問題であった。

初代特命全権公使としてリスボンに着任した笠間杲雄（あきお）は、ポルトガル領ティモールに派遣される直前の新総督と会見し、「石油、鉄、漁業、煙草、珈琲、綿花」開発への参入希望を伝える一方、日本に対する列強のきびしい視線を意識してか、本省宛て公信において「尤モ英国、和蘭等ノ利害緊接ナル機微ノ関係ハ若干考慮ニ加フヘキハ勿論ト存ス」、と注意を喚起していた（内田外相宛「『ティモール』資源開発ニ関シ新総督ト会見ノ件」一九三三年八月一日、DRO所蔵）。

ここで笠間が指摘した「機微ノ関係」とは、前述した一九三〇年代に入ってからの英蘭両国との貿易摩擦、さらには満州事変・国際連盟脱退をはじめとする、日本の対外政策への不信感に起因するものと考えられる。

一九三三年段階での外務省のポルトガル領ティモールに対する主たる関心は、経済的なものであったが、翌三四年になると国際環境の変化もあり、地政学的なティモール認識が政府当局者の間で表明されるようになる。

リスボンの笠間公使から広田外相宛ての公信（「ポルトガル国一般情勢送付」一九三四年六月三〇日）の中でも、「『ティモール』島は亜細亜ト豪州トノ間ニ介在シテ軍事上、交通上特ニ重要ナル地位ヲ占ム」との表現が登場する。さらに同年、外務省通商局が作成した報告書『葡領「チモール」植民地事情』においても、同領は「葡萄牙（ポルトガル）本国、殊に其の旧同盟国である英国に対して将来太平洋に於て勃発の可能性ある関係各国間に於ける太平洋争覇戦に対し実に主要な地位を占めて居る」、と豪亜地中海海域が起こり得るであろう太平洋戦争の主要舞台となるであろう可能性を予見している。

こうした地政学的観点から、外務省以上に豪亜地中海に深甚なる関心を寄せていたのは、海軍であったことは言うまでもなかった。台湾、南洋群島、新南群島、さらには海南島等への「南進」の中心的担い手であった海軍は、「奥南洋」とも言うべきこの地に、何故に深い関心を寄せたのであろうか（詳細は、後藤乾一 一九九九：第一章 参照）。

第一の理由は、なによりも前述した地政学的、軍事的な重要性である。ポルトガル領ティモールは、日本の「南進」の最重要対象であった蘭領東インド東部の中央部に位置するだけでなく、オーストラリアにも近接し、かつそのことで東南アジアにおけるイギリス植民地（とりわけシンガポール）と自治領オーストラリアを分断する位置にあった。白豪主義に立つオーストラリアから見れば、一衣帯水のこの地にアジアの強国日本が進出してくることは、きわめて現実的な安全保障上の脅威と映った。さらにアメリカから見れば、米本土―ハワイ―グアム―フィリピンを結ぶ太平洋上の国防ラインに、日本が縦断的に割り込んでくることを意味した。

第二は、ポルトガル本国が、南方における植民地保有国の中ではもっとも弱小でありかつ中立国でもあったため、日本にとっては英米両国の介入を気にせず、政治的圧力をかけやすい国であったことである。しかも右派的体質を持つサラザール政権は、ポルトガル領ティモール開発のため、日本との提携に大きな期待を寄せていた。

そして第三は、蘭印の産出量とは比すべくもないが、ティモール島内、周辺海域に豊富に埋蔵されていると見なされた石油資源への関心である。二一世紀の今日、かつて豪亜地中海と呼称されたこの海域は重要な産油地帯となっているが、当時も既にオーストラリアの石油会社が測量調査を終えており、その結果「大汽船を繋留し得る海港より二百米の地点に地下二百尺の深さに油床ありと謂はれて居る」（外務省通商局 一九三四：一三）ことを、日本側も把握していた。

このように軍事的・政治的・経済的な理由からポルトガル領ティモールへの関心を深めた海軍であったが、自らが主体となって直接に進出するという方策はとらず、南洋群島で実施したのと同じ民間企業への「内面指導」という間接的な方法によった。それも南洋群島の場合と同じく、「南の満鉄」と形容された国策会社南洋興発株式会社をダミーとしてのものであった。

同社の創業社長松江春次は、事業を通じ海軍との関係が深く、たとえば一九三六年五月末に軍令部次長嶋田繁太郎（戦時東条内閣で海相）と会見した際も、「『チモール』ニ於ケル事業ハ是非南洋興発ニテ行ヒタシ」と強く要望している（防衛庁防衛研修所戦史室 一九七五：二九六−二九七）。

この松江春次の嶋田軍令部次長への協力要請が一つの伏線となったと考えられるが、その直後の七月二〇日付で、海軍内部の「対南洋方策研究委員会」は、「葡領『チモール』ニ対スル進出方針ノ件覚」と題した極秘文書を作成した（土井章監修 一九七八：二六一−二六二）。

ここには「現下機微ナル内外ノ情勢ニ鑑ミ」、ポ領ティモールへの進出にあたっては慎重に対処し、「其ノ第一歩ヲ謬ラザルコト肝要」と、当初から南洋興発を「内面指導」しながら進出することが前提とされていた。

具体的には四点からなる基本方針が定められたが、その第一と第四が特に重要である。第一では、「南進」での実績を持つ南洋興発を「指導」しながら、「自由手腕ヲ振ハセ」進出の足場を築くとされる。第四では、「買収等ニ関する我方ノ意向」は「絶対ニ秘匿シ」つつ、南洋興発を「内面的ニ支援」し、「速カナル［勢力］扶植ヲ図ル」と謳われている。

この第四項からは、海軍内の一部にポルトガル領ティモールを、買収という「平和的手段」によって領有すべしとの意見があったことがうかがわれる。

他方、同じ一九三六年に未定稿としてまとめられた外務省の内部資料「南洋経略論」は、ポルトガルがティモール島の開発、住民福祉を放置したまま本国から隔絶された地に植民地を領有することは、「不合理モ最モ甚シ」としながらも、日本が「積極的ニ買収工作ヲ為スハ時期尚早ナリ」と慎重論に立っている。

外務省当局が、前記海軍の極秘の意図をどの程度把握していたかは定かでないが、同省報告書は慎重論の根拠として、①買収工作は、現下の国際関係に波瀾を巻き起こす可能性が高いこと、②ポルトガル政府は外国人に対しても、開拓・栽培のための土地所有権、鉱山開発権、さらには農漁業に対する特典を認めているので、日本の進出にとっても困難が少ないことをあげている。そのため、「統治的経費ヲ負担」することになるであろう買収をあえて行なうことは必要ない、との立場を鮮明にしたのであった（その後の南洋興発のポルトガル領ティモールでの具体的な事業展開については、後藤乾一 一九九九：第四章 を参照）。

アジア主義者の東南アジア関心

1 大亜細亜協会と南方問題

軍部・政府、そして経済界の東南アジアに対する関心の深まりに照応し――ときにそれを先取りする形で――、民間アジア主義者（団体）の間でも南進論が唱えられるようになるのも、一九三〇年代の時代相を特徴づけるものであった。戦前期日本に数多く存在した「アジア主義」を標榜する諸団体は、そのほとんどが中国を中心とする東アジア大陸部への進出・膨張（「北進」）を唱えていた。

そうした中で国際連盟を脱退した直後、かつ「満州国の建国一周年記念の佳日」を期して、一九三三年三月一日に発足した大亜細亜協会は、中国を主対象としながらも、東南アジア、インド、中東イスラム圏までを射程に入れた特異な思想文化団体であった。

社会運動家として知られたアジア主義者であり平凡社創業者でもある下中弥三郎を理事長に、中谷武世、満川亀太郎らが核となって運営された大亜細亜協会には、政界からは近衛文麿、広田弘毅、陸軍からは菊池武夫、松井石根、海軍からは末次信正、石川信吾、学界・言論界からは徳富蘇峰、村川堅固、鹿子木員信ら各界有力者四〇名が、創立委員として名を連ねた（同協会の全体像については、後藤乾一 一九八五：第三章、松浦正孝 二〇一〇 等を参照）。

まず「大亜細亜協会創立趣意」によりつつ、同協会の基本的性格を見ておきたい。協会は、アジアは「文化的にも、政治的にも、経済的にも、地理的にも、はた、人種的にも明らかに一個の運命共同体」だと強調する。それにもかかわらず、現実のアジア諸民族は「分散乱離の状態」にあり、それ故に欧米列強の「野心と貪婪とを刺戟」していると現状を嘆き、さらにこうした現状を打破すること、すなわち「亜細亜の再建と秩序化」を実現することが、「皇国日本の双肩」にかかっている、と宣言する。

約言するならば、アジアは一つである↓しかし現実には、欧米列強に蚕食されている↓これを本来の姿に復原すべきである↓この任務こそ、わが「皇国日本」に与えられた使命である↓満州国こそがその使命の具体化であり、そこでの「日満一体」モデルを、他のアジア諸地域・諸民族との関係にまで拡大する、それが大亜細亜協会の使命であるということである。

それでは大亜細亜協会は、その言論・行動の中で、東南アジアをどのような地域として理解しようとしたのだろうか。この点を、協会機関誌『大亜細亜主義』の巻頭論説の推移から概観しておきたい（『大亜細亜主義』誌は一九三三年五月の創刊号から四二年四月の最終号まで、全一〇八号が間断なく刊行、その復刻版が二〇〇八年に龍溪書舎より刊行、あわせて後藤乾一・松浦正孝共編 二〇〇八 を参照）。

毎号掲げられた巻頭論説は、ほぼすべてが当時三〇代後半の編集主幹、中谷武世の執筆になるものである。中谷は東京帝国大学在学中から大川周明、北一輝、満川亀太郎らの薫陶を受けながら、右派学生運動「日の会」を拠点に、「国家主義民族運動」に関わってきたアジア主義の論客である（その著作『昭和動乱期の回想・上巻』一九八九 参照）。

そうした人的ネットワークの背景もあって、中谷の巻頭論説の対象地域を見ると、「満州・支那」（中国）が圧倒的に多いものの、東南アジアは八回、インドは三回、イスラム圏三回と、中国以外への関心も全号中の約一三%と、相対的に高い比率を示している（ただし日本の一部としての植民地台湾、朝鮮はゼロ）。

また巻頭論説の本文中の語句の中で、東南アジアへの言及のされ方を追って見ると、当初は日本にとって「形勢を重視しなければならぬ地域」（一九三三年九月号）として、消極的に理解されるにとどまっている。それが「国策ノ基準」が策定される一九三六年になると、「南北両進、南進北取」の対象に引き上げられ（二月号）、さらには「大東亜戦争」勃発直後には、「日本民族の宿命的使命」たる西欧支配からの「解放」を実現すべき主要舞台へと、積極的に押し上げられるようになる（一九四二年一月号）。

開戦直後のこの巻頭論説は、「今ぞ起て亜細亜民族！」と題され、従来以上に高揚した筆致で、日露戦争が亜細亜解放戦の序であるならば、今次大戦はその結論であると揚言するのであった。

この論説と関連させ、「大東亜戦争」への主要な第一歩となる日本軍の南部仏印進駐を論じた「皇軍の仏印増派と南方亜細亜」（一九四一年八月号）は、いち早く次のような檄を飛ばしていた。

「越南の民、誰か涙なくしてその状況を想望出来やうか…安南、カンボチャ、ビルマ、マレー、印度、インドネシア、之等南亜細亜の民に我等は共同の歓喜と希望を与へなければならぬ…然り、皇軍の南進は亜細亜の希望であり福音である。日本は今こそ亜細亜の救世主として世界史転回の関頭に立て居る。」

『大亜細亜主義』には毎号一〇数点の個別論文が掲載されるが、その内南方を対象としたものは、計一四八点を数える。それを対象地域別に見ると、南方一般を論じたもの三四点（二三・一%）、フィリピン二七点（一八・四%）、仏印七点（四・八%）、タイ二〇点（一三・六%）、ビルマ八点（五・四%）、マラヤ七点（四・八%）、蘭印三二点（二一・一%）、海南島三点（二・〇%）、華僑一〇点（六・八%）となっている。この数字からも、日本の南方関心の中で、インドネシアが主たる地位を占めていることが判明する。またこれらの諸論文中、来日した東南アジアの知識人や日本滞在中（亡命政客も含め）の各国民族主義者によって書かれたものも一〇点余ある。

2『大亜細亜主義』に見る在日東南アジア民族主義者の発言

ここでは『大亜細亜主義』に登場する東南アジア・インドからの論者の発言を、二、三紹介しておきたい。いずれも、一九三五年の同誌上である。その一つは、同年二月二一日に開かれた「亜細亜民族運動座談会」(三月号掲載)の記録である。ここには、著名な亡命インド人ビハリー・ボースら四人のインド人、ベトナムのクオン・デ(畺柢侯)、陳福安、インドネシア人留学生マジッド・ウスマン、マフユディン・ガウス、それに「満州国」孫錯の九名、ならびに協会側から下中弥三郎はじめ菊池武夫(陸軍中将)、村川堅固(東大教授)、満川亀太郎ら一三名が出席している。ただ日本側出席者の内、発言しているのは司会の中谷武世のみである。

内容的には、出席者四名のインド人が座談会の空気を支配している感があり、特にビハリー・ボースの熱弁ぶりが誌面からも伝わってくる。次のようなボースの発言は、文字通り大亜細亜協会の主張を代弁した感がある(同書:六一)。

「英国の横暴さえ粉砕することが出来れば、詰り英国の帝国主義を破壊することが出来れば、他の白人諸国の勢力は恐るべきものはありません。また英国の勢力と申しましては、この心臓部は御承知の通り印度である。印度が結局白人勢力のベース、或は根拠地である。白人帝国主義の土台であるこの土台、ベースを破壊しない限り、吾々は亜細亜から白人の不当な勢力を駆除することは出来ない。詰り印度さえ解放されるならば、即ち印度から英国の勢力を駆除することが出来れば、安南から仏蘭西、或はインドネシアからダッチを容易に駆除することが出来るのです。」

ベトナムを代表した皇族出身のクオン・デ侯は、前述したように日露戦争直後から日本と深く関わってきたが、日本語が十分できないということで、彼(日本での通名南一雄)を「先生」と呼ぶ陳福安が代わりに発言している。陳は日露戦争後、フランスからの独立を求めた「同志の先覚者」(ファン・ボイ・チャウらを指すが具体名の言及はない)が「強大な国」日本と「共に事を図」ろうとして以来の日本との関係を論じつつ、アジア諸民族の連帯の必要性を強調する。彼の発言の急所と思われる箇所を引いておこう(同書:五三—五四)。

「安南革命を成功に導くには、安南だけの局部的運動のみでは駄目だといふことに私は気が付いて参つたので御座います。即ち安南の革命を成功させることも亜細亜を復興させることも相関連して行はれねばならん、そしてそれには日本の援助を得なければならぬといふやうな考が私共同志の間に漸次強まつて参つたのでございます。」

アジア諸民族の連帯、日本の支援とともに陳福安が提起したもう一つの重要なテーマは、日中和解という問題であった。「亜細亜問題を解決するのには日中問題をまず解決」することが大前提であると説く陳は、満州事変以降の日中関係の現状を憂慮し危惧しつつ、次のようなまっとうな指摘で発言を閉じるのであった。

「亜細亜問題といつても日本と〔中華〕民国の問題が大部分をしめておりますから、この問題をどうしても解決せねばならぬと思ひます…日本に於きましてもまた民国に於きましても、小異を捨てゝ大同に就くといふ精神を以て解決の方法を講じ、そして亜細亜の団結と復興の方向に邁進せられることを私は希望致すのでございます。」

インドネシアからは、ともに西スマトラ（ミナンカバウ人）出身の二人の留学生が招かれていた（留学生の政治的言動を警戒するオランダ公使館を意識してか、本名ではなくイニシャルで紹介）。

二人とも日本のアジア回帰熱が高まりを見せる中、大亜細亜協会が発足したまさに一九三三年初めに来日し、それぞれ慈恵医科大学、明治大学に留学したマフユディン・ガウス、マジッド・ウスマンである。当時日本留学を志すインドネシア人青年は、宗主国オランダへの留学と比べはるかに少数で、いわばパイオニア的存在であった。そのため当初日本の公安当局（内務省）は、日本国内の左翼運動が盛り上がっていた中、共産主義運動との関連で彼らに警戒の念をいだいていた。

「蘭領東印度留学生渡来ニ関スル件」と題された資料（一九三三年一月一九日、警視総監藤沼庄平発内務大臣山本達雄・外務大臣内田康哉宛、DRO所蔵）は、「何レモ南洋土人中思想的ニ覚醒シタル智識階級ニ属スル」ものだが、蘭印における共産主義運動が台頭している折（一九二〇年結党のインドネシア共産党は当時非合法）、両名の「入京目的及思想関係等ニ関シテハ厳重注意内査中」である、と述べている。

公安当局のそうした危惧とは反対に、彼らは日本のアジア主義的思潮に関心を持ち、発足早々の大亜細亜協会から有形無形の支援を得つつ――在京オランダ当局の監視下に置かれていたが――留学生活を送っていた。またその二人が中心となって、サレカット・インドネシア(インドネシア同盟)という名の在日留学生会を結成し、「個人の資格」であったが、民族主義的な活動を行なっていた。そうした活動が大亜細亜協会の注目するところとなり、クオン・デ侯、ビハリー・ボース等広く名の知られた亡命政客とともに、座談会に招かれたのであった。

発言を求められたガウスは、一九三〇年以来急増した日本からの廉価な軽工業製品はインドネシア人にとって「非常な魅力」であり、今後も世界恐慌後の不況に苦しむ母国に貢献してくれることを希望している旨述べた(同書:五五)(ガウスの日本との関わりについては、ガウス、マフユディン 二〇一二 を参照)。

他方、明治大学法科に学ぶマジッド・ウスマンは、留学生中反オランダ的言動の急先鋒であり、また頭山満ら黒龍会関係者とも浅からぬ関係を持った政治青年であった。そのため発言も、以下に見るようにガウスより先尖的であった(同書:五四―五五)。ただそこからもうかがわれるように、自らが学ぶ日本による朝鮮、台湾等における支配の実態については、看過していることも事実である。

「我がインドネシヤ国民は、この三世紀異国の統治のために、今や自分の意志を自由に表白することが出来ない立場にあるのであります。彼等白人は我が国民に、政治的、経済的、文化的に色々圧迫を加へたのでありますが、就中最も著しいものは我が国民の自由意志を抑圧したといふことであります…政府は極めて専制的であり、人民の圧迫にこれ努め機関銃と剣の威力を以て我々の意志を蹂躙して居るのであります…しかし我がインドネシヤ国民がこれに対して常に圧迫を除かうとして果敢に闘争をつづけていることは勿論であります。植民地に於て政府と人民の利益は全然一致していない、…我々は今やインドネシヤの独立を目指して努力しているのでありますから、政府と人民の利益が益々相反して来てゐるのは言ふまでもありません。」

この座談会は日本語でなされたが、その前年一九三四年に日本に亡命した親日派フィリピン人民族主義者ベニグノ・ラモスは、語学上の問題もあったためか参加していない。しかしながら、大亜細亜協会からの支援を得て亡命生活を送っていたラモスは、『大亜細亜主義』に二本の論文を寄せており、そこから彼の基本的立場をうかがい知ることができる。

日本亡命翌年の一九三五年五月号、同六月号の『大亜細亜主義』にラモスは、それぞれ「虚偽の独立法と比島人の真要求」、「比島に於ける米国の腐敗統治と我等の要求」の二本の論文を寄稿している。

いずれも反米民族主義運動の指導者ラモスのアメリカに対する手厳しい非難と、米国に同調しコモンウェルス（独立準備）政府を準備するマヌエル・L・ケソンに対する批判を基調とした政論である。

前者においてラモスは、アメリカのフィリピン支配を可能にした一八九八年のスペインとの間のパリ条約は、「比島人の知らぬ内にその承諾を経ずして締結」されたもの故、まったく「無効であり厳罰」に価するものだと主張する。すなわち米国は、「不法に比島を統治」しているというのが、ラモスの基本的認識であった。

そしてこの不法統治の下で、「比島人の精神的苦痛道徳的物質的進歩」が迫害されてきたのが現実であり、今こそ「米国が即時比島より退去し、比島人をして独立政府を樹立」すべきだと論じ、現行の米国製の独立法を全否定するのであった。いうまでもなく、彼の主張は、マヌエル・L・ケソン以下フィリピン人支配層の独立に対する考え方とは、真っ向から対立するものであった。

第二の論文においても、ラモスはアメリカによる不法支配の下でのフィリピンの現状を告発するとともに、日本との関係を重視しつつ、ケソンら親米派指導者に批判の矢を向ける。独立準備政府コモンウェルスの発足を前にして、ケソンは独立しても日本から安全保障上の脅威を受けることはないと発言していることに対し、ラモスはもし対日恐怖がないならば、何故ケソンは米海軍根拠地の維持を主張するのか、とその矛盾を突くのであった。

このことは、ケソンらの本意が「日本の侵入の危険」を説きつつ、「我等は米国主権の完全なる退去を望まず、米国政治の保護下にあるキューバの如き状態に満足」すべしと説くのに等しい、とラモスは批判する。

かくしてラモスは、現下のフィリピン指導者は、「日本が人口過剰なる小島であるからその人口の捌け口を求むる為に常に比島〔遠方の米大陸、ハワイではなく〕を領有せんと」日本脅威論を煽りつつ、「永久にアンクル・サム〔アメリカ人、前述のようにグアム島人もこの言葉で親米感を表明〕の尻尾」につかまろうとするのがホンネである、と難じる。

　このようにアメリカにぴったり張りついたケソン指導下のフィリピンの現状に対し、自分たちサクダル（タガログ語で「告発」の意）党は、「米国の勢力が比島の陸・海・空より完全に退去せられる迄運動を継続する」、とこの反米論文を結ぶのであった。

東南アジアのナショナリズムと日本

1日本の東南アジア観の引照枠

　上述してきたように、第一次世界大戦後の国際秩序の下で日本は国際協調主義を掲げ、その枠内で列強の植民地東南アジアに向けての経済的進出をはかってきた。経済関係において、日本がもっとも重視してきたインドネシアの現場にあったスラバヤ駐在領事姉歯準三が、世界大恐慌の起こる一九二九年、邦字紙上での新年挨拶の中で次のように述べていたことからも、この間の日・蘭印間の融和的関係の一端がうかがわれる。

「（当時の邦人社会の安定は）是れ各個の堅忍不抜の勉励と理性的活動との結晶とすべきは勿論であるが、又他方蘭領印度政府の善政の下に在る楽土に居を占めたるが故で…蘭印政府に感謝せざるを得ないのである」（『爪哇日報』一九二九年一月一日）。

　この領事発言からは、インドネシア在住の邦人社会が生活基盤を固め、いわば相対的安定期にあることへの評価、そうした日本人の生業を法的・政治的に保証してくれる蘭印当局への謝意を見て取ることができる。しかしながら、その反面、「善政」、「楽土」「蘭印政府に感謝」といった言葉が象徴するように、植民地体制を「否」とし、その下での「楽土」を打破しようと胎動していたインドネシア民族主義運動に対する視点が欠落していることも明白であった。

外交当事者だけでなく、個人商でバタビア邦人社会の指導者の一人、前述の石居太楼も、インドネシアにおける日本人社会のあるべき姿を、同じようにこう記していた（南洋時代社編 一九三二：序）。

「我等海外に在る者等しく日本人の血の流るるもの故、国の危急存亡を他にする事は出来ないが、平時は何もかも忘れて一途にここの為に地の塩となる覚悟で各国人と手を引き合つて農業に商業にいそしみ合ふべきであるまいか。南洋の経済的向上、これが目下の日本人に与へられたる重大な平和的使命ではあるまいか。」

しかしながら、世界大恐慌後の一九三〇年代に入ると、満州事変、国際連盟脱退に象徴されるように、既成国際秩序からの日本の離脱が明白になるにつれ、日本人・日本経済の東南アジア進出を容易ならしめてきた諸条件に亀裂が見え始め、先に見たようにそれが次第に大きくなってきた。

その第一は、日本の輸出あるいは商業、漁業を主とする経済進出が、オランダ、イギリス等植民地保有国の対日警戒心を急激に高め、さまざまな規制措置が打ち出されるようになったことである。第二は、連盟脱退以降、日本の軍部・政治の中枢で既成の国際秩序、さらには国内政治体制を打破すべきと主張する反国際協調路線が、次第に勢力を強めてきたことである。

このような大きな流れの中で、海軍を中心に策定された一九三六年八月の「国策ノ基準」に象徴される、「南進」をテコとして現状打破を強調する潮流が形成されてくるのであった。

ちなみにオランダの一史家は、この一九三六年をオランダ（蘭印）にとって「太平洋戦争の恐怖が頂点」に達した年と位置づけ、その根拠として二・二六事件、海軍軍縮条約離脱に示される日本の軍国主義的空気の高まり、またフィリピン・コモンウェルスの成立（一九三五年一一月）に伴うアメリカの東南アジアからの段階的撤退が、蘭印の安全保障に及ぼすマイナスの影響をあげ、対日関係が新たな段階に入ったことを指摘する（Elsbeth Locher Scholten, "Changing Perceptions of Japan in the Netherlands and the Netherlands East Indies before 1942", *Journal of the Japan-Netherlands Institute, II* (1990), pp. 49-50.)。

「国策ノ基準」において、「南進」が一九三〇年代後半以降の日本の対外進出の柱に加えられたものの、その後ただちに具体的な形で「南進」が推進されたわけではなかった。とりわけ翌一九三七年七月に始まる日中間の全面戦争により、日本の関心は中国大陸に釘づけされることになる。そしてふたたび本格的に東南アジアの重要性が浮上するのは、皮肉にもその日中戦争の泥沼化から抜け出す方途を南に求めたからであった（具体的には援蔣ルートの遮断ならびに石油等重要資源の確保）。

この点は次章でも触れるが、ここでは予備的作業として、日本の東南アジアに向き合う際の基本的な枠組みを三点指摘しておきたい。それは手短に言えば、第一に経済面における補完論、第二に政治面における盟主論、そして第三に文化面における優越意識の三点に集約できよう。

第一の経済的補完論の底流にある基本的発想は、日本の「秀れた技術、企業心、資本」と東南アジアの「未開拓で豊富な資源」を有機的に――あくまで日本にとって――結合させるという点にあった（図表2-6参照）。「官」のみならず、「民」一般にも広く共有されたこうした見方は、日本がこの地域と関わりを持つようになった明治以降、そして今日までも連綿として続いているものである（その嚆矢として、岩倉使節団に加わった久米邦武編『米欧回覧実記』一八七八年、のよく知られる次の一節がある。「…未タ欧州ニ至ラサル半程ノ地ニ、利益ノ伏蔵スル甚タ夥多シキヲ…天産ノ豊ナル、反テ近隣ノ諸邦ニアリ…」。神谷忠孝「『南洋』神話の形成」矢野暢 一九九一：五一 に依拠）。

第二は、アジアにおける日本盟主論、あるいは日本中心の「アジア主義」とも言うべき心情である。大亜細亜協会の「設立趣意」で述べられた「亜細亜の再建と秩序化」は「皇国日本の双肩」にかかっているとの意識、あるいは「日露戦争は亜細亜解放戦争の序」であり大東亜戦争はその結論との先に見た発言にも、日本盟主意識を汲み取ることができる。この傾向は、いうまでもなく戦時期により明白となる。

こうした日本盟主論を支えた文化的背景が、東南アジ

図表 2-6　日本・南洋需給表

	日本	英領マラヤ	フィリピン	シャム	蘭印	印度	英領ボルネオ
人口	+	−	−	−	−	−	−
技術	+	−	−	−	−	−	−
労力	+	−	−	+	+	−	−
企業心	+	−	−	−	−	−	−
資本	+	−	−	−	−	+	−
海運	+	−	−	−	+	−	−
国防力	+	−	−	−	−	−	−
土地	−	+	+	+	+	+	+
資源	−	+	+	+	+	+	+

（+）供給しうるもの
（−）需要あるもの
（出所）台湾総督府．1935：174.

ア諸民族に対する無意識裡の優越意識であった。蘭印在住三〇年の体験を踏まえ、一九三〇年代以降在野の「南進論者」として精力的な発言を重ねた竹井十郎（号天海）の、「彼等に対しては十分の愛と同情を以て自分の子、出来そこなつた子ならば、その出来そこなつた子を一人前に叩き直す…」（南方圏研究会 一九四三：三五七）といった言い廻しからも、東南アジアに向き合う際の、日本人の基本的姿勢をうかがい知ることが可能である。

現地社会と日々接する環境にあった邦人社会も、こうした文化的優越感、それに基づく愚民観から自由ではなかった。そのことは、一九三〇年代末に書かれた一児童の、「バンドンの土人」と題した次の作文からもうかがうことができる（『東印度日報』一九三九年四月二九日）。

「［土人は］なまけ者が多く…早く馬鹿になる…［下男、下女は］私たちの言ふことは何でもハイハイと言つてよく聞きます」。いうまでもなく、こうした作文――ある意味できわめて率直ではあるが――はオトナの、そして日本人一般の「土人」観の縮図に他ならない。

ここに集約した経済的補完論、政治的盟主意識、そして文化的優越感を引照枠として考えるならば、日本

（人）にとって、東南アジアは対称的な存在として理解され、それ故に日本の「進出」がある種の論理的整合性を持つものと認識された、と言ってもよいのであろう。すなわち東南アジアは、経済的には「未開発の厖大な資源が放置」されており、政治的には「欧米植民地支配下で隷従」を強いられ、そして文化的には「きわめて低い段階」に置かれている地域だと了解されたのであった。

それ故に、資源を必要とし（「開発」の意志も能力も有する）、「アジア解放」を国家目標に掲げ、「アジアで唯一近代化に成功」し、かつ「同じアジア」人たる日本人によって、そうした現状は打破されねばならない、という論理が組み立てられ、東南アジアに向けて発信されるに至ったのであった。図表2-6は、そうした論理の、日本にとっての妥当性を示唆的に表現するものであった。

2 一九三〇年代東南アジア民族主義者の日本観

日本が提示した右のような「南進」の論理に対し、それでは一九三〇年代の東南アジアの民族主義者、特にその指導者層は、どのように日本を理解したのだろうか。

この問題は、各地域の宗主国の基本的な統治のあり方、民族主義運動の歴史的背景、過去の対日関係等の諸要因に大きく左右されるため、一律に論じることはできない。また同一地域内でも、政治集団や民族・種族、宗教により異なる対日観が見られるので、なおさら一般化は困難である。それにもかかわらず、第二次世界大戦を前にした一九三〇年代末、列強植民地体制が大きく揺らぐ中で、既成秩序の打破を唱えつつ「南進」する日本を、自分たちの独立の達成（あるいは保持）、あるいは生存とどのように関連づけるかをめぐり、真摯な議論が試みられたことは重要である。いわば東南アジアの民族主義運動の中で、従来は植民地権力を介在しての間接的な関係しかなかった日本の存在が、初めて直接的に向き合うべき相手として登場することになった。

東南アジアの中でもさまざまな対日姿勢が見られたが、ここでは当時日本との関係が重要な政治イシューとなっていたインドネシアとフィリピンの事例、ならびにビルマを主に取り上げてみたい。（その三国を含む東南アジア各地域の一九三〇年代の対日関係については、図表2-7を参照）。

図表2-7から明らかなように、米領フィリピンと蘭領インドネシアは、両宗主国の基本政策、民族主義運動

図表 2-7 1930年代東南アジアと対日関係

	宗主国の植民政策	民族主義運動	1930年代対日関係
インドネシア	対蘭協力路線のみ許可	「青年の誓い」(1928年) 非協力派の有力指導者流刑	経済摩擦の拡大 民族主義指導者の来日相次ぐ 日本留学始まる
フィリピン	独立準備政府発足(35年11月)	対米協調主義による独立志向、「親日」派サクダル党	反米民族主義者の日本亡命、「ダバオ問題」の深刻化
ビルマ	ビルマ統治法 (37年4月)	タキン党結成 (30年) サヤー・サン農民反乱 (30年12月)	2冊の日本訪問記:ウー・オウッタマ『日本国伝記』、ウー・ソオ『日本案内』
英領マラヤ	スルタン制利用 三民族分断統治	華僑の日貨ボイコット活発化 マレー青年連盟 (39年)	華僑の抗日運動 スズ、ゴム農園等への日本企業家進出
ベトナム	民族主義運動弾圧	クオン・デ、上海でベトナム復国同盟会 (39年2月) ベトナム共産党成立 (30年)	クオン・デ、大亜細亜協会と接触
タイ	立憲民主革命 (32年6月) シャムをタイへ改称 (39年6月)	民族主義強調 大タイ主義志向	国際連盟での日本批判決議に棄権票
ポルトガル領ティモール	各地ラジャ (伝統的支配層) を利用	独立運動未成立	日本海軍の関心大。南洋興発利用

筆者作成。

の性格、そして日本との関係(史)においても、大きな差異が見られた。その点を踏まえた上で、ここでは一九三三年春、および一九三七年初・三八年夏になされたインドネシアのモハマッド・ハッタ、フィリピンのマヌエル・ケソンの日本訪問を事例として、東南アジア民族主義指導者の対日姿勢の一端を考察してみたい。またインドネシアについては、ハッタと同時代の主要な民族主義者の日本観についても言及しておきたい。

(1) インドネシア民族主義者と日本

■M・ハッタの訪日記録

モハマッド・ハッタ(一九〇二〜八〇年)は、約一〇年間におよぶ蘭ロッテルダム商科大学留学を終え、帰国後はスカルノと並ぶ民族主義運動の若き指導者として盛名を馳せていたが、国際的には無名の一青年知識人に過ぎなかった。

他方、ハッタより二回り年長でスペイン統治末期に生まれたマヌエル・ケソン(一八七八―一九四四年)は、アメリカ支配期一九一六年に初代上院議長となり、ついで二二年総選挙でナショナリスタ党を勝利に導き、三五年一一月には一〇年後の独立をアメリカから約束されたフィリピン・コモンウェルスの初代大統領に選ばれるなど、東南アジアにおけるもっとも卓越した政治指導者として知られていた。

したがって、留学帰りの一介の青年民族主義者ハッタと大国アメリカから独立約束を引き出した老練政治家ケソンの訪日を同列に論じることには、やや異和感があるかもしれない。しかしながら、それにもかかわらず、当時の日本・東南アジア関係を背景に、両者の訪日の意味を比較検討することは、日本の南方関心の所在、それに対する東南アジア側の対応、さらには宗主国側の対日観を見る上で、きわめて興味深い素材を提供するものと言えよう。

一九三三年春の日本訪問について、ハッタは晩年に公刊した回想録の中で、一五頁を費やし詳細に記述し、また訪日前後には日本の政治・外交につき何点かの時事論文を発表している。既に見たように、一九三〇年代に入ると、蘭印当局は対日不安を顕在化させていた。この点は日本側も察知しており、たとえば一九三二年八月二七日の閣議決定「国際関係より見たる時局処理方針（案）」には、次のような文言も見られた（外務省外交史料館日本外交史編纂委員会 一九七九：一二四）。

「…今次日支紛争事変、殊に上海事件の発生は右蘭国側の危虞を一層増進せしめたるやに認めうるのみならず、蘭国以外の欧米諸国の政治家等にして南洋方面に於ける此等諸国の植民地に対する帝国の領土的野心を云々するものさえあるに至り。」

このようなオランダ側の対日警戒心の高まりを背景に、ハッタは日本の国際連盟脱退直後の一九三三年四月、神戸に上陸の第一歩を印した。蘭印における代表的な民族系商社、ジョハン・ジョホール社を経営する叔父アユブ・ライスに同道しての訪日には、二つの目的があった。

第一は、自らが率いる政治結社インドネシア国民教育協会（親西欧社会民主主義的な性格を有し、スカルノ指導下のインドネシア国民党と競合）の同志から、「ファシズムが勃興し、軍国主義の立場が強まりつつある日本の新動向を視察」してくるように、と勧められたことである。もう一つは、日本人とインドネシア人との直接貿易（華僑、オランダ人の介在しない）を促進するという経済的目的であった。

後者との関連でハッタは、大阪外国語学校（現大阪大学）の馬来語・南洋研究会の求めに応じ、「蘭印に於ける経済的独立」と題した講演を行なっている（大阪外国語学校馬来語部編『南洋研究』第七号、一九三三年、所収）。この講演の中でハッタは、在神戸オランダ領事館の監視の目を意識し、政治的な話題を注意深く避けつつ、民族自立への希望と日本との経済関係の強化をこう訴えた。

「経済の自主的独立、それこそ我がインドネシア人の心からなる叫びである。経済自立の為の運動は、我々の努力勤勉と日本人の援助に依りのみ育成されて行くべきものである。我々は最早白色人種の搾取に飽きが来た…若し日本がインドネシア人との間の直接関係に向かつて尚も外国人が例えばオランダ人、華僑の手を介しその取り引きのみを行なうならば其は日本に取つて大なる損失であり誠に悲しむべきことである。」

他方、国際連盟脱退直後とはいえ、外務省は「独立運動の要注意人物」と蘭印側が警戒していたハッタの日本での動静により、微妙な段階にあった対蘭印関係がさらに悪化することは回避したいとの思惑があった。ハッタ訪日から半年ほどたった頃、広田外相から駐英・米大使宛てに送付された一文書の次の文言からも、対蘭関係の維持に腐心する外務当局の立場がうかがえる（外務省外交史料館日本外交史編纂委員会 一九七九：一三六）。

「帝国は満州事変以来外国より危惧の念をもって迎えられるのみならず日本商品の海外市場進出により経済関係においても悪化せり…和蘭は東洋に植民地を有する関係上帝国に対し相当危惧の念を有し居りし処現内閣〔斎藤実首相〕に於て蘭国との間に仲裁裁判及調停条約を締結し先方の危惧を除去することは誠に結構なることなりと思考す。」

こうした慎重な外交当局と対照的に、一部の有力紙はハッタ訪日を鳴り物入りで報じる傾向があった。特にハッタ上陸が神戸ということもあり、たとえば『大阪朝日新聞』は、「大アジア主義の旗下に参ぜん、蘭領印度の若きガンヂー、はるばる憧れの日本へ」、また『大阪毎日新聞』も、「日本を慕うて爪哇のガンヂ、こよひ憧れの来朝、重き使命を双肩に」との大見出しで報じたのだった（両紙とも一九三三年四月一五日付、ここからは当時のガンディーの名声ぶりもうかがわれる）。

一九三三年春という、日本の対外関係の重要な転換期とも重なったハッタ訪日は、彼自身の意図や思惑を超え、日本・蘭印間の外交上の関心事となっていた。ハッタ自身は、この点について回想録の中で、自分が「蘭印のガンジー」と大々的に報じられ、日本のアジア回帰熱に利用されたことに警戒の念を抱き、「滞日中、注意深い行動」をとらねばと自戒した、と述べている（Hatta, Mohammad. 1979：296）。半月ほどの訪日を終え帰国した直後に、ハッタは「日本はアジア回帰を欲するか」と題した論文を発表し、その中で国際連盟脱退後の日本の新潮流について、「（日本のアジア主義は）アジアの盟主を夢見る日本のファシズム勢力により汚されようとしている…このファシズムの動きはまだ顕著なものではないが、やがてアジアにおいて植民地をつくるという日本の新しい願望を起こさせ得るものだ。まして［日本の］国民は政府の政策を理解していないのでなおそうである」、と厳しい日本論を展開していた（一九三〇年代のハッタの諸論文については、後藤乾一　一九八五：第八章　参照）。

このようなハッタの厳しい対日認識にもかかわらず、興味深いことに開戦前の日本は、訪日体験を有する数少ない民族主義エリートであるハッタを、「親日」的な政治指導者として好意的に捉え、かつ帰国後一九三四年二月の彼の逮捕を、その「親日」性に求めて理解していた。たとえば『爪哇日報』とならぶ蘭印の二大邦字紙『日蘭商業新聞』（両者は一九三七年七月に統合され『東印度日報』創刊）の社長久保辰治は、ハッタ逮捕（後流刑）を「彼が日本に赴き日本及び日本の同志に対し、インドネシア独立への援助を求めた」ためだと理解していた（蘭印事情講習会編　一九四〇：一七二）。

その後ハッタは、スカルノらとともに影響力のある「危険な民族主義者」として、七年近い流刑生活を強いられる。その流刑の地バンダ海に浮かぶバンダネイラ島で、日本海軍の真珠湾攻撃の報に接したハッタは、「太平洋戦争とインドネシア人民」と題した論文をバタビアの有力インドネシア語紙『プマンダンガン（「展望」）』に寄稿する。そこでは「祖国を愛し、民族主義の理想をもつ純なるインドネシア人民にとって、とるべき立場は日本帝国主義との対決以外にない」、と同胞に向け訴えるのであった。

ハッタに対する日本側の、誤解に基づく好意的評価はともかく、上述したようにハッタ自身は、一九三〇年代の日本の「南進」の真意に対し、強い懸念を抱く民族主義者であった。第一次世界大戦後のオランダに留学し、西欧市民社会の政治文化に接したスタン・シャフリル（後の首相）ら青年知識人の多くは、ハッタの日本認識に近いものを持っていた。そうした中にあって、日本をより積極的に評価する民族主義者がいたことも事実であった。こうした親日派の対日期待感は、民族主義運動が蘭印当局の手で封殺され、閉塞感が強まっていたインドネシア国内の空気と共鳴する部分も少なくなかった。

■スバルジョの滞日一年

そうした親日派を代表した民族主義者が、アフマッド・スバルジョ（一八九六―一九七八年）であった。ハッタの日本訪問がごく短期間であったのに対し、スバルジョは一九三五年九月から丸一年間、ジャワ・スマラン市の黄沖函財閥系の『マタハリ（太陽）』紙通信員として、東京で記者生活を送った。彼もライデン大学法学部を卒業した知的エリートの一人であったが、戦後の回想録においても、「日本こそ西欧の技術文明と東洋の精神文化を完全な形で統合することのできる、アジアで唯一の国」と述べるように、日本に対する心情的な共感を隠そうとしなかった民族主義者であった（スバルジョ、アフマッド 一九七三：九）。

そうしたスバルジョの日本観は、東京滞在中に『マタハリ』紙に書き送った計一三本（筆者調べ）の日本論からも、明確に汲みとることができる（詳細は、後藤乾一 一九八五：第九章 を参照）。彼より二年前に来日したハッタが、いち早く日本のアジア主義をファシズムと同義に理解したのに対し、スバルジョは日本の武断外交が明白になっていた一九三五年後半時点でも、「日本の運動が、孫文の望んだ真のアジア主義の方向に行くのか、はたまた日本の国益追求のため、アジア諸民族を隷属させる手段となるにすぎないのだろうか」と遠回しに問いつつ、日本への淡い期待を断ち切ろうとはしなかった。

そのスバルジョが、滞日中何よりも強く印象づけられたのは、日本における南進論の高まりであった。一九三六年八月「国策ノ基準」が決定を見、南方に対する「漸進的和平的手段」による進出が公的な対外政策として打ち出された直後に、『マタハリ』に送った「日本の南進政策」（九月二三日付）の中で、スバルジョはこう論じた。「南進論はこれまでも日本で提唱されてきたが、それは主に移民や私企業のイニシアティブとリスクによって推進されたものであった。しかし今日この運動は、政府の重大な関心を得ているばかりでなく、公式に国家政策へと引き上げられた。」

このような日本の南進政策に対するスバルジョの見方は、「インドネシアの民族運動と日本のアジア主義運動のあいだには、インドネシア人民がオランダ植民地主義から離脱することを容易にする共通点があった」（スバルジョ 一九七三：九–一〇）と指摘する、彼の認識と重ね合わせて考えるならば、日本への危惧の念から発したものではなく、むしろ「南進日本」をインドネシア独立の協力者になり得る存在として理解するものであった。

■スカルノの「太平洋戦争」予見論

右に紹介したハッタ、スバルジョは、三年半にわたる日本軍占領後の一九四五年八月一七日、インドネシアが独立宣言を発布した直後、それぞれ初代の副大統領、外務大臣となった。その時の大統領は、いうまでもなくスカルノであった。

それではスカルノは、開戦前、日本をどのように認識していたのであろうか。彼は、一九二八年に執筆した「インドネシア主義と汎アジア主義」と題する論文を、自らが率いるインドネシア国民党の機関誌に発表した。

その中でスカルノは、日露戦争における日本の勝利、トルコのムスタファ・ケマル・パシャの改革、そして中国の反帝国主義運動を、国際政治における「ヨーロッパに対するアジアの勝利」として積極的に評価し、これらの動きがインドネシアの民族主義の発展に大きな影響を与えた、と指摘した（Sukarno. 1954：73）。

またそこでは、孫文の名にも言及しつつ、アジア諸民族間の優劣関係のない連帯こそが、帝国主義と闘う上で不可欠な力となるだろうことを強調していた（有色人種による初の国際会議と形容され、スカルノも主役の一人であった一九五五年バンドン会議の精神にもつながる歴史観と言えよう）。

このように、特定の一国の盟主性を認めない「アジア主義」観に立つスカルノは、一九二〇年代後半の時点で、アジア太平洋地域の国際関係について、こう展望していた。「やがて将来、われわれはアメリカ、日本、イギリスの帝国主義の巨人たちの間で、太平洋を舞台に獲物を求め、権力を求めて死闘が繰り広げられるのを目撃することになるだろう」。

この発言はまさに、「アジア太平洋戦争」勃発の可能性を予見したものであった。それに続けスカルノは、「その太平洋の南端に位置するわれわれは、これら巨人間の死闘に巻き込まれることになろう」と警告を発し、そうした事態に備え準備を怠るべきでない、と説くのであった（開戦前夜のスカルノの国際政治観については、土屋健治「スカルノの第二次世界大戦論」『東南アジア研究』一九七二年九月：二三四–二四五 を参照）。

このスカルノ論文の中で留意すべきは、日露戦争における日本の勝利を好意的に見ていたスカルノが、「アジアの国」日本を、はっきりと帝国主義陣営の一員とみなしていることである。彼が「イギリスその他の帝国主義に立ち向かう中で、エジプトの人民、インドの人民、中国の人民、そしてわれわれインドネシアの人民は一つの敵に対峙するのである」と述べつつ、アジア諸民族の連帯の重要性を説くとき、そこではもはや日本を、提携すべき「アジアの仲間」とは見ていないことは明白である。

この見方をより明確に表現したのは、その二年後「政治犯」となったスカルノが、「インドネシアは告発する」と題して行なった法廷陳述である。その中でスカルノは、日本を「アジアにおける唯一の近代的な帝国主義国家」であると規定し、「樺太、朝鮮、満州に植民地支配の体制を打ち立てた日本は、ついで環太平洋諸民族の平和と安全を脅かしながら、この地に植民地を保有するアメリカやイギリスといった帝国主義国家との間で、凄まじい死闘を繰り広げるであろう」と展望した。

その上で、日本についてスカルノは、「アジアの抑圧された諸民族の旗手日本」という標語は、欺瞞であり虚偽であること、そしてそうしたスローガンは、自らも「西欧の帝国主義者に吠えかかるアジアの勇者」だと考える、日本の保守的な国家主義者の空疎な幻想に過ぎない、と論断してやまなかった。一九三〇年のとば口で、こうした鋭利な日本批判を展開したスカルノであったが、その一貫した対蘭非協力主義の故に、ハッタ同様、彼も開戦直後まで長期にわたる獄中・流刑生活を強いられることになる（後藤乾一・山﨑功 二〇〇一 等参照）。

(2)フィリピン——M・ケソン大統領訪日と日比米関係

マヌエル・ケソンは、本節冒頭で触れたように、一九二〇年代以降フィリピンのみならず、東南アジアにおけるもっとも著名な政治指導者であった。孫文と会見すべく広東に赴いたり、来比する各国民族主義者とも積極的に接触するなど、対外ネットワークの構築にも熱心であった。その一人が、インドネシアの共産主義者タン・マラカであった。

初期インドネシア共産党（一九二〇年結党）の最高幹部の一人であり、国際共産主義組織コミンテルンのアジア工作にも深く関わったタン・マラカと、対米協力を通じての独立を基本政策とする現実主義者ケソンとの間には、一見接点があるようには思えない。しかし両者の間には、注目すべき出会いがあった。

一九二七年八月上旬、海外でコミンテルンの工作活動に従事していたタン・マラカは、バンコクから秘密裡にマニラ入りするも、ただちに米植民地政府当局に逮捕される。この経緯を自伝の中で詳述するタン・マラカは、ケソンはじめフィリピン人議会指導者が「タン・マラカはオランダの政治上の敵であっただけで、決してフィリピンの人民と政府の敵ではないという見解を示した」ことについて、きわめて高い評価を与えている（タン・マラカ 一九七九：二五八）。

とりわけタン・マラカは、ケソンが政治亡命者の「被保護権」は人道主義的見地からする民族主義の根本原則に属するものだと主張したこと、またインドネシア独立運動に「私たちはいつでも喜んで支援します」と述べたことを、「いまは亡きマヌエル・ケソン」に対する謝意をこめて綴っている（同書：二六一）。

一九三〇年代中葉以降になると、インドネシアでは対蘭非協力路線を掲げる前記スカルノ、ハッタらの政治活動が非合法化され（インドネシア共産党は一九二六年蜂起失敗後に非合法化）、多くの民族主義者が流刑・投獄処分に付されていた。こうした中で、協調路線の枠内での活動のみが認められたインドネシアの民族主義運動は、大国アメリカと渡り合いつつ大幅な政治的権利を獲得し、一九三五年一一月には独立準備政府フィリピン・コモンウェルスを発足させたケソンに対し、高い評価を与えていた。特に協調路線に立つ各地の地方政党が合併しパリンドラ党（大インドネシア党）が成立するが、この新党に与えたケソンの政治的、精神的影響は大きかった。

パリンドラ党が誕生したのは、比コモンウェルスが成立した直後の一九三五年一二月のことであった。特に党政治部長M・フスニ・タムリンは、つとに「インドネシアのケソンをもって自ら任ずるようになり、自室にはケソンの写真を掲げ、通信を送ってはケソンとの親交を深めていた」と言われる（増田与 一九七一：九九）。付言すると、開戦前夜のタムリンは、対蘭協力による独立構想に見切りをつけ、急速に日本に接近し対日協力による独立を模索したが、一九四一年一月不可解な状況下で急死した（ジャカルタの目抜き通りタムリン通りは、彼の名に由来）。

フィリピン・コモンウェルス初代大統領に選出されたケソンは、一九三七年早々、軍事顧問ダグラス・マッカーサーを帯同し渡米する。最初の寄港地上海で蔣介石ら中国政府要人と会談した後、一月三一日に一行は東京入りする。翌二月一日、駐日米大使ジョセフ・グルーの案内で皇居に天皇を表敬訪問する。その日の模様につき、『昭和天皇実録第七』（宮内庁 二〇一六a：二八〇）を引用しておこう。

「午後零時三十分、今般渡米の途次に来朝のフィリピン大統領マヌエル・L・ケソンが本邦駐箚米国特命全権大使ジョセフ・クラーク・グルーの同伴にて参内につき、天皇は牡丹ノ間に出御され、謁見を仰せ付けられる。ついで豊明殿において比大統領のため午餐を催され、宣仁親王及び米国大使をお召しになり、内大臣湯浅倉平ほか十三名に御陪食を仰せ付けられる。なお、米国大使は比大統領より上席にて、大使は天皇の左に、大統領はその向かいに着席する。天皇は主として大使と御会話になり、ハーバード大学三百年記念祭、ボストン美術館における日本古美術展覧会等を話題とされ、またゴルフ談義を熱心に交わされる。御食後、牡丹ノ間における賜茶の席では、大使の諒解を得て比大統領の席を御隣とされ、在比日本人移民の生活状況、日米比の親善関係等につき御談話になる。」

簡潔な記述で綴られる『昭和天皇実録』にしては、珍しく具体的な記述がなされているが、一読して天皇側（日本政府）は、グルー米大使を重視し、対米関係に気を遣うことに配慮している様子がうかがわれる。もちろん滞日体験が長く、知日派として知られるグルーとはそれまでも謁見の機会があったことも一因であるが、その会話にはきわめて打ち解けた雰囲気が感じられる。

他方、ケソンとの間では、当時日比間で大きな懸案事項となっていた諸問題が主な話題になっている。ここで特記すべきは、ケソンが天皇に公式に会った、東南アジアで最初の政治指導者であったという事実である。ここにも当時の東南アジアにおけるフィリピンの政治的地位、また日比関係の特質が指摘されよう。会食では、フィリピン大統領以上の接遇を受けた米大使は、その回想録の中で「私は天皇がこんなにも角がとれて気楽そうだったのをめったに見たことがない」と所感を記している（グルー、ジョセフ 一九四八：二七〇）。

さらに同日午後、ケソンはグルー大使主催の昼食会に招かれ、高松宮ら皇族とも懇談の機会を持った。この時の情景について、ケソンは回想録の中で、会食中日本の外務省の担当者から、同夜の外相主催の晩餐会での外相スピーチの写しを渡され、かつ自分のスピーチの写しを送ってくれるよう求められた、と述べている（当時の外相は有田八郎であったが、故意か失念かは不明だが、ケソンは一切有田の名に触れていない。なお翌二月二日、広田内閣に代わり林銑十郎内閣が成立、当初は林が外相兼務）。そして自分は、その夜は儀礼的なスピーチしかするつもりがなかったので、その準備のために最大の楽しみとしていたダンスに興じる機会を失った、と皮肉まじりに述べている（Quezon, Manuel. 1964：176）。

事実、同夜の外相主催によるケソン大統領歓迎の晩餐会は、グルーおよびケソンの回想録からうかがわれるように、当時の微妙な日米関係を反映した興味深いものであった。ケソン回想録は、歓迎挨拶の中で外相は米大使が客としているにもかかわらず、アメリカについて一言も触れず、日比関係の一層の緊密化の必要性を強調するのみだった、と指摘する。これに対し、対米関係を最重視するケソンは、答礼スピーチの中で「フィリピンとのすべての関係においてなされたアメリカの私益を顧みない政策に限りない感謝の念」を表したい、と意図的と思えるほど、アメリカへの謝意を強調したのだった。

さらにケソンは、日本を含むすべての諸国と友好関係を築くのがフィリピンの外交方針であるが、「われわれを独立した諸国の仲間に引き入れてくれる上で恩義を負っているアメリカに対しては、特別の考慮を払う義務をもっている」とも述べた（ibid：176）。いうまでもなく、有田外相はじめ日本政府関係者を牽制するとともに、その自らの発言が、駐日大使を通じ次の訪問地ワシントンに回電される可能性を、十分に意識してのことであったと思われる。

この有田外相とケソン大統領の外交上の心理的駆引きを目撃したグルー大使は、有田が米国を黙殺したことを、「意味深長」なことだと指摘する一方（グルー、ジョセフ 一九四八：二七〇）、ケソンについては「極めて上品にフィリピンは米国が彼らのためになったことの総てを感謝していると述べた」、と喜色を隠さず記している。そうしたこともあり、グルーは「マッカーサー将軍はケソンを世界五大政治家の一人と考えているといったが、彼は正しい。ケソンは徹底的に興奮剤的であり、わが家に彼を迎えたことは楽しかった」（同書：二七一）とフィリピン・コモンウェルス初代大統領を絶賛するのだった。

翌二月二日、ケソン大統領は、外務省に有田外相を訪ね会談している（実際にはこの日から新内閣発足なので、これは有田の外相としての最後の公務であろう）。席上有田は、アメリカ人の中にはフィリピンに独立を付与しても、ひとたび独立すれば日本に奪われてしまうだろうとの理由で、独立に反対するものも多いのではないか、と水を向けた。このいささか挑発的な発言に対し、ケソンは、国内には独立したとしても主権が日本の手に移るだけ、との理由で独立することを恐れているものも、少数だが存在する、と応じている（Quezon, Manuel. 1964：177）。

会談後、有田は「大統領閣下、日本はフィリピンが完全独立を達成したならば、貴国を中立地域として認める条約に喜んで調印するつもりです。日本はフィリピンに対し侵略の意図などもっていません。われわれが望むのは、貴国との貿易だけです。そのことを貴国民、そしてアメリカでルーズベルト大統領にお伝え下さい」と述べている。

それに対しても、ケソンは「フィリピンは米国に多くを負っています。それ故米国の希望が国益と抵触しない限りは、それに対して特別な考慮を払う義務があるのです」と答え、あくまでも米国との特別な関係を堅持する方針を鮮明にしたのだった（ibid：177）。この発言は、ワシントンでの比米会談を有利に進める上でのケソンの老練さともとれるし、また対米関係の緊密性を強調することで、フィリピンに対する日本の領土的野心に釘をさす意図から出たものとも解釈できよう。

ケソンの外交政策を論じたリディア・ユー・ホセは、彼は一貫してアメリカに独立を要求すると同時に、自国の安全保障政策として中立化を主張した政治指導者だと位置づける。しかし大統領就任後は、特に日本が「アジア・モンロー主義」を掲げるようになってからは、ケソンは相矛盾する発言を繰り返すようになったとも指摘する（リディア・N・ユー・ホセ「フィリピン中立化問題…」池端雪浦他編 二〇〇四：六四）。その結果、訪日に先立つ一九三六年一二月までは、ケソンは中立化は「無意味」と公式に表明したが、同時にフィリピンが中立であることを外国に認識させることのみを目的として「中立宣言」を容認するとし、「中立の概念を極度に希薄化」させていったと論じる。

また外遊から戻った後の一九三七年六月の演説では、ケソンは、中立を有効だと考えるものは、「幻の楽園に生きているのだ」と突き放した発言をしたものの、翌三八年夏の訪日時には、ふたたび中立化構想を支持しているかに思われた。それは東京で宇垣外相から、フィリピンが完全独立を達成した暁には、日本はフィリピンの中立化を支持するとの確約を得たためであった、とリディア・ユー・ホセは指摘するのであった（同書：六五）。

一九三七年初の訪日記録からも明らかなように、コモンウェルス初代大統領としてケソンは、アメリカとの「同盟」関係――従属型であったにせよ――を強調し、日本の南進についても、アメリカと同様の視点で捉えようとした。訪日も、アメリカとの一体性を強調する恰好の場であったことが、ケソン回想録からうかがえる。

しかしながら、興味深いことに、ケソンの訪日でもっとも長期となった一九三八年七月の滞在については、回想録の中で完全に黙殺されている。それは一体何故なのか、またその訪日はいかなる文脈の中で理解できるのであろうか。第一の点との関連で、レナト・コンスタンティーノ夫妻は、「抜け目のない実用主義者」ケソンが軍事顧問「マッカーサーの権威と人的関係」を利用して、アメリカから軍事援助を増大させる可能性が、彼の引退により困難になったと認識したため、自国防衛の別の道をさぐり始めたのではないかと指摘する（コンスタンチーノ、レナト・レティシア 一九七九：六三六―六三八）。

そしてそのこととの関連で、コンスタンティーノは、一九三八年夏のケソン訪日を理解しようとするのであった。すなわち「日本が独立フィリピンの中立を尊重するという保障」を求めるのが、訪日の狙いであった観察する。たとえ一時的なものであったにせよ、こうしたケソンの三八年時点での「アメリカ離れ」を考慮に入れるならば、彼が戦時中亡命先のワシントンで執筆したアメリカを強く意識した回想録の中で、三八年訪日を黙殺したことも、ある程度首肯できるのではないだろうか。

他方、これも興味深いことに、日本側はケソン訪日は彼が言うように「私的」な性格であったにもかかわらず、丁重な対応をしたのであった。外務省外交史料館の所蔵資料を見ても、前年訪日時と比べはるかに多い量の記録が残されており、この点でもケソン回想録と著しい対照をなしている（日米比三国の一次史料によって、この訪日を最初に検証した文献として、以下を参照 Goodman. Grant. 1967.）。「私的」な訪日ということで、前回のような天皇への表敬はなかったが、それでも宇垣外相主催の非公式歓迎晩餐会が開かれ、近衛首相以下政府首脳、（財）フィリピン協会関係者、そしてグルー米大使も出席した。こうした官民あげての歓迎ぶりが示すように、日本側はケソンの「私的」訪問を、外交的に最大限利用しようと企図していた。またケソン側も、アメリカを刺激しないよう慎重にふるまいつつも、国防費増額をめぐりアメリカを牽制する意味を、訪日に見出そうとしたのだった。

さらに、当時日比両国間の最大の難問であった日本人の大入植地ミンダナオ島ダバオをめぐる紛争につき、腹蔵のない意見交換をしたり、あるいはフィリピンにも影響をもたらしかねない日中戦争下の日本の国内状況、高まりを見せる「南進」論について、信頼できる情報を得ることも大統領としてのケソンの希望であったと思われる。いずれにせよ、日比双方の政府当局者にとって、相互接触は同床異夢だったにせよ、お互いの国益に寄与すると判断されたのは明らかであった。

特に日本側は、ケソン来日が「私的」なものと理解しつつも、この機を両国関係改善の糸口とすべく、外務省当局によって六点からなる「応酬資料」が事前に作成されたほどであった（外務省「比島大統領『ケソン』トノ応酬資料」一九三八年六月三〇日、DRO所蔵）。

ここで想定された諸問題とは、①日本は「比島ニ対シ領土的乃至政治的野心」など毛頭いだいていない。対比関係は「経済的相互依存性竝文化的提携ノ円満ナル発達」をはかることを基調とする、②「日比通商関係」、③「『ダヴァオ』に於ケル邦人土地問題」、④「日比間ノ経済提携」では、邦人はフィリピンに大きな経済的貢献をなしていること、「邦人ノ居住往来」については、「公正ナル待遇」を求める、⑤「比島の永久中立問題」においては、同国の独立問題が国内での反対派（独立することで日本の侵略を受けるとの理由）やアメリカの対比政策の「方向転換」等もあり、「現在停頓状態」であると判断しつつも、「完全独立後ニ於ケル永久中立保障」については、それが具体的になる際は「充分好意的考慮」をなすつもりである、そして⑥日本亡命中の「親日反米」のサクダル党党首「『ラモス』ニ関スル件」については、政治犯として亡命した彼を「逮捕引渡」することは論外であるが、日本としては、ラモスを対比関係で利用したり、彼を援助する意図はまったくない。

以上、日本側が設定した六点の課題の内、ここではフィリピン側の日本観との関連で、最後にあげられた「ラモス問題」を検討しておきたい。フィリピンでは一九世紀末以来、「反米の裏返しとしての日本に期待を寄せるグループ」が存在したが（早瀬晋三「二つの大国アメリカと日本に翻弄されたフィリピン」萩原宜之・後藤乾一編 一九九五：三八）、ベニグノ・ラモスはこの系譜に立つ代表的な右派民族主義者であった。

親米派のケソンを大統領とするフィリピン・コモンウェルスが誕生した一九三五年、反米即時独立派のサクダル党（一九三三年結党）は、六万五〇〇〇人の民衆を動員した大蜂起を起こすが、一夜にして鎮圧された。党首ラモスは、前年から日本に亡命し、日本からの軍事援助を画策してきたが、期待した日本からの大規模な軍事援助は幻想に過ぎなかった。

外務省作成の「応酬資料」は、この亡命政客ラモスを庇護していた大亜細亜協会の会長松井石根陸軍大将らが、ケソンとラモスとの橋渡しを試みようとする行動を批判する。その上で、コモンウェルス発足日の一九三五年一一月一五日付で、ケソン大統領の要望にそって作成した「我邦トシテハ其本国ノ正当ナル政府ニ対シテ叛逆的策動ヲ為ス如何ナル外国人［ラモスらを想定］ニ対シテモ何等援助ヲ与エルコトナキ」との声明を再確認している（外務省、前掲資料）。

しかしながら、こうした日本側の方針とは裏腹に、来日したケソンは亡命中のラモス（麻布区市兵衛町二ノ四三在）に接触したい意向があったようで、訪日一ヵ月以上前に、腹心の憲兵司令官ホセ・レイエスを東京へ送り、六月二三日にケソンの面会希望をラモスに伝えさせた。

かくして来日後のケソンは、副団長格のＦ・ブエンカミノ（国会議員、退役陸軍大佐）を通じラモスとの接触を密にし、ついに七月九日、神戸経由帰国のため横浜港を出港直前の「エムブレス・オブ・ジャパン」船内で、ラモスとの会談を実現させた（詳細は、警視総監安倍源基発内務大臣末次信正、外務大臣宇垣一成宛「『ケソン』比島大統領ノ渡来目的ニ関スル件」（一九三八年七月一三日、ＤＲＯ所蔵）。

こうしたケソンのラモスとの「和解」を成立させようとする姿勢について、上記資料は、同年九月に予定されている総選挙において、ケソンは「現状打開策」として「従来ヨリノ一切ノ行掛リヲ棄テ挙国一致ノ体制実現」をはかるべく、下層階級を強力な支持基盤とするサクダル党との提携をはかるためであろう、と観測していた。

ケソン＝ラモスの「和解」の状況について、ラモスはケソン離日直後の七月一四日、庇護者である大亜細亜協会に松井石根を訪ね報告している。この報告は、公安当局の「内偵の結果」によるものであるが、以下のように述べられている（同資料、一九三八年七月二一日）。

「大統領ハ私ノ友達［ラモス自身のこと］ト斯ル所［船内］デ会フコトハ実ニ愉快ダ…君モ比島ニ帰ラレルナラバ何人ニモ挨拶セス直グニ私ノ『パレス』［マラカニアン宮殿］ニ真直グ来ル様ニト云ヒ、秘書ノ『ニエト』ヲ呼ビ若シ『ラモス氏』ガ『マニラ』ニ於テ私ノ『パレス』ヲ尋ネテ来タラ何人モ差シ置イテ私ノ所ニ案内スル様ニト命ジマシタ。」

こうしたケソンとラモスとの「優劣」関係は、ケソン訪日に先立ち報じられた、「若し東京に亡命中のサクダル党首ベニグノ・ラモス氏がケソン大統領に謁見方を要請し、右謁見が許されるなら、現政府と和解し得る大切な機会を握めるであらう」というフィリピン国内での観測と、軌を一にするものであると言えよう（比律賓協会　一九三八：一〇）。

ラモスの報告に対し、松井石根がいかなる対応を示したかは書かれていないが、先述の外務省「応酬資料」からうかがわれるように、大亜細亜協会首脳はラモス復権のため、ケソン側に働きかけた可能性も十分あったと思われる（ラモスはまもなく帰国、日本軍政期は親日指導者ながら重要な地位を与えられることなく、戦争末期敗走する日本軍に同行したまま生死不明）。ラモスがケソンと「和解」したことに、サクダル党員から抗議が相次ぎ、その結果ラモスは、新たな親日結社ガナップ党を発足させることになる。

非公式訪問というものの、ケソン訪日の最大の目的は、中立保障問題につき、日本側の理解を求めることであった。七月八日の宇垣外相との会談冒頭、ケソンはマニラから同日朝届いたという電報を示しつつ、アメリカ国内では自分の訪日目的は「独立後ニ於ケル比島ノ独立保障ヲ『日本』ニ対シ求メ」るためだと報じられているが、「自分ハ斯カルコトハ絶対ニ無シト否定置キタル次第」だと言明している。

これに対し宇垣は、ケソンに理解を示すとともに、日本はフィリピンに対する領土的関心などなく、経済協力と文化的接触のみを希望している旨述べた（外務省「宇垣大臣、『ケソン』大統領会談要旨」一九三八年七月八日、DRO所蔵）。

とはいうものの、その発言に続け宇垣は、中立保障問題を重視する立場から、「唯一言茲ニ申述べ度キハ、比島カ完全ナル独立ヲ為ス暁ニ於テハ中立保障ノ問題モ漸ク世ノ中ノ問題トナルベク、其際日本ハ極メテ好意的考慮ヲ加ヘテ善処」したいので、比側も「十分御含ミ置キ」いただきたいと付言している。

この発言はいうまでもなく、事前に外務省事務当局が作成した前述の「応酬資料」を踏まえてのものである。さらに言えば、「帝国外交方針」（一九三六年八月七日の四相会議決定）の中の、「比島に付ては我方は其の完全なる独立の実現を期待し、要すれば比島の中立を保障するを辞せず」との方針に基づくものであった。

この日本側の見解に対し、ケソンは、「甚タ欣快」と半ば外交辞令的に応じたものの、それに続け「自分ハ日本ヨリノ中立保障等無クモ十分日本ト親善関係ヲ保チ得ルコトヲ確信」している、と表明した。いうまでもなく、自分の訪日目的についてのアメリカ側の疑念を意識しての発言であり、会談冒頭に訪日目的についてのアメリカでの「風評」を否定してみせたのも、いわばケソンの深謀遠慮のあらわれであったと言えよう。

さらにケソンは、国際間の条約は締約国の一国にとって「重大ナル利益」に抵触するときには、「其ノ効力ヲ保ツコト稀」だとし、婉曲ながらも日本による中立保障に肩透かしをきめている。こうした外交上の駆け引きを見ると、フィリピンにおいては、まさにリディア・ユー・ホセが結論づけたように、「親日派にとっては、中立化とは日本への緊密な依存を意味し、親米派にとっては、それはアメリカへの緊密な依存を意味した。つまり中立化問題とは、フィリピンに関する限り、旧宗主国と台頭目覚しい東洋の新強国のうち、いずれの側につくかという問題であった…」（池端雪浦他編 二〇〇四：六九）。

日本を巧みに牽制しつつケソンは、その上で今後の日比関係にとって外交条約以上に重要なことは、フィリピン人が感じている心理的な対日不安を除去することである、と宇垣に対し率直に発言した。

この点についてケソンは、さらに「（フィリピン人の多くは）日本ハ全東洋ヲ統禦スルノ野望」を持っていると見ており、「日本ニ対シ危惧ノ念」を抱いていると指摘し、この「危惧ノ念ヲ除去スルコトハ自分ノ畢生ノ任務ト考ヘ」ている旨、表明したのであった。

このようにケソン・宇垣会談は、虚々実々の駆け引きを折り混ぜながらも、比較的率直な雰囲気の中で進められたと言えよう。とは言うものの、ケソンの視線は、たえずワシントンに向けられていたことも確かであった。

会談中にアメリカの反応に意を配り――それを理由に「中立保障」に関する日本の攻勢をかわしたとも言えるが――、宇垣に対しても、日本との友好協力は「決シテ自分カ米国ニ不忠ナル所以ニ非スト信ス。米国ニ於テハ自分ノ言動等ヲ誤ツテ解釈スルコト〔日本寄りだとして〕屢々ナル状態ニテ、従ツテ日本政府トノ交渉モ総テ米国国務省ヲ通シ為スコトトシ居レリ」と了解を求めるのだった（外務省、前掲「宇垣大臣、『ケソン』大統領会談要旨」一九三八年七月八日、DRO所蔵）。

一〇日ほどの日本滞在（六月二九日神戸港着、七月一〇日同港発）を終えたケソン大統領一行は、七月一五日マニラに帰着する。その二日後、ケソンはマラカニアン宮殿からアメリカ向けラジオ放送を通じ、自分は日本による中立保障を協議するために訪日したのではないことを改めて強調するとともに、フィリピン・コモンウェルス政府の外交権はワシントン政府の手中にあることを確認したのも、上述のような背景を考えるならば、ケソンにとってはある意味で当然であったのかもしれない。

そうしたケソンの外交スタイルについて、最後に江野沢恒の所感の一端を引用しておこう（比律賓協会「ケソン大統領来朝中に於ける見聞摘録」一九三八年八月、ＤＲＯ所蔵）。日本フィリピン協会の会員でもある江野沢は、ケソン大統領の「私的」な来日の全行程を、「秘書及通訳」として同道した *Philippines-Japan Quarterly* 主筆である。ここにはケソンの人物評についての、興味深い観察が記されている。

「今回ケソン氏の来朝に依り、比律賓の対日政策は今後好転するだろう、と見るのが正当であるが、例え急速に好転しないまでも、悪化しない事は間違いないと思う。…ケソン氏の人としての性格を観察すると、彼は鋭敏に個人及大衆心理を握み自己の立場を有利に展開せんとする政治家で、周囲の事情に依り従来の主義主張を変更する位のことは平気でやるであろう。時として独裁者のような行動があるが、本質は妥協的な政治家と見ることが当つてゐるだろう。」

(3) ビルマ——ウー・ソオ著『日本案内』

一九三〇年代後半の東南アジアにおいて、フィリピンとは形態が異なるものの、現地民族主義運動の高まりに対し、宗主国が一定の譲歩を行ない、相対的に柔軟な対応を示したのが英領ビルマであった。フィリピン・コモンウェルス政府が発足する直前の一九三五年五月、イギリス植民地政府は、将来における自治権付与の一環として、ビルマ統治法を公布した。実際の施行は二年後の一九三七年四月であったが、同法を契機にビルマの民族主義運動は大きな弾みをつけることになった。同時にイギリスの提起した公約に対し、新旧世代の民族主義エリート間で、自治か独立かという将来像に関する路線対立も表面化することになる。

まずその発端となった、ビルマ統治法の特徴を概観しておこう（根本敬 二〇一〇 に依拠）。

①同法施行によりビルマは、インド帝国の一部であった状況から、イギリスの直轄植民地たる英領ビルマになった。いわば植民地の「ステータス」としての格上げを意味するものであった。②この結果、英国王により任命されたイギリス総督の下に、上下両院が設置され、一定

の法案提出権が民族主義者にも認められることになった。またビルマ人に割り当てられる議席の拡大、選挙権拡充も一定の実現を見た。③行政府への参加も強化され、下院の最大政党に属する議員が、総督によって首相に任命され、さらにその首相が最大一〇名の閣僚を指名し、総督の補佐機関としての内閣を組織した。ただしフィリピンの場合と同じく、外交・防衛、そして少数民族が多数を占める辺境地域に関する事項、貨幣政策は、ビルマ人首相が率いる内閣の権限外に置かれた。

ビルマ統治法下で、このような政治的地位を獲得したビルマの大英帝国内での位置づけについて、根本はこう総括する（同書：三五）。「当時の英連邦（コモンウェルス）を構成する自治領（ドミニオン［カナダ等］）とほかの英領直轄植民地（クラウン・コロニー）との中間に位置する植民地として分類することができる」。そしてこの新英領ビルマの初代総理大臣となったのが、バ・モウであった。

バ・モウに代表される年長世代の民族指導者の多くは、第一次世界大戦終結後の一九二〇年に設立された、穏健な民族主義団体GCBA（ビルマ人団体総評議会）のメンバーであった。それに対し、より急進的な方法で、自治ではなく独立を目標に掲げたのが、経済不況下にあった一九三〇年代の学生運動を指導したアウンサンらラングーン大学出身者を中心とする青年民族主義者であった。彼らは世界大恐慌後の農村の疲弊を肌で実感し、一九三〇年末のサヤサーン農民大反乱を目撃した世代であった。一九三〇年代後半の、彼らの独立を指向する政治活動は、「南進」日本と深く切り結ぶことになるが、この点は次章で言及することにしたい。

ただここでは、日本の朝野で「南進」への関心が高まっていた一九三五年に、その日本、さらには植民地朝鮮、「満州国」に親善訪問を行なった、GCBA系の有力政治家ウー・ソオの存在に触れておきたい（その略歴については、根本敬「ビルマ（ミャンマー）」吉川利治 一九九二：二四〇－二四四 を参照）。

一九三五年という年は、既述したように、日本のアジア主義にも一定の共感を寄せたインドネシアの民族主義者A・スバルジョ、さらには日本からの武器援助を期待し反米蜂起を企図したフィリピンのB・ラモスらが、東京でそれぞれ記者活動、亡命生活を送っていた時期である。当時ビルマの立法参事会議員として名を知られていたウー・ソオだが、短期間の日本滞在中、スバルジョ、ラモスらと政治的な目的で接触する機会はおそらくなかったであろう。

ウー・ソオは、帰国後旅行の資金提供を受けたビルマ語紙トゥーリヤ新聞社から、『日本案内』という旅行記を刊行した（「二〇世紀転換期の日本と東南アジアの「東南アジアから見た日本」の項で紹介したオウッタマの『日本国伝記』に次ぐ、ビルマ人による二番目の日本論として知られる）。内容的には、日本の経済発展や伝統文化を守ろうとする姿勢を評価するなど、全体的に肯定的な日本像を描き出した。ビルマにおいて、日本への関心が高まりつつあった時期でもあり、一定の読者を得たものと思われる。またその日本旅行の資金の出所は、在ラングーンの日本総領事館、その中に置かれた陸軍情報機関であったことも明らかとなった（同書：二四一）。

ウー・ソオは、『日本案内』の中で、日本においてアジアへの連帯志向が高まっていたことにも少なからぬ関心を寄せた。しかしながら、そうした日本への期待をこめた好意的感情が、やがて「大東亜戦争」勃発時に、第三代首相の座（在任一九四〇年九月〜四二年一月）にあったウー・ソオの運命を、結果的に破滅に導くことになった（首相在任中、対日協力を日本側にもちかけたことが発覚し、英当局により解任、四年近く英領ウガンダで捕虜生活、帰国後政界復帰を果たすも、アウンサン暗殺を主謀、一九四八年死刑）。

第2部

東南アジアにとって「大東亜共栄圏」とは何であったのか

3 東亜新秩序論から開戦へ

議論の核にあるのは、絶対的優越者である日本を父親とみなし、その親の権威と力によって未熟児たる「原住民」の保護訓導を図るという擬制的家族主義原理、平たく言えば近隣アジア諸民族に対する日本的価値観の短絡的な押し付けでしかなかった。こうした議論は、日本の東南アジア支配を下支えした発想であったが、それだけにとどまらず、当時の一般向け出版物の中でもしばしば見られた、日本人のアジア観そのものにも通底するものであった。

日中関係と植民地台湾

一九三七（昭和一二）年七月七日夜、北京郊外盧溝橋で、現地駐屯日本軍と中国軍との間で戦闘が始まった。日中関係暗転の大きな契機となった満州事変の現場柳条湖から、南へ直線約七〇〇キロの地であった。

事件一ヵ月後に成立した第一次近衛文麿内閣、参謀本部とも、事件の不拡大方針を謳いながらも、結果的にはその後八年にも及ぶ日中戦争の導火線となった（「大東亜戦争」は、当時「支那事変」と呼称されたこの日中戦争を含むものとされた。閣議決定、一九四一年一二月一二日）。

満州事変当時、日本の主要紙誌はこぞって日本軍の軍事行動を支持し、積極的に戦意高揚に手を貸した。たとえば『東京日日新聞』一九三一年一〇月一日の社説は、「国民の要求するところは、ただわが政府当局が強硬以て時局の解決に当る以外にない、我等は重ねて政府のあくまで強硬ならんことを切望するものである」と主張した。

それと同様に、日中戦争に対しても、各メディアは対中強硬論を唱え異口同音に、「支那軍の暴戾（ぼうれい）を膺懲（ようちょう）」することが日本の出兵目的である、と政府・軍部支持の社論を掲げた。一般世論も、抗うことなく、その流れに組み込まれていった。対外的には、日本は自衛のための軍隊派遣と称し、戦争ではなく「事変」と呼称した。しかしながらその実態は、大本営設置が示すように、宣戦布告なき侵略戦争であることは明らかであった。

首都南京占領（一九三七年一二月一三日）から一ヵ月後の翌年一月一六日、日本は蔣介石政府を「対手とせず」との第一次近衛声明を発表、二日後の「追加発表」では、「対手トセス」とは「否認」とともに、「抹殺」を意味するものだと述べた。

ついで同年一一月三日には、第二次近衛声明による「東亜新秩序建設」声明が発出された。そこでは、蔣介石政権が抗日容共政策を放棄し、日本の「東亜新秩序建設」に参加することを拒否しない、とされた。

この間、東亜新秩序を建設する一環と称して、中国との戦争に深入りした日本は、戦争遂行態勢を強化するため、一九三八年四月に国家総動員法を公布、さらに翌年二月には国民精神総動員強化方策を決定した。いわばヒト・モノ・カネに加え、人のココロまでが、国家による動員の対象とされていった。こうした総動員体制は、国内のみならず、やがて植民地台湾や朝鮮にも外延的に適用され、さらには、「大東亜戦争」勃発後には、東南アジアでも形を変えて再生産されることになる。

とりわけ中国大陸と相接し、また日本と東南アジアの中間に位置する台湾では、総督府・台湾軍上層部で日中戦争をテコに「南進」を具体化し、台湾の存在価値を高めようとする動きが高まってくる。「事変」四ヵ月後の一九三七年一一月には「防空法」が発効し、台湾は「図南の飛石」であることが確認される（蔡慧玉「植民地台湾における戦争体制――総力戦下の同化と動員を巡って」和田春樹他編 二〇一一：二二七）。また海軍出身の総督小林躋造は、一九三九年の年頭に際し発表した一論文の中で、「南進」における台湾の重要性を、こう強調していた（「事変下の台湾と南支南洋」『南支南洋』一九三九年一月、五頁）。

「海を隔てて我台湾と隣接する広大なる南洋一帯の地域は我が不足資源の供給地並に商品の需要地として、将又企業並移民地として実に重大意義を有するものであつて、帝国南方発展の根拠地として台湾の演すべき使命も亦益々重要性を帯ぶるのである。」

台湾におけるこうした「南進」熱の高まりと軌を一にし、日本国内の政軍当局の間でも、日中戦争の泥沼化から脱する方途として南進政策に本腰を入れるようになる。

この流れの中で、台湾の戦略的地位がより一層重視されるようになる。武力南進の踏み台ともなる一九四一年七月の南部仏印進駐の直前（六月二四日）、第二次近衛内閣は「南方政策ニ於ケル台湾ノ地位ニ関スル件」を閣議決定し、台湾を「帝国ノ南方ニ於ケル前進基地」として明確に位置づけた。こうして日本の軍事的南進→その前進基地としての台湾（かつそのための基盤整備としての台湾工業化）→台湾住民を「一視同仁」の名の下に皇民化することが、台湾統治の基本政策となっていく。

この「皇民化」との関係で、一九四一年四月、長谷川清総督（海軍大将）の下で「皇民奉公会」が組織される。台湾における本格的な官製の実践運動である皇民奉公会は、「内地人、本島人［漢族台湾人］、高砂族［山地原住民］ノ全島民ヲ挙」げ、「戦意ノ昂揚、決戦生活ノ実践、勤労態勢ノ強化、民防衛ノ完遂、健民運動ノ推進」を目的としたもので、日本の大政翼賛会運動と同じ発想に基づくものであった。同時に、「内地」から台湾に移入されたこうした翼賛運動は、上述の総動員システムと同様、戦時期の日本軍支配下の東南アジア各地でも再生産されるようになる。

台湾では、総督府に加え台湾軍も、軍事的な観点から東南アジアに対する関心を深めるようになる。特に日本が武力南進に踏み切った場合の熱地作戦に関しては、「北進」を前提として軍備を拡充、編成してきた陸軍には、未知の領域であった。

参謀本部の統括の下に一九四〇年一二月、台湾軍司令部内に台湾軍研究部が設置されたのも、新たな事態に対処するためであった。台湾軍研究部の任務は、「南方作戦ニ直接必要ナル研究、調査及試験」を実施することであり、その領域は軍事作戦のみならず、「軍情、兵要地誌調査」「兵器、経理、給養、衛生、防疫」など広範な研究課題が含まれた（溝部竜 一九八五：三四―五八）。

今日、この台湾軍研究部が作成した調査報告書は現存していないと言われているが、シンガポール上陸作戦を想定したとされる「海南島演習」（一九四一年六月）において、その提言は実施に移されている。そのため、熱地作戦について暗中模索であった陸軍関係者の間では、台湾軍研究部の実践的研究は、「大東亜戦争の作戦、戦闘の実施、食糧衛生対策等に大きく寄与した」（防衛庁防衛研修所戦史室 一九七九：二九七）との評価が与えられている。

台湾軍研究部は、形式上は台湾軍参謀長の下に置かれたが、実質は後に「シンガポール侵攻作戦」を指揮した辻政信（中佐）が権限を握っていたと言われ、専任四六名、兼務七名からなる規模を有していた。またその研究対象地域とされたのは、蘭印、英領マラヤ、英領ボルネオ、フィリピン、グアム、仏印、タイ、ビルマであり、（防衛庁防衛研究所戦史室 一九六八：一四八―一五〇）、まさに後日の日本軍侵攻後、その占領下に置いた「南方共栄圏」と一致するものであった。

政策決定過程における「南進」問題

1陸軍の南方関心

第一次世界大戦以降、海軍の専売特許の観があった南進熱であったが、一九四〇年に入ると、陸軍内でも状況認識に大きな変化が生まれてくる。その背景には、中国民族主義の根強い抵抗による日中戦争の泥沼化、第二次世界大戦勃発（一九三九年九月）と盟邦ドイツの優勢、そのドイツ、イタリアとの三国同盟締結（一九四〇年九月）、さらには日ソ中立条約の調印（一九四一年四月）等の国際環境の急展開があった。

またノモンハン事件でのソ連軍による壊滅的敗北（一九三九年五月）、アメリカによる日米通商航海条約の破棄通告（同年七月）を機に深まった対ソ連対米英関係の悪化、独ソ不可侵条約調印（同年八月二三日、しかし四一年六月独ソ開戦）等の衝撃的な出来事も、日本政府・軍部の対外政策決定に重大な影響を及ぼすことになった。

とりわけ、東南アジアに植民地を有するフランスとオランダがドイツの軍門に降ったことは、その植民地仏印、蘭印に対し重大な関心を寄せていた陸軍にとっては、「南進」の絶好の好機と認識され、「バスに乗り遅れるな」との空気が一気に強まった。ただ同時に、同盟国ではあるが、かつて南洋に大きな権益を持っていたドイツ（日本は第一次世界大戦でそれを獲得）が、東南アジアに対する野心を持っているのではないか、との警戒心も軍の一部に見られた。

こうした国際環境の中で、陸軍特に参謀本部上層の間に高まる「南進」熱について、日本政治外交史家・波多野澄雄は、三国同盟を追風に英米依存から脱却可能な自給圏を設定すべく、好機に武力を行使して「南方問題」を解決し、それによって最大の懸案たる日中戦争を終結に導く、との構想が固められるに至った過程を分析する（波多野澄雄「開戦過程における陸軍」細谷千博・本間長世他編 一九九三：三二）。

このような熱を帯びた政治的・軍事的空気が急速に醸成される中で登場したのが、第二次近衛内閣であった（一九四〇年七月二二日成立）。かつて「英米本位の平和主義」を排す、と論陣を張ったその近衛の下で、外相に任命されたのは、国際連盟脱退の主役松岡洋右であった。

両者ともドイツとの連携を重視し、東西呼応しての「新秩序」樹立を唱えていた。新内閣発足直後七月二六日の閣議決定「基本国策要綱」の「根本方針」は、こう述べている（防衛庁防衛研修所戦史部 一九八五：三五）。「先ツ皇国ヲ核心トシ日満支ノ強固ナル結合ヲ根幹トスル大東亜ノ新秩序ヲ建設スルニ在リ」（この「基本国策要綱」はじめ主な決定については図表3-1を参照）。

第一次近衛内閣時代、近衛首相は前述のように、「東亜新秩序」の樹立を謳ったが、それは二年足らずのうちに「大東亜ノ新秩序」建設へと引き上げられる。これはいうまでもなく、「日満支」のみならず、東南アジアを含む広域圏を念頭に置いてのことであった。松岡外相による「大東亜共栄圏」の造語も、まさにそうした時代の空気の産物であったし、またその語の響きがその空気をより一層濃いものにしたのだった。

近衛内閣が「基本国際要綱」を決定した翌七月二七日には、その後の日本の進路に重要な影響を及ぼすことになる「世界情勢ノ推移ニ伴フ時局処理要綱」（大本営政府連絡会議決定）が定められた。その骨子は、「支那事変」と「南方問題」の同時的解決を謳うとともに、内外情勢

図表 3-1　開戦前後の主要政策決定

	御前会議決定*	大本営政府連絡会議決定**	閣議決定	その他の決定
1940年		(7.27)「世界情勢ノ推移ニ伴フ時局処理要綱」	(7.26)「基本国策要綱」	
1941年	(7.2)「情勢ノ推移ニ伴フ帝国国策遂行要綱」 (9.6)「帝国国策遂行要領」 (11.5)「帝国国策遂行要領」 ↓ (12.1)「対米英蘭開戦ニ関スル件」	(1.31)「対仏印、泰施策要領」 (6.6)「対南方施策要綱」 (6.25)「南方施策促進ニ関スル件」 (11.10)「戦争経済基本方略」 (11.20)「南方占領地行政実施要領」	(12.12)「大東亜戦争」の呼称決定（13日情報局発表）	(12.12) 南方経済対策要綱（関係大臣決定）

＊御前会議：宣戦・講和・重要条約の締結を決定、天皇臨席。
＊＊大本営政府連絡会議：首相・外相・陸海相（政府側）、参謀総長・軍令部総長（統帥側）出席。
（出所）各種年表・文献に依り筆者作成。

の推移を見つつ、「対南方施策ヲ重点トスル態勢変換」を強調し、かつ「対南方問題解決ノタメ武力ヲ行使スルコトアリ」と決定したことであった。ただここでは、武力行使の可能性への言及はあるが、後述する翌夏に入っての「対米英戦ヲ辞セス」との、一歩踏み込んだ表現にはまだ至っていない。

ここでの具体的な南方政策としては、二つの点が強調されている。第一は、重慶の蔣介石政権を経済的軍事的に支援する援蔣ルートの遮断との関係で、仏印に対して積極策をとること（陸軍案に従い、「状況ニヨリ武力ヲ行使ス」との一項が入る）、第二は外交的措置によって、蘭印から石油をはじめとする重要資源を獲得することであった。

後者に関しては、当初の陸軍案では対仏印と同じく、「目的達成ノタメ武力ヲ行使」するとなっていたが、最終決定では海軍案に従い、その表現は削除されることになった。

いずれにしても、この「時局処理要綱」策定において主導的役割を果たしたのは、発足一週間の第二次近衛内閣ではなく、大本営陸海軍部であった。そのことは、陸軍参謀本部の種村佐孝大佐が、大本営を中心に軍主導で決定された同要綱を、「突然大命を受けた近衛首相や松岡外相」が「果たして咀嚼」していたか疑問を呈していることからも如実にうかがえる（種村佐孝 一九五二：二〇）。

こうして大本営陸海軍部は、「南方作戦の具体的研究」に表立って着手することになるが、前述の台湾軍研究部の創設に向けてのイニシアティブも、その最初の施策の一つであった。

2 日蘭会商と仏印進駐

一九四〇年夏段階で、日本政府・軍部の中で最重視された南方地域は、「世界情勢ノ推移ニ伴フ時局処理要綱」が記すように、蘭印と仏印であった。ともにその宗主国は、ドイツの支配下に入っていた。同要綱において、蘭印に対しては、当面外交的措置により石油を中心とする重要資源確保に努めるとの基本方針が打ち出され、それに基づき第二次日蘭会商が、バタビアを舞台に同年九月一三日から九ヵ月にわたり開催された。しかしながら、会商開始直後に、援蔣ルート遮断を理由とした日本軍の北部仏印進駐や、オランダ本国を占領したドイツと日本が同盟関係を結ぶなど、会議開始時点での蘭印当局の対

写真 3-1 日本の「南進」政策上重要な節目となった第二次日蘭会商の代表、小林一三を迎える上陸直後の歓迎式典、左端は蘭印側代表ファン・モーク副総督（1940年 9 月）。
（出所）ジャガタラ友の会編．1987：195。

日感情は、不信感に満ちたものであった。

結局、翌一九四一年六月一七日、日蘭会商は最終的に終わりを告げる。日本側の戦略資源要求が蘭印側の受け入れるところとならなかったことも、原因の一つであった。たとえば日本側は、最大焦点であった対日石油輸出を、過去の年間実積六〇万〜九〇万トンから、今後五年間年平均四〇〇万トンへの引き上げを求めたが、蘭印側の回答は一九〇万トンであった（会商が不調に終わった後、同年九月、陸軍は「南方石油資源取得準備要領」を策定、石油各社から採掘関係技術者約七〇〇〇名の徴用を決定している。山﨑功「資源外交と南進政策・南方軍政」和田春樹他編 二〇一一：一九〇－一九一）。

会商そのものが失敗に終わったことについて、日本側の全権代表（二代）元外相の芳沢謙吉は、後年「会商は打ち切り discontinue と言うべきであったが、軍や外務省枢軸派［元駐バタビア総領事、四〇年設置の南洋局初代局長斎藤音次らを指すと思われる］の横車で決裂 rapture という言葉が使われた」と回顧する（「偽りの外交史――日蘭交渉の真相」『中央公論』一九五〇年一二月）。またこれも戦後の記録であるが、防衛庁戦史室『大本営陸軍部・大東亜戦争開戦に関する考察』（一九七六年）は、「日蘭会商の実質的決裂が南部仏印進駐の一つの動機となったことは争えず、日蘭会商の成否が日本の運命に大きな影響を与えたことは言うまでもない」として、日蘭会商決裂を開戦につながる大きな要因の一つとして位置づけている。

日蘭会商「決裂」直後の一九四一年六月二五日、大本営政府連絡会議懇談会において、南部仏印進駐を打ち出した「南方施策ノ促進ニ関スル件」が決定された。それに続き七月二日、御前会議は「情勢ノ推移ニ伴フ帝国国策遂行要綱」を決定する。

ここにおいて、「大東亜共栄圏」建設が基本方針として明記され、そのために「支那事変処理ニ邁進」するとともに、「南方進出」を通じ「自存自衛ノ基礎」を確立することを国策と定めた。その上で、「南方進出」において「対英米戦ヲ辞セス」ことが定められたのであった。

七月二八日に開始された南部仏印への日本軍進駐は、親独派の下にあった仏印当局に対し、強く求めて同意させたものであった（四〇年九月二二日「日・仏印軍事細目協定」、これに基づき翌日、北部仏印進駐）。日本側は、大本営海軍部仏印派遣委員長の中堂観恵大佐らの、進駐によって「対米英戦になることはない」（防衛庁戦史室一九七五：二二七）との情勢分析に立っての軍隊派遣であった。中堂ら関係者の間では、南部仏印進駐に対するアメリカ側の反応を、それほど深刻なものとは想定されていなかった（同氏とのインタビュー、一九八二年七月一一日）。

しかしながら、そうした楽観的な見通しに反し、米側はただちに過敏に反応した。進駐直前の七月二四日、米政府は日本の動きを牽制し、新聞発表を通じ「わが政府と国民は、かかる進展は、わが国の安全保障に重大なる問題を及ぼすものと深く認識する」と明言した（須藤真志「日米交渉と軍部」三宅正樹他編一九八三：一三八）。さらにそれを受ける形で、七月二五日、アメリカは在米日本資産を凍結、ついで英政府、蘭印政府も同様の措置に踏み切った。

こうした欧米列強の対日警戒の深まりの中で、七月二八日、日本軍の南部仏印への進駐が開始される。これに対し米政府は、「日本による東南アジア全支配の第一歩」とみなし、直後の八月一日、対日石油輸出の全面禁止というカードを切り、英政府もこれに同調した。

日本の「南方施策促進」に対する列強側のこうした経

済的締めつけに対し、この頃から政軍の政策当局者によって、ＡＢＣＤ（米英中蘭）包囲陣（網）という造語が流布されるようになり、多大な政治心理的効果を発揮することになる。そして国民の多くが、ある種の圧迫感・閉塞感を感じる空気の中で、九月六日の御前会議は「帝国国策遂行要領」を決定する。ここでは「自存自衛ヲ完ウ」するため「対米（英蘭）戦争ヲ辞セサル決意」の下、一〇月下旬を目途に、戦争準備を完了することが謳われたのだった。

以後、この基本方針を基調とし、一一月五日の同名の御前会議決定においても、「危機ヲ打開」し「自存自衛」を完うし「大東亜ノ新秩序」を建設するため、「対米英蘭戦争ヲ決意」することが宣明された。そしてアメリカからハル・ノートが提示（一一月二六日）された直後、一二月一日の御前会議で「対米英蘭開戦ニ関スル件」が決定される。

しかしながら、三国中オランダが蘭印の石油基地を事前に破壊することを避けるため、最終的には一二月八日を期しての対米英宣戦として発布されたのであった。なお同日の「宣戦の詔書」の付記として「政府声明」があるが（外務省編 二〇一〇：五）、その文中「交戦関係ニ在ラザル国家間ニ於ケル経済断交ハ、武力ニ依ル挑戦ニ比スベキ敵対行為」であるとの文言がある。ここからは、いかに日本側が米英等による経済制裁（ＡＢＣＤ包囲網）を「存立ニ重大ナル脅威」とみなし、それを理由として開戦に踏み切ろうとしたことがうかがわれる。

東南アジア占領構想の基本方針

1「重圧」受忍論

日中戦争解決の糸口が見出せない中、その日中問題を解決するとの矛盾を抱えた日本は、新たな開戦（対米英戦）の決定によって、東南アジアへの軍事的侵攻へと大きく舵を切ることになった。一九四一年一一月二〇日、大本営政府連絡会議で策定された「南方占領地行政実施要領」は、その名が示すように、軍事的に征圧した列強の植民地東南アジアにおいて、日本が執行すべき政策の基本的な指針を謳ったものであった。

今日では広く知られるように、この重要な文書は、「方針」として「治安ノ恢復・重要国防資源ノ急速獲得・作戦軍ノ自活確保」のいわゆる軍政三原則を定め、さらに「要領」八の中で「原住土民ニ対シテハ皇軍ニ対スル信倚（しんい）観念ヲ助長セシムル如ク指導シ其ノ独立運動ハ過早ニ誘発セシムルコトヲ避クルモノトス」と定めた。

タテマエとして、一九四〇年代以降喧伝されてきた「東亜新秩序」「大東亜共栄圏」、あるいは民族解放といった理念とは相容れない統治者側のホンネが、凝縮された政策方針であった。また「要領」七においては、国防資源取得と占領軍の現地自活〔すなわち軍政三原則中の二点〕のため、「民生ニ及ボサザルヲ得ザル重圧ハ之ヲ忍バシメ宣撫上ノ要求ハ右目的ニ反セザル限度ニ止ムルモノトス」と明記された。今後展開されるであろう日本軍政の下での諸困難を、「原住土民」は耐え忍ぶようにという「受忍」論的な考え方である。

この基本方針策定の中心にあった大本営参謀石井秋穂大佐は、後年「占領軍の現地自活のためには民生に重圧を与えてもこれを忍ばしめると規定したことは大英断であった」、と述懐している（防衛庁戦史部編 一九八五：四四三）。「大英断」という自負をこめた元陸軍参謀の表現は、まさに東南アジア各地住民が体験した、戦時期の物理的心理的重圧の大きさを逆照射したものであった。

軍政末期のジャワ住民の生活実態に言及した現地占領軍首脳の所見にも、「住民の物質的生活は必ずしも満足なる状態であろうとは断じがたい。食料品を始め主要生活必需品の逼迫は次第に顕著…」と記されている。だがそうした認識を持ちながらも、次に来る論理は「彼等のこの物質的な苦しみに対しては精神的な光明を与え、彼等を新東亜の一民族として更生させていく」、というものであった（同書：三五二）。

東南アジア全域を対象として策定された「南方占領地行政実施要領」に立脚して、軍事作戦終了後、各地でそれぞれの軍政が展開されることになるが、現実には各地域の置かれた状況によって、占領政策のあり方、現地住民側の反応が異なるのは当然であった。詳細は後述するが、ここではまずそうした支配・被支配関係の初期の大枠を、三類型に分けて概観しておきたい。

第一は、「同盟」関係を結ぶ形の類型である。これは東南アジアで「唯一の独立国」タイとの間の関係である。その実態はともかく、開戦直後の一九四一年一二月二一日、バンコクにおいて両国間で「日タイ同盟条約」が締結された（なおビルマ、フィリピンとも後述するように「独立」付与後に同盟条約を結ぶことになる）。

第二は、旧宗主国との二重支配である。仏印三ヵ国（ベトナム、ラオス、カンボジア）との関係がこれに該当するが、ポルトガル領ティモールもこの類型の亜種と言えよう。このうち仏印については、一九四一年九月、日仏間に「南部仏印進駐の軍事細目」が結ばれ「二重支配」が始まるが、戦争末期の一九四五年三月九日、「仏印処理」の名による日本側の軍事行動でフランス統治が一掃され、日本の単独支配となる。ポルトガル領ティモールについては、一九四二年二月の占領後、日本はポルトガルの主権存続を認めるものの、同年一〇月現地ポルトガル総督が、日本軍に対し住民襲撃からの保護を要請したことで、実質的には日本軍の単独支配となった。

そして第三は、上記以外の当初から日本軍が直接軍政を実施した地域である。これも大別すると二つの型に分けられるが、一つはビルマ、フィリピンのように一九四三年八月、同年一〇月に、「独立」を認められた地域である。日本軍による、いわゆる内面指導を前提とした「満州国」型の独立である。もう一つは、日本軍の直接統治下に置かれたそれ以外のインドネシア、マラヤ、シンガポール等であり、一九四三年五月の御前会議決定「大東亜政略指導大綱」において、日本の「永久確保」の対象とされた地域である。

ただしその内、インドネシアは、東条内閣退陣直後の一九四四年九月の「小磯［首相］声明」によって、具体的な日時は明示されなかったものの「近い将来」の独立を約束されることとなった。

2海軍省調査課作成の「大東亜共栄圏論」

以上概観した支配・被支配関係の三類型の基本的な特質は、東南アジア各地で日本軍政が始まって間もない一九四二年九月一日付で、海軍省調査課（課長高木惣吉大佐）が作成した「大東亜共栄圏論」から、より明確に見てとることができる（大東文化大学東洋研究所編　一九九一：八－二五　に収録）。

この文書が特に重要と思われるのは、第一に、緒戦の勝利に湧く当時の軍部・政府指導層の基本的な大東亜秩序意識が集約されていること、第二に、ここで提起された構想が、東南アジア各国についての個別的な政体を論じた後述の「大東亜政略指導大綱」（一九四三年五月三一日、御前会議決定）や、同年秋に開催された大東亜会議等にも、影響を及ぼしていると思われるからである。

以下の図表3－2を踏まえつつ、「大東亜共栄圏論」の要点を見ておこう。ここで中心となる考え方は、日本を頂点とする明白なるヒエラルキーということである。具体的には、「大東亜共栄圏」は、①指導国＝日本、②独立国、③独立保護国、④直轄領、および⑤「圏外国領の主権国の植民地」の五種に分けられる。

「独立国」とは絶対主権を有する一般的な意味での独立国ではなく、指導国の指導媒介（内面指導）に基づくものとされ、中華民国（南京政府）、満州国、タイがこれに該当する。その下位に来る「独立保護国」とは、対外宣伝上彼らが「独立国」と称することは許されるものの、②の「独立国」とは異なり、指導国の宗主権に服する、いわば「半独立国」と位置づけられる。これには翌一九四三年に「独立」を認められるビルマ、フィリピンならびにインドネシアのうち、ジャワのみが含まれる。

また「直轄領」とは、「指導国が直接にその領土として統治」する地域とされ、「大東亜防衛の重要戦略拠点及びその後背地」が対象とされる。図には具体名が記されていないが、マラヤ・シンガポール、そしてスマトラ、カリマンタン、スラウェシ等、ジャワ以外のインドネシア全域がこれに該当する。換言すれば、これら諸地域は、「アジア解放」という日本のタテマエが適用されない地域と位置づけられたのだった。「大東亜政略指導大綱」

図表 3-2 「大東亜共栄圏」の構図

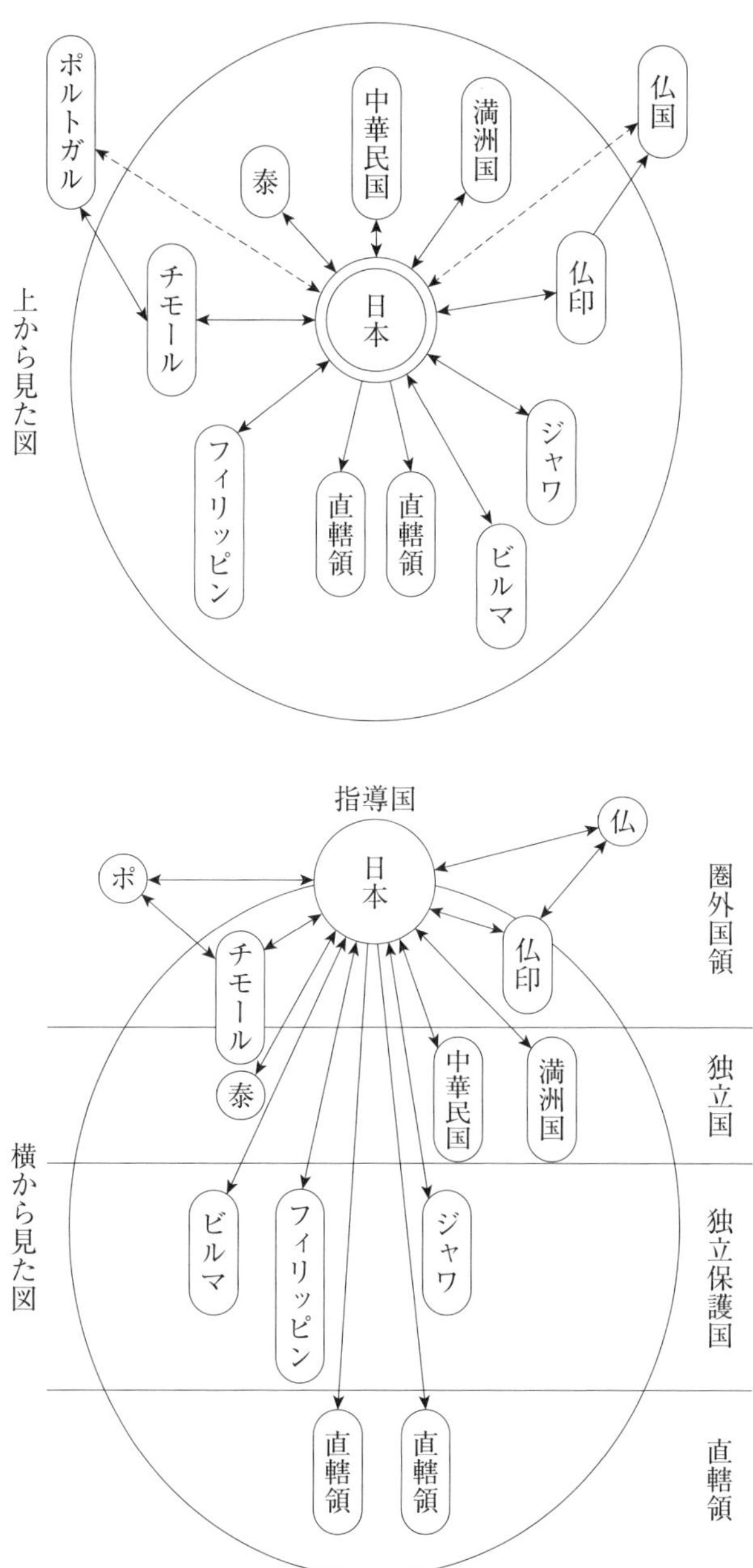

(出所) 海軍省調査課「大東亜共栄圏論」. 1942年 9 月.

では、これら「直轄領」に「独立保護国」のジャワも含め（すなわちインドネシア全域）「帝国領土」に編入することが決定される。

結果的に見ると、爾後の対東南アジア施策は、ほぼこの報告書に沿った形で進められたことが判明する。また「大東亜共栄圏」の一員ではあるが、「圏外国領」として位置づけられたのが、仏領インドシナ三国（ベトナム、ラオス、カンボジア）、ポルトガル領ティモールである。

「大東亜共栄圏」内部の相互関係とは、「帝国との多辺的個別関係」として規定される。具体的には、以上の各構成要素は、「独立国」といえども相互の直接的関係は許されず、常に日本を中枢としかつその指導媒介を通してのみ、関係を持つことができるとされる。図に即して言えば、タイと中華民国の首脳の交流はもちろん、中華民国と満州国指導者間でも、日本の「指導媒介」なしには、関係を持つことが認められないという考え方であった。すなわち各国の相互関係が、「帝国の関知せぬまま」に進展することは、「帝国の指導的地位を危殆にする」と判断されたからである。

このように日本の指導性・盟主性を明確に打ち出すとともに、大東亜が日本を中枢として「一体的自覚」を持つべく、「適宜の時機に各部代表による共同の会議体を組織し、帝国司宰下に予め慎重に準備された一定の議案について議決させることをも考慮」すると述べられている。この文言が示すように、「大東亜会議」的な国際会議が、開戦間もないころから海軍内でも構想されていたのだった。

日本による東南アジア諸民族に対する「内面指導」とともに、この海軍省文書が重視している点は、西欧的原理に対するアジア的原理の優位性ということである。その点は、「独立」についての解釈に典型的に表れている。西欧的な意味での独立（解放）は、「諸民族の遠心的分裂」をもたらすのみであるのに対し、指導国によるアジア的な「求心的統合」こそが、真の解放であるという思考法である。さらに同文書は、「大東亜共栄圏」内においては、「欧米的観念におけるような機械的な悪平等や原子的な自由を認めない」と断じ、それに代わって「帝国の指導下」に、各構成要素が「それぞれの能力、価値、民度にふさわしい地位を与えられつつ、しかも全体として有機的な統一」を保持することが、あるべき「大東亜新秩序」の核心であると強調される。

このようなきわめて家父長主義的な国家観は、東京の机上の議論にとどまらず、現場の各地軍政当局の間でも、広く共有された。たとえば、近い将来インドネシアに独立を与えることを謳った「小磯声明」（一九四四年九月七日）発表の直後、ジャワ軍政の中枢にあった斎藤鎮男（外務省出身、中佐待遇）は、「独立［西欧的な意味での］を超克して、更に高い大東亜建設に思を致すことこそ、［インドネシアの］独立を完うする所以」であると説き、それには何よりも、「共栄圏の中核として指導的地位にある」日本との間に、「一体の関係」を築くことが不可欠だと強調するのであった。

こうした日本人の「指導性」論を支えるのは、「大東亜に於ては中心たるべきものは日本帝国にして、他の国々は各々其の所に於て中心を囲繞し、全体として一つの一体性をな」すとの秩序観であった（斎藤鎮男「東印度独立指導の一指標」『新ジャワ』一九四四年一一月、一二一―一二三頁）。

端的に言えば、これらの議論の核にあるのは、絶対的優越者である日本を父親とみなし、その親の権威と力によって未熟児たる「原住民」の保護訓導を図るという擬制的家族主義原理、平たく言えば近隣アジア諸民族に対する日本的価値観の短絡的な押し付けでしかなかった。こうした議論は、日本の東南アジア支配を下支えした発想であったが、それだけにとどまらず、当時の一般向け出版物の中でもしばしば見られた、日本人のアジア観そのものにも通底するものであった。

一例をあげると、当時多彩な広報活動で知られた外務官僚大鷹正次郎は、その著作『大東亜の歴史と建設』（一九四三）の中で、日本とアジア諸民族の関係を、「宇宙の秩序」になぞらえて日本の指導性を説くのであった。即ち太陽である日本が、「秩序の中心的統率者」として、各民族の自転（ここではタテマエとしての自治・独立を指す）を認め、これらを統禦しつつ、「自ら光とエネルギーを供給し、各民族を繁栄せしむる」という論理である。そして日本からの「光と熱を受け」ることで自転が可能となるアジア諸民族は、それと同時に「太陽たる日本に支えられてその周囲を公転する」ものと説明される。

こうした日本（人）の「指導性」論との関連で興味深いのは、「大東亜建設における日本の指導性がいかに必然的、倫理的であるかは、大東亜においてヨーロッパに匹敵できるのは日本人のみ」（同書：六九九、七〇八）という発想が、無意識裡に前提とされていることである。

欧米的価値を超克した上で提起されたはずの日本の優位性の根拠が、否定されるべき西欧近代との近似性に求められたわけで、いわば意識下の西欧コンプレックスが反映されたものに他ならなかった。このようなエリートレベルにおける日本人の盟主意識は、彼らのみに特有なものではなく、一般社会の中でも牢固としてあった東南アジアに対する優越意識と融合しつつ、当時の日本人の「大東亜新秩序」観の核を形成したのであった。

以上、やや長々と戦時東南アジアに向き合う日本人の心性と論理を跡付けたが、最後に「盟主日本」の最高指導者であった東条英機の、敗戦後の極東国際軍事裁判（東京裁判）における、法廷陳述の一部を引用しておきたい（東京裁判研究会編　一九四八：一〇九）。

「蓋し大東亜地域内の各独立国家間の関係は恰も一大家族の各員の関係の如くに和親し提携すべきものであつて従つて其の他の国に対する如く利害を基本とする従来の外交とは大に趣きを異にするとの観念で［東南アジア軍事占領は］出発したのであります。」

「大東亜戦争」開戦と戦争目的

一九四一（昭和一六）年一二月八日未明、日本軍によるマレー半島東岸コタバル侵攻（午前一時三〇分）、それに続くハワイ真珠湾奇襲攻撃（同三時一九分）によって、対米英戦の火蓋が切られた（時間的にはマレー半島侵攻が先であったが、翌九日の各紙は対米宣戦重視の報道であった。たとえば『朝日新聞』は、一面トップ横ブチ抜きで「ハワイ・比島に赫々の大戦果」、タテ大見出しで「米海軍に致命的な大鉄槌　戦艦六隻を轟沈大破する」と報じた）。

ついで同日午前一一時四五分、天皇の名において「米英に対する宣戦の詔書」が出された。その「詔書」の要点を、まず確認しておきたい（村上重良編　一九八三：三〇八－三一〇）。

①米英両国との開戦は、「朕」（天皇の自称）の本意ではない。その原因は、中華民国政府（蔣介石政権）が「帝国ノ真意」を理解しようとせず、「東亜ノ平和ヲ攪乱」したため、「干戈」をとること四年余になった。幸い「国民政府更新」（汪兆銘政権発足）が実現したものの、「重慶

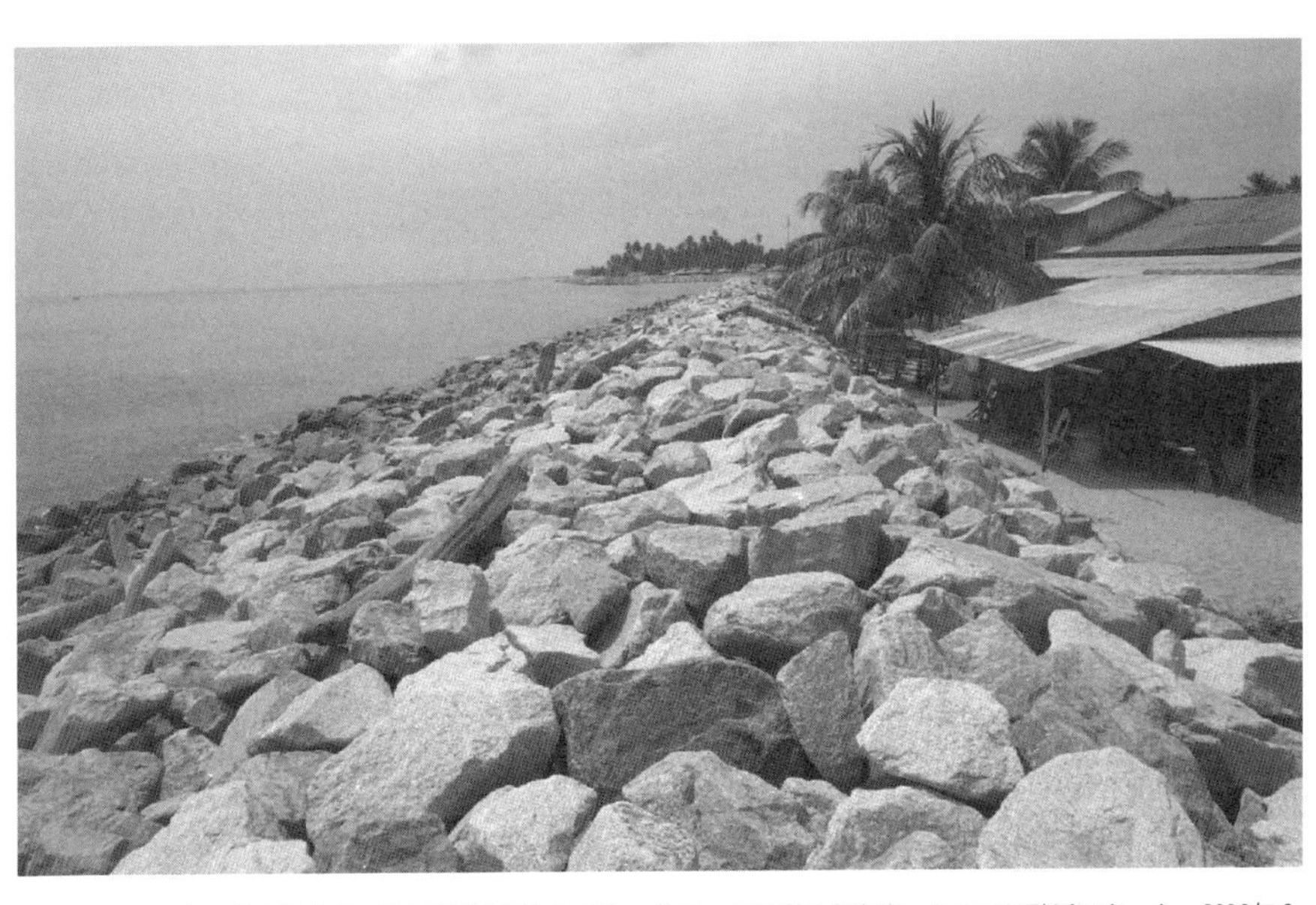

写真 3-2　1941年12月８日未明、日本軍が上陸したマレーシア・コタバルの海岸。かつては砂浜であった。2016年８月６日、吉野文雄氏撮影・提供。

ニ残存スル政権〔蔣介石政権〕」は、「米英ノ庇蔭」を求め、また米英両国は「残存政権」を支援し、「東亜ノ禍乱ヲ助長シ平和ノ美名ニ匿レテ東洋制覇ノ非望」を強めようとしている。

②それだけでなく、米英両国は、帝国周辺の軍事力を増強し挑戦するだけでなく、帝国の「平和的通商ニ凡ユル妨害」を加え、「経済断交」を行ない、「帝国ノ生存ニ重大ナル脅威」を加えている。日本政府は、何とか平和的解決を求め努力を重ねてきたが、両国は聞く耳を持たなかった。もしこのまま推移するならば、「帝国ノ存立亦正ニ危殆ニ瀕」することになる。今や「自存自衛」のために立ち上がり、「一切ノ障碍ヲ破砕」する以外の道はなくなった。

③ここに至り、「速ニ禍根ヲ芟除シテ東亜永遠ノ平和ヲ確立」し「帝国ノ光栄ヲ保全」することを期す。

約言すれば、日本が中国と交戦するのは、アジアの平和を実現するためであり、併せてその中国を支援し、アジア制覇を狙っている米英列強に対しては、何よりも日本の生存のため、やむを得ず交戦状態に入る、という旨を宣明したのが「宣戦の詔書」であった。天皇の「御名

3 インドネシアの基礎知識

著：**加納啓良**（東京大学名誉教授。『インドネシア農村経済論』（勁草書房）、『現
インドネシア経済史論』（東京大学出版会）などインドネシア関係の著書多数）
価 2000円＋税／A5判上製・224ページ／ISBN978-4-8396-0301-4 C0330

4 ベトナムの基礎知識

者：**古田元夫**（日越大学学長。東京大学名誉教授。『ベトナムの世界史――中華
界から東南アジア世界へ』（東京大学出版会）などベトナム関係の著書多数）
価 2500円＋税／A5判上製・316ページ／ISBN978-4-8396-0307-6 C0330

5 ラオスの基礎知識

者：**山田紀彦**（ラオス研究の第一人者。日本貿易振興機構アジア経済研究所研
員。『ラオス――一党支配体制下の市場経済化』（共編著、アジア経済研究所、
)05年）等、ラオス関係の専門書多数。）
価 2500円＋税／A5判上製・324ページ／ISBN978-4-8396-0313-7 C0330
内容】1・ラオスはどんな国か／2・三つの地域と主要な都市／3・歴史／4・民族／5・
教と文化／6・政治／7・経済／8・外国との関係／9・社会／［コラム］ラオスの
)人／口絵カラー8ページ／索引・参考文献・各種地図・図表など多数。　以下続刊

御璽（ぎょじ）」の後には、「内閣総理大臣兼内務大臣陸軍大臣東条英機」以下、商工大臣岸信介を含む一二名の閣僚の連署がある。

この詔書には、東南アジアに直接関わる語は、一言も登場しない。東南アジアは英米両国はじめ列強が保有する植民地であるが故に、現地住民から見れば、新たに日本の侵略にさらされ、その支配下に置かれるという不条理を経験することになるのであった。しかも、その日本軍統治の基本方針は、軍政三原則とともに、「民生ニ及ボサザルヲ得ザル重圧ハ之ヲ忍バシ」むと定められていた（前述「南方占領地行政実施要領」）。

開戦四日後の一二月一二日、この戦争の呼称を「大東亜戦争」とする旨閣議決定し、対米英戦のみならず「支那事変」（日中戦争）を含むものと定められた（従来は中国との対立は「戦争」ではなく、「事変」に過ぎないと解釈）。

東南アジアに植民地を保有する列強は、ヨーロッパ戦線での対独戦に、大量の兵力を割いていたこともあり、日本軍の圧倒的な軍事力の前に、相次いで屈服を余儀なくされた。開戦時の日本軍の編制は、陸軍南方軍（総司令官寺内寿一（大将）、および海軍南方部隊（指揮官近藤信竹中将）に大別されるが、後者は第二艦隊、第三艦隊、南遣艦隊、第十一航空艦隊、潜水部隊からなっていた。一方、主力の陸軍南方軍は、以下のような構成であった（図表3−3）。

図表3−3　開戦時の陸軍南方軍の陣容

	南方軍	第十四軍	第十五軍	第十六軍	第二十五軍	ボルネオ守備軍
符号	岡	渡	林	治	富	灘
司令部	昭南	マニラ	ラングーン	ジャカルタ	昭南	クチン
司令官、（　）は死因	寺内寿一（病死）	本間雅晴（死刑）	飯田祥二郎（病死）	今村均（病死）	山下奉文（死刑）	前田利為（墜死）
軍政担当地域（1942年首都制圧日）	各軍担当地域全域	フィリピン（1月2日）	ビルマ（3月8日）	ジャワ（3月5日）	マラヤ・スマトラ（2月15日）	北ボルネオ全域（2月中）

（出所）日本近代史料研究会編．1982．等に基づき筆者作成。

この図表の下段（　）に記した各植民地首都の陥落日について、『昭和天皇実録第八』は、どのように記述しているかを見ておこう。クチンを除き司令部が置かれた四都市すべての占領に言及があるが、そのうちシンガポール（昭南）とジャカルタの陥落については、寺内南方軍総司令官と連合艦隊司令長官山本五十六に対し、天皇から祝意を伝える勅語が出されている。

その文面はほぼ同じであるが、ともに陸海軍が「緊密適切ナル協同」の下に「果敢ナル」（シンガポール）「至難ナル」（ジャカルタ）上陸作戦を成功に導き、「以テ東亜ニ於ケル英国ノ根拠ヲ覆滅」（シンガポール）、「以テ敵勢力ヲ一掃」（ジャカルタ）したことを、「嘉尚」するとの文面である（宮内庁 二〇一六b：六四四‐六六四）。

政府・軍部にとって、英領シンガポール・マラヤ、および蘭領東インドが、南方占領地の中でいかに重要な地と認識されていたかがうかがえる（前述したように、両地は翌年五月の「大東亜政略指導大綱」において「帝国ノ領土」と決定）。

予想を上回る緒戦の戦果に勝利感が高揚する中で迎えた一九四二年正月は、内閣総理大臣兼陸軍大臣たる東条英機にとって、おそらく生涯最良の元日であったと思われる。この時にあたり東条は、ラジオ放送を通し全国の「少国民」に向け、「立派な日本人たれ」と題した、次のようなメッセージを送った（高鳥正編 一九四二：二八）。

「皆さんは…有りがたい世界無比の皇国日本に生れた光栄を、心から深く深く感謝しなければなりません。この大戦は、われらと同じく大東亜に住んでゐる人たちが、日本と相共に力をあはせて助けあひ、今まで自分たちをおさへつけてゐたアメリカとイギリスの悪い力を払ひのけて、輝かしい幸福な平和な国々を新しく建てていくための義戦でありますから、『大東亜戦争』と呼び、この光栄ある大きな責任を、どうか皆さんが、今から心の底に深く覚悟して貫ひたいのであります。」

ここには、大日本帝国内閣総理大臣・陸軍大将東条英機の当時の世界観が、如実に凝縮されていると言えよう。それは第一に、現下の国際秩序は米英両国を中心とする列強の「悪い力」に支配されたものであること、第二に、そうした古い秩序を打破するには、日本と「大東亜」諸民族との結合が必要であること、第三に、その「義戦」を遂行することは、「世界無比の皇国日本」に課せられた「光栄ある大きな責任」であること、そして第四に、この戦争を「大東亜戦争」と呼ぶのは、単に「大東亜」の地を舞台に戦争を行なうからではなく、「大東亜」の解放を戦争目的に含ませているということである。

東条が、「悪い力」に支配されていた東南アジアを、二度にわたり訪問するのは、翌一九四三年のことであるが、この点は4東南アジアと「大東亜戦争」で改めて論じたい。

4 東南アジアと「大東亜戦争」

「大東亜新秩序」の樹立を掲げ、武力南進に踏み切った日本に対し、「解放」さるべき対象となった東南アジア側は、どのような受け止め方をしたのであろうか。

基本的諸問題の鳥瞰

「大東亜新秩序」の樹立を掲げ、武力南進に踏み切った日本に対し、「解放」さるべき対象となった東南アジア側は、どのような受け止め方をしたのであろうか、この点は、それまでの旧宗主国の植民地政策の方針や内実、独立を求める民族主義運動の歴史、社会経済状況、あるいはそれまで築かれてきた人々の日本観、日本との関係等の諸要因によって一様ではない。

本章では、既述した戦時期東南アジアにおける支配・被支配関係の三類型を踏まえ、各地域の状況を、先行研究を参考にしながら鳥瞰しておきたい。各論に入る前に、本節では、日本の占領地軍政の全体に関わる、いくつかの共通事項について手短に整理しておこう。

なお軍事史研究の立場から野村佳正は、占領地軍政の定義について、「本来、占領軍指揮官が行政・司法の二権を握り、占領地を一時的に統治」することであると述べ、そのことはハーグ陸戦法規に認められた「占領軍の権利であるとともに義務でもある」と指摘している（野村佳正 二〇一六：六）。

1帰属問題

日本軍・政府の東南アジア統治に関する開戦前夜の基本方針は、前章で述べた「南方占領地行政実施要領」に明示されているが、その中で東南アジア側にとって最大関心事である「最終的帰属」については、具体的に言及されることなく、「別ニ之ヲ定ムル」とのみ記された。

また「仏印及泰」以外の全域については、「軍政ヲ施行」することが定められたに過ぎなかった。仏印とタイとの関係については、先に一九四一年一月三一日、大本営政府連絡会議決定「対仏印、泰施策要領」において、「軍事、政治、経済ニ亘リ緊密不離ノ結合ヲ設定」するとの基本方針が謳われていた。

これらの政策方針に沿って、東南アジア各地の占領地統治（軍政）は施行された。一方戦局は、次第に悪化し、またそのことが、東南アジア側政治指導者の対日姿勢に微妙な影響を及ぼすようになっていた。こうした状況下、「対満華方策」のみならず、南方軍政の今後にとって、重要な分岐となったのが「大東亜政略指導大綱」（一九四三年五月三一日、御前会議決定）である。この「指導大綱」において、東南アジアの個々の地域に対する具体的な基本方針が打ち出された。

まずビルマについては、「緬甸独立指導要領」（三月一〇日制定）に基づき独立を認め、ついでフィリピンについても、同年一〇月を目途に、独立を予定することが謳われた。

前章で見たように、このフィリピン、ビルマはそれまでの民族主義運動の成果として、植民地宗主国アメリカ、イギリスから、それぞれ一九三五年一一月、一九三九年一一月に、独立準備政府、将来の自治領化の約束を獲得していた。

またそうした既定の事実があったことにより、日本軍政が開始された直後の一九四二年一月二三日、マニラには比島行政府（長官ホセ・バルガス）、ラングーンにはビルマ中央行政府（長官バ・モオ）を発足させ、その延長での「独立」付与方針となった。そして「大東亜政略指導大綱」後まもない一九四三年八月一日、一〇月一四日、ビルマ、フィリピンはそれぞれ独立を認められ、同時に日本との同盟条約が調印された。しかしながら、「独立」したにもかかわらず、実態としては、従来同様日本軍のきびしい指揮監督下に置かれただけでなく、皮肉にも抗日運動はかえって激しさを増すようになる。

他方、「指導大綱」は、ビルマ、フィリピンおよびタイ、仏印以外の地域に対しては、いかなる措置で臨んだのであろうか。「大綱」の「第二要領」中、六(イ)(ロ)における文言は、各々こう定めている。「『マライ』『スマトラ』『ジャワ』『ボルネオ』『セレベス』ハ帝国領土ト決定シ重要資源ノ供給源トシテ極力之カ開発竝ニ民心ノ把握ニ努ム」「前号各地域ニ於テハ原住民ノ民度ニ応シ努メテ政治ニ参与セシム」。

すなわち今日のインドネシア、マレーシアは、「原住民ノ民度」が独立を「与える」までには熟していないため、「帝国領土」＝植民地として「当分軍政ヲ継続」するとの方針が決定された。しかも「帝国領土」化を定めた(イ)については、「当分発表セス」ことも、あわせて強調されたのだった。

2 資源問題

「帰属」問題との関連で、「南方占領地行政実施要領」

図表 4-1　地域別重要資源開発取得基準表

地域別	資源名	単位（トン）	第1年度目標	摘　　要
フィリピン	○マンガン鉱	1,000	50	開発取得目標トス
	○クロム鉱	〃	50	
	○銅鉱	〃	100	
	△鉄鉱	〃	300	取得目標トス
	マニラ麻	〃	75	
	コプラ	〃	150	
英領馬來	△ボーキサイト	〃	100	開発取得目標トス
	○マンガン鉱	〃	30	
	△鉄鉱	〃	500	
	錫	〃	10	取得目標トス
	生ゴム	〃	100	
	コプラ	〃	50	
	タンニン材料	〃	5	
英領ボルネオ	○石油	〃	500	開発取得目標トス
蘭領印度	○石油	〃	600	（蘭領ボルネオヲ含ム）開発取得目標トス
	○ニッケル鉱	〃	100	
	△ボーキサイト	〃	300	
	○マンガン鉱	〃	20	
	錫	〃	10	取得目標トス
	生ゴム	〃	100	
	キナ皮	1	1,000	
	キニーネ	〃	100	
	ヒマシ	1,000	5	
	タンニン材料	〃	30	
	コプラ	〃	150	
	パーム油	〃	20	
	△工業塩	〃	10	
	玉蜀黍	〃	100	

○印　本数量に拘泥することなく最大限に開発して圏内に輸送する。
△印　船腹に余裕ある場合増額する。
（出所）岩武照彦．1995：589.

の中でもう一点注目すべきは、軍政三原則の一つである「重要資源の獲得」という問題である。「要領」では、特に「石油、護謨、錫、『タングステン〔マンガン鉱〕』『キナ』等の特殊重要資源」の確保（文言としては「対敵流出ヲ防止」）が具体的に謳われている。上述した「帝国領土」と定められたインドネシア、マレーシアは、まさに「重要資源ノ供給源」として期待され、それ故に「独立」付与の対象から外されたのであった。

「南方占領地行政実施要領」の五日後に、大本営陸軍部が決定した「南方作戦ニ伴フ占領地統治要領」には、「別紙」として資源獲得に関する資料が添付された（岩武照彦 一九九五：五八九）。この図表4-1からは、上述の「特殊重要資源」五品目を、いかに英領馬来と蘭領東印度に依存しようとしたかが判明する。

とりわけ蘭印産キナ皮、両地域のボーキサイト、生ゴムに対する関心の大きさ、また五品目以外でも、マラヤ産鉄鉱への期待値の高さ、「帝国領土」とはされなかったが、フィリピンにおける鉄鋼への関心もうかがえる。

開戦前の生ゴム供給の状況については、図表4-2が示すように、マラヤ、インドネシアで世界のゴム供給量の八〇%近くを占めていることが判明する（日本軍政期の資源問題については、倉沢愛子 二〇一二 参照）。

図表 4-2　世界ゴム供給量に占める割合（%）

	馬来	東インド
1936年	41.4	35.4
1937年	41.4	37.7
1938年	41.6	33.5
1939年	37.5	37.1
1940年	38.9	38.6

（出所）倉沢愛子．2012：248.

3インフレ問題

日本軍占領下の東南アジア全体に関わる経済面の問題についても、通観しておきたい。開戦前の東南アジア経済をマクロ的に見た特徴として、小林英夫は二点指摘する（「日本軍政下のアジア」萩原宜之・後藤乾一編 一九九五：一〇一－一〇三）。第一は、各地域はそれぞれの植民地宗主国との間に、密接な経済的関係を築いていたことである。第二は、「東南アジア域内交易圏」と呼ばれる、複雑かつ巧妙なネットワークが形成され、それがアメリカ、イギリスを軸とする世界経済に複雑に結びつく形で、一九二〇年代以降の東南アジアの物流機構が形成されてきたことである。

第一点との関連で、日本の輸出入貿易の中で東南アジアが占める比率を見ると、図表4-3が示すように、輸出入とも一〇%前後の低い率にとどまっている。前述したように一九三〇年代初頭は、自由貿易体制の下、日本の経済プレゼンスが急激に高まったが、オランダ、イギリスをはじめ植民地政府が、日本人を主対象としたさまざまな規制措置を打ち出したことで、その後の低調につながった。日本との貿易が、各国で占める順位はすべての国で上位に入るものの、日本経済から見れば、輸出入全体の中で東南アジアが占める比率は（一九三八年データ）、それぞれ七・五%、九・四%に過ぎない。そのこ

図表 4-3　日本の貿易総額に占める東南アジアの割合（1938年）

	輸出		輸入	
	10年平均	1938	10年平均	1938
南方地域合計				
金額（百万円）	226	202	189	250
比率（%）	10.6	7.5	8.2	9.4
蘭印	5.7	3.9	3.5	3.3
英領マラヤ	1.9	0.8	2.7	3.8
フィリピン	1.6	1.2	0.9	1.3
タイ	1.0	1.4	0.5	0.2
仏印	0.1	0.1	0.6	0.7

（出所）岩武照彦．1995：87.

とは、逆に言えば本国・植民地の垂直的な貿易関係が、東南アジアでいかに堅固であったかを物語るものであった。

このような経済関係の仕組みの中で、戦前の東南アジアからは、コーヒー、紅茶、ゴム、といったプランテーション産品が、宗主国経由で世界市場向けに輸出された。その一方、宗主国からは、日常生活物資を主とする軽工業製品が輸入されるという関係が成立していた。その点では、典型的な植民地型経済構造であったが、その下で相対的な、かつ従属的な形ではあったが、ある意味で経済的安定が保たれてきたことも事実

写真 4-1　日本軍占領下のジャワで発券された100ルピア紙幣。大日本帝国政府と記されている（筆者所蔵）。

図表 4-4　東南アジア主要年物価指数（1941年12月を100とする）

	昭南	クチン	ジャカルタ	メダン	ラングーン	マニラ
1942.12	352	114	134	308		200
1943.6	807	141	166	432	900	247
1943.12	1,201	153	227	707	1,718	1,196
1944.6	4,469	388	492	986	3,635	5,154
1944.12	10,766	827		1,698	8,707	14,285
1945.6	35,000	4,000	3,197	3,300	185,648	

（出所）岩武照彦．1995：546．原表は各年四半期毎のデータとなっているが、ここでは半年毎で引用。詳細は図表 4-7 を参照。

であった。

しかしながら、「大東亜新秩序」下においては、旧経済秩序は破壊されたものの、それに代わる実効的な経済新秩序は形成されなかった。

端的に言えば、プランテーション産品は販路が激減する一方、必要な工業製品の輸入・供給を日本単独で担うことは困難であった。さらに戦局悪化につれ、海上輸送網が次第に不安定化したことも、物不足に一層の拍車をかけることになった。

その結果、東南アジア全域で物資不足とインフレーションの急激な進行が始まり、日本軍政への不満を経済面においても加速する要因となった。さらに物資の裏付けのない軍票乱発も、住民経済を大きく混乱させる一因となった。

日本軍政下の東南アジア主要都市における住民の経済状況の一端をうかがう上で、図表4-4のデータを参考として掲げておきたい。この図表からは、地域差があるものの、次のような特徴が指摘できる。

①開戦一年後（一九四二年一二月）という早い段階で、南方軍政全体の元締めと言うべき軍政総監部が置かれたシンガポール（昭南）、および同じ第二十五軍管轄下にあった北スマトラ・メダンにおける物価指数が、開戦当時の三倍強になっている（このことは日常生活における「闇」売買の常態化につながる）。

②一九四三年末になると、マニラ、昭南、ラングーン三都市での物価指数が、開戦時の一一～一七倍となっており、この年「独立」を供与されたビルマ、フィリピンにおいても、人々の生活状況が引き続ききびしさを増している様子がうかがわれる。

③戦争末期半年間のみを見ても、昭南では三・三倍、

ラングーンでは実に二一倍にはね上がっている。また従来相対的に物価上昇が抑えられていたボルネオ・クチンでも、インドネシア二都市（ジャカルタ、メダン）を上回る数値となっている。

④米軍のマニラ上陸が迫っていた一九四四年一二月時点で、全都市中最も高い数値を示していた同市については、四五年分のデータは記されていないものの、戦闘が激化する中で、ハイ・インフレが収束に向かっていたことは、常識的に考えにくい。

このような断片的な数字のみを見ても、日本軍の各地軍政当局が物価政策に成功していた、という結論は出てこない。いわんや「昭南の土地こそ必ずその名の示すようにこの方面における光明の一大軸心」となることが期待されたシンガポール市民にとっては、上記の物価指数のみを見ても、日本軍政期に対する肯定的な評価が出てくる余地はないだろう。

一方、南方軍政に着手するに際し、日本側は円滑な占領地統治の前提として、物価統制の重視を優先課題の一つとしていた。東南アジア各地を軍事的に支配し、占領統治に着手する際の基本方針として定められた「占領地軍政処理要綱」（一九四二年三月一四日）には、「物価統制」という項目が設けられ、こう規定されている。「我方ノ物価ニ対スル悪影響ヲ阻止スル為現地ノ物価ハ軍ニ於テ統制スルモノトシ通貨ニ対スル措置等ヲ睨ミ合セ所要ノ措置ヲ講ズ」（早稲田大学社会科学研究所編 一九五九：五四九）。

このように重点課題とされ、「所要ノ措置ヲ講ズ」ることが強調されたにもかかわらず、上の図表で見た占領地の通貨・物価という住民経済の根幹は、いずれも悲惨な状態となっており、現地経済に対する「悪影響ヲ阻止」することは、事実上不可能な状態となっていた。

4 抗日抵抗運動の諸類型

いささか唐突な話から、ここでの論を始めたい。敗戦後の日本は、一九四五年九月二日降伏文書に調印、一方、同日GHQ（連合国総司令部）は指令第一号を発し、日本での占領を開始した。そして対日平和条約調印（一九五一年九月八日）、翌年四月二八日の同条約の発効と同時に、GHQは廃止となる。

この間六年半にわたる、アメリカを核とするGHQ占領下、いくつかの重要な労働争議、不可解な社会事件も多発したが、GHQ統治そのものに反旗を翻す大規模な闘争は、ほとんどなかったと言ってよかった。

その理由等についてはここでは触れないが、その事実と対照的に、戦時期に日本軍占領下に置かれた東南アジアでは、さまざまな形で大小の反日・抗日運動が発生した。個別の運動や事件については各国編で言及するが、ここではその予備的作業として、これらの抵抗運動を「担い手」を基準として五つの類型に分けて概観しておきたい。

第一は、日本軍侵攻前の支配者＝旧宗主国、あるいは英米を主とする連合国軍との関係で組織された抵抗運動である。その典型として、フィリピンにおけるユサフェ（極東米軍）指揮・支援下に進められた抗日ゲリラ活動があげられる。またマラヤにおけるイギリスのSOE（特殊作戦戦闘部）指揮下の一三六部隊によるゲリラ活動、あるいはビルマでの英一三六部隊の支援もあったビルマ国軍の反乱や英米課報機関の支援を受けた亡命タイ知識人を中心とした自由タイ運動も、この類型に含まれよう。

他方、以上と対照的に、インドネシアにおいては、オランダが関わった組織的な抵抗運動は、実質的にはほとんど影響力を持たなかった。

第二は、大地主制打倒を目指す戦前からの農民運動と一体化しつつ、共産主義者の指導下でなされた抗日活動である。代表的な例としては、ルソン島農村部を拠点とするフィリピンのフクバラハップ（抗日人民軍）、あるいは農村部を中心に展開されたベトミン（ベトナム独立同盟会）の抗日運動があげられる。インドネシアでは、このタイプの抵抗運動もきわめて弱かった。

第一と第二の類型に属する運動は、イデオロギー的には相反する立場にあったが、戦時期においては、ともに日本をファシズム・軍国主義勢力と規定し、これに対し原理的に抵抗するという立場を鮮明にした。ただフクバラハップは、戦時期の抗日闘争においてユサフェと提携する場合もあり、「反日協米」とも言えるのに対し、ベトミンは一貫して抗日抗仏の路線を貫いた。

第三の類型は、日本軍政下で誕生し、その訓練・指導を受けつつ育成された軍事組織が、戦争末期に入り、いわば「産みの親」である日本軍当局に反旗を翻した形の抗日運動である。その代表例が、一九四五年二月のジャワ郷土防衛義勇軍（通称ペタ）による、ジャワ島東部ブリタルでの武器蜂起、そして同年三月のビルマ国軍の抗日反乱である。

前者は局地的な蜂起でごく短期間で鎮圧されるが、成功した後者は、国軍主体ではあったが英軍の協力、ビルマ共産党や山地少数民族の果たした軍事的役割も、無視できないものがあった。その意味では、第一、さらには第二の類型の性格を部分的に併せ持つものでもあった。

ちなみに独立後のその両国の政治史においては、軍部が長期にわたり政治の中枢に座したが（インドネシアではペタ出身の大統領スハルトが一九九八年に民主化の流れの中で退陣に追い込まれた後、民政移管に大きく舵が切られた）、その権力掌握の正統性の根拠を「日本ファシズム」に対する軍主導の上記蜂起に求め、その中で自らが果たした役割を強調した。また両国の政治における軍の優位性（「軍高政低」とも言える）を、日本軍支配が残した「悪しき遺産」と把える視点が、かつて社会一般に広く受容されていたことも押さえておくべき点である。

第四の類型は、過酷な経済的社会的収奪（米穀の強制供出、ロームシャ徴発、超インフレに起因する生活困窮化等）、あるいは文化的・宗教的摩擦を原因として発生した抗日事件である。代表例たる、西ジャワ・タシクマラヤ県シンガパルナ村やチレボン県インドラマユに発生した事件は、地元のイスラム指導者に率いられた農民蜂起であったが、これには日本的価値観の強制・各地固有の慣習・風俗の無視といった文化的要因も大きく絡んでいた。

泰緬鉄道建設に際し、バンコク西部バーンポーンでタイ人僧侶殴打事件を主因として生じたバーンポーン事件も、タイ人の日本観に大きな影響を与えた事件であった。

また日本軍政開始まもない一九四二年九月、イスラム政治文化が支配的なフィリピン・ミンダナオ島ラナオ州タンバランで、日本陸軍警備隊への襲撃に端を発したタンバラン事件は、日本軍の過剰介入に反発する文化的要因が大きな意味を持っていた。さらにボルネオ守備軍管轄下のアピで、一九四三年双十節（一〇月一〇日）に生じた華僑を主体とする抗日反乱も、上海帰りの華僑知識人が主導した救国（中国）運動の性格を持った点で、広義の文化的要因に基づく抗日運動として理解できる。

最後に、第五の類型として、日本軍側の「過剰反応」が原因で「反日的」な利敵行為があったと断定し、予防措置的に武力を行使し、これを鎮圧・弾圧した事件である。後述する軍政初期のマラヤ華僑社会に対する、大規模な「検証」「粛清」も、根拠なしに抗日分子とみなされた中国系住民が、数多く犠牲となった事件として広く知られる。

インドネシアでは、西カリマンタンで多数のスルタン一族、知識人、華僑指導者が、反日陰謀を画策しているとして、死に追いやられたポンティアナック事件が、代表的な事件としてあげられる。また戦争末期に豪北に近接する孤島ババル島で発生した、日本軍による住民虐殺事件は、日本からの援軍もなく食糧や情報も届かない戦争末期、孤立状態の島中で発生した類似の諸事件の内、もっとも典型的で凄惨な事例であった（関連資料集として以下を参照。武富登巳男編 一九八七）。

統治形態別に見た各地の状況

上述した日本軍占領下の東南アジア全体に関わる主要な問題を念頭に置きつつ、本節では「南方共栄圏」とも呼ばれた戦時期東南アジアの、地域ごとの状況を考察してみたい。一九八〇年代以降、関係学界の中でも日本占領期東南アジアについては、相当量の共同研究・個別研究の蓄積が進み、さらには一次史料の復刻や内外の関係者からの聞き取り調査も充実化し、対象とするテーマも政治、経済、文化を中心として多方面にわたっている（こうした研究状況については前川佳遠理「日本占領下東南アジア研究史」東南アジア学会監修 二〇〇九 所収 等を参照）。

したがって各地域、各主題の詳細については、これらの先行研究に委ねることとし、ここではそれらの諸文献を参考にしながら、筆者の関心に沿ったテーマを中心に問題整理を試みておきたい。考察に際しては、前述の支配・被支配関係の三類型――①同盟関係、②旧宗主国との二重支配、③直接軍政――に従って論じることとする。

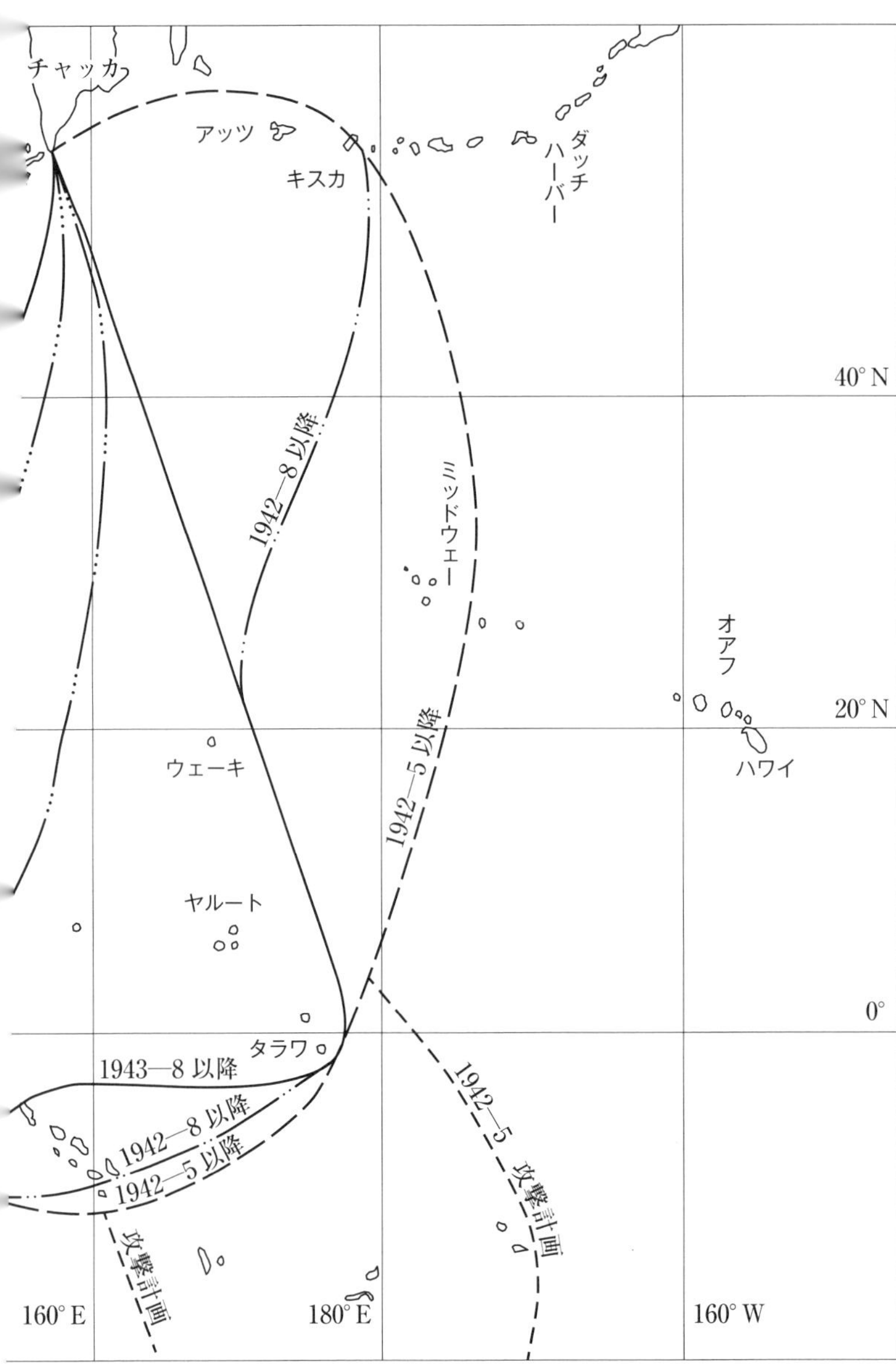

侵攻作戦も視野に入っていたものの、3年後には「本土防衛」（沖縄、千島、樺太放棄）のみに追いつめら
42年6月ミッドウェー作戦中止、43年5月アッツ島玉砕、43年9月米豪軍ニューギニア上陸、44年7月サ
3月硫黄島玉砕、45年4月米軍、沖縄本島に上陸。

地図 4-1　アジア太平洋戦争と絶対国防圏の変遷

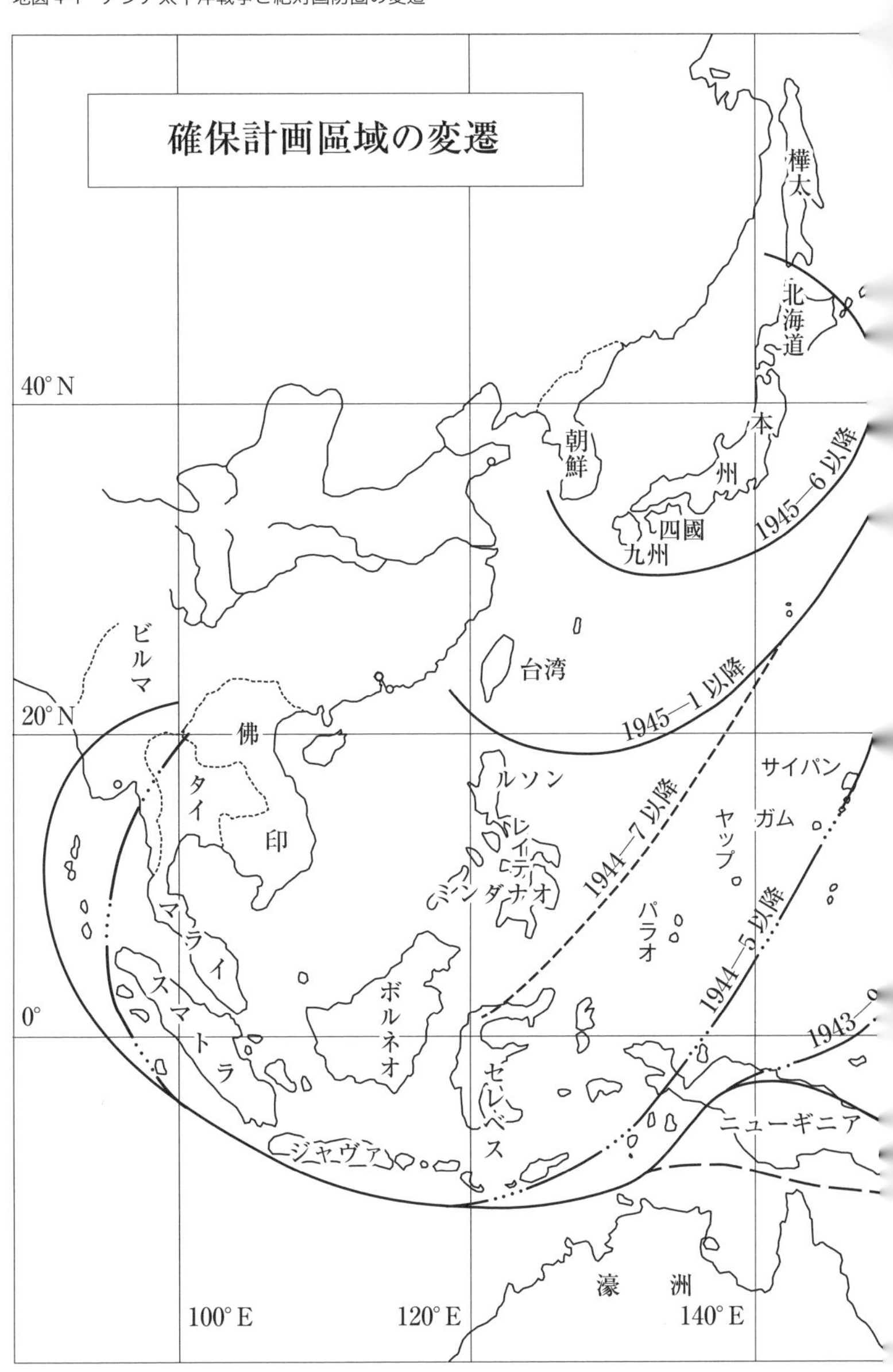

（出所）高木惣吉．1949.
絶対国防圏の相次ぐ縮小は「大東亜共栄圏」の内実の段階的空洞化でもあった。この図からは当初豪州
れていく過程が明白である。その最大の要因は米軍の反攻作戦による以下のような軍事状況であった
イパン島陥落、44年７月インパール作戦中止、44年９月米軍グアム上陸、45年１月米軍レイテ島上陸、

1 同盟国タイ

(1) 強いられた同盟関係

一九三二年六月の立憲君主革命以降、王室に代わりタイ政治の中心的アクターとなった人民党は、一九三八年に首相に就任した陸軍出身のピブーン・ソンクラーム（一八九七―一九六四年）の下で、強力な上からの民族主義的政策を打ち出した。ピブーンは、翌一九三九年六月二四日（「革命」記念日）、国名をサヤーム（シャム）からタイ国へと改称し、一九世紀後半から一九〇九年にかけ、英仏両国に奪取された王国の版図の半分にあたる失地の回復を、最大の国家目標に掲げた。

この点との関連で村嶋英治は、前述したように、タイは東南アジア「唯一」の独立国であるとの定説を批判し、この長年にわたる失地回復要求運動を、「植民地支配体制からの解放という問題」として位置づけ、近隣諸国の民族主義運動との共通性を強調する（村嶋英治「タイ国の立憲革命期における文化とナショナリズム」石井米雄他編 二〇〇二：二四一）。

それだけにピブーン政府は、第二次世界大戦勃発後、英仏両国がドイツの軍事的脅威にさらされる中、一九四〇年代の国際関係の動向に深甚な関心を寄せた。その要因の一つが、「世界情勢の推移」を見ながら「南進」の機をうかがう日本の動向であった。ピブーンは、日英仏いずれのパワーと提携すれば（実際には「利用」すれば）、国益を最大化できるかを冷静に計算しようとした。その現実主義者ピブーンが、日本への接近を初めて閣議で表明したのは、一九三九年七月二一日のことと言われるが（Reynolds, Bruce. 1994：9）、彼の対日関係はそこから直線的に深まったわけではなかった、最後の段階に至るまでピブーンは、日本と欧米列強の力関係をしたたかなまでに計算していた。

こうした対日戦時関係を見定めようとするピブーンを、村嶋英治は「強制された同盟から自発的な対日協力」→「対日期待の夢から醒め」→「連合軍に内応して軍事抗日に立ち上がる構想」へと変化した指導者と評し、その過程を考察している（村嶋英治 一九九六：第八章）。

第二次世界大戦勃発四日後の一九三九年九月五日、ピブーン政権はいち早く中立を宣言、ついで翌四〇年六月一二日に、バンコクで英仏両国と「相互不可侵条約」を、また東京で「日タイ友好和親条約」を相次いで締結する、タイ政府は、日本とも不可侵条約を結ぶことを希望したが、日本側は従来からの両国の「親交関係」に鑑み、「相互協力に重点を置」きたいと要望し、それを受け入れた形となった。

この締結過程の説明は、調印日六月一二日の情報部長(松本俊一)談話によるものであるが、その際松本は、かねてからの両国の「友好親善の関係」を強調し、その中でとりわけ「満州事変の当時タイ国が帝国に示した好意[国際連盟総会での日本批判決議に棄権票]は我が国民の多とする所」と言及し、日タイ関係の絆の深さに言及した(外務省編纂 二〇一三：八九八)。

英仏日三国との同時条約締結により、一見落ちついたかに見えたタイをめぐる国際環境は、その後ヨーロッパ戦線でのドイツ軍優位、日本軍の北部仏印進駐、日独伊三国同盟成立等で大きく変化する。その間隙をぬう形でピブーンは、失地回復をはかるべく同年一一月二五日、仏印と戦闘状態に入った。

一方、「武力南進」断行の際、タイを日本軍移動の重要拠点と位置づける日本は、タイ仏印戦争の調停に強引に乗り出す(この間の一連の交渉の詳細は、同書：九〇三～九三六を参照)。日本側の居中調停に際してのホンネを示すものとして、「対仏印、泰施策要綱」(一九四一年一月三〇日、大本営政府連絡会議懇談会決定)の下記の一節を引用しておこう。

「帝国ハ失地問題処理ヲ目標トスル仏印、泰間紛争ノ居中調停ヲ強行シ之ヲ契機トシテ帝国ノ仏印、泰両地域ニ於ケル指導的地位ヲ確立スル如ク施策ス。」

日本側は善意の押し付けとも言える形で、「居中調停を強行」すると明言するとともに、インドシナ半島での日本の「指導的地位ヲ確立」することが、その目的であることを意図したのであった。さらに調停の見返りとして、協定で充足されるべき事項の中に、「帝国軍隊ノ居住、行動ニ関スル特別ナル便宜供与」との露骨な要求を組み入れた(同書：九一二–九一三)。

東京での調停会議の結果、五月六日にタイ・仏印平和条約が調印をみた。日本のタイに対する軍事的思惑が明確になった調停ではあったが、首相兼外相としてピブーンは、宿願のメコン川西岸の領土、西部カンボジアの大部分の失地回復を実現することになった。

こうしてタイに足がかりを築いた日本は、武力南進の

写真 4-2　タイ、プラチュアップキーリーカンの空軍基地 Wing 5、石像の中央、上陸した日本軍が右手からタイ住民の抵抗にあい、左手からはタイ軍隊の攻撃にさらされている。2016年 7 月31日、吉野文雄氏撮影・提供。

重要拠点となる南部仏印進駐に踏み切り、「仏印、泰両地域」における「指導的地位」確立に向けての動きを具体化する。そして「大東亜戦争」開戦に際し、外交ルートを通じタイに対して、「特別ナル便宜供与」を強く申し入れた。その意図は、日本軍の作戦行動におけるタイ国境通過を、ピブーンに認めさせることであった。開戦前夜駐バンコク大使坪上貞次は、通過許可を求め首相官邸を訪れるも、公務出張中のピブーンは不在であった。

タイ側からの許可がないまま、一二月八日朝、日本軍は陸海双方よりタイ領内に侵入し、タイ側部隊との間に戦闘が生じ、双方に二〇〇名近い戦死者を出す事態に至った（写真4－2参照）。八日午前バンコクに戻ったピブーンから見れば、前年の「友好和親条約」の精神に反する日本側の越権行動に映ったが、結局は日本軍の自国領域通過を認めざるを得なかった。

この日本軍の自国領域通過の協定を結ばざるを得なかったピブーンの調印時の表情を、坪上大使は本省宛て公電において「『ピブーン』ノ面持チ甚タ悲壮ナルモノアリタリ」と報じ、かつ「『タイ』側ノ空気ヲ察スルニ強力ノ前ニ屈シタリトノ感想強キモノノ如シ」と、憐憫の情を混じえ打電した（外務省編纂 二〇一〇b：一〇七一）。

ピブーンに大きな心理的痛手を与えた開戦直後の日本軍のタイ領域通過を、「宣戦の詔書」との関連で見ておきたい。近代日本が関わった日清・日露両戦役、第一次世界大戦（対独戦）の「宣戦の詔」の冒頭部分に、共通に見られる言葉がある。それは戦争遂行にあたって、「苟モ国際法に戻ラサル限リ」（対清戦）、「凡ソ国際条規ノ範囲ニ於テ」（対露戦）、「凡ソ国際条規ノ範囲ニ於テ」（対独戦）と述べられたように、あくまでも国際法の理念を尊重することを、戦争突入に際し宣明にしている。

しかしながら、対米英宣戦の「詔書」においては、その文言を欠落させたまま、開戦を宣言したのであった。このことは、アジア太平洋戦争期と上記三戦争期における捕虜処遇の差異とも密接に関係するものであり、今次大戦では当初から国際法を意図的に黙殺したのであった。

この点は、開戦当日の東条首相の天皇への「奏上」の文言と、見事に符合する。東条は、戦争劈頭のマレー半島攻略上、中立国タイ領土への進駐が必要となるので、「今回の詔書には日清・日露の両戦役時とは異なり、国際法規の遵守につき記さない旨」を「奏上」していたのであった（宮内庁b 二〇一六：五八〇）。この記述は、ある意味で、首相兼陸相の東条の強い要望で開戦準備が進められたことをうかがわせるものであるが、同時に東条ら日本軍側上層部は、タイ領域通過にはある種のやましさを感じていたことを示唆するものであった。

両国間の歴然たる強弱関係に立って、一二月二一日「日タイ軍事同盟条約」がバンコクで調印を見る（外務省 二〇一〇b：一〇七二）。その第二条では、第三国との武力紛争が発生した際、双方互いに「有ラユル政治的、経済的及軍事的方法に依リ之ヲ支援」することが明記されたが、当時の状況から日本が「支援」を受ける側であったことは明白である。

他方、同条約「附属秘密了解事項」では、より明示的に現下の日本と英米両国との戦争状態において、タイ側は「即時」日本に支援を与えること、そして日本側はタイの失地回復要求の実現に協力することが定められた。

この同盟条約によって、日本は得ることのみ大きく、失うものはほとんどなかった。それに対し、タイ側は日本への全面的「支援」約束により、多くの負荷を課せられることになった。タイ米を安価に供給するためバーツ貨を円と等価に切り下げたり、日本がタイ国内で接収したチーク材や船舶などの敵産を、一方的に利用させたりした。また在タイ日本軍への支出のため、膨大な軍費を国庫から借り出し、急速なインフレの因を作るなどタイ側は過大な犠牲を強いられた（村嶋英治 一九九六：二四二）。

こうした経済面での国民の不満の高まりが、一九四三年以降の、事実上の日本軍占領に対する批判の高まり、また連合軍側への期待感の醸成につながっていった。

日本軍の自国領域通過に「悲壮」な表情を浮かべ、半ば強制的に同盟条約を結ばされるも、失地回復への協力をとりつけたピブーンの、一筋縄ではいかない対日外交の一端は後でも触れるが、この点については近年両国公文書を読みこんだ実証研究が、内外で少なからず蓄積されている。これらの先行研究に共通する特徴は、ピブーンの対日協力は日本への信頼や忠誠に基づくものではなく、いわんや「泰奸」と呼ばれる「売国奴」的な性質のものでもなく、あくまでもタイの国益すなわち「生存の計算」に基づく、やむを得ざる選択肢であった、との解釈が広く合意を得ているように思われる。次のようなピブーンの同盟条約調印直後の閣議での発言は、その意味でも興味深いものがある（Reynolds, Bruce. 1994：85）。

「もし我々が条約に調印しないなら、我々は壊滅されてしまうだろう。もしそれが日本の陣営に投じ、そして日本が敗北すれば、我々もまた敗北するだろう。あるいはたとえ日本がうまくいったとしても、我々はやはり滅ぼされてしまうこともあるだろう。あるいはもし日本が首尾よくいって、また我々もうまくいくこともありうるだろう。あるいはもし日本が勝利したとしても、我々は満州国のようになるだろう。それ故我々は一体どうすべきなのだろうか。」

ピブーンのこうした発言は、日本と同盟条約を結んだとしても、それは日本への信頼関係に裏打ちされた同盟ではなかったことを意味していた。そのようなピブーンらタイ側指導者の対日姿勢は、東条首相にも十分認識されていた。開戦一週間前の御前会議で東条は、こう発言していた（参謀本部編 一九六七：五四一）。

「泰ガ何レニツクカノ見通シハ中間デアリマス、泰自身モ迷ツテ居リマス、日本トシマシテハ平和裡ニ抱込ム希望ヲ持チマスノデ　之ガ為余リ早イノモイケナイシ［タイ国境通過が］遅イノモ害ガアリマス…万一武力ヲ行使スルノ場合デモ努メテ抵抗セシメサル如クシテ居リマス。」

御前会議という当時の最高意志決定機関における、この東条発言が示すように、東条はピブーンに対し全幅の信頼を置いていたわけではなかった。イギリスとの関係が歴史的に深いタイが、戦局次第でいつ「寝返る」かもしれないとの疑心暗鬼が、当初から東条の中には胚胎していたと思われる。

日本・タイ双方の首相が、内心では相手に対する不信の念を抱えながらも、戦局が日本にとって決定的に悪化しない間は、両者関係の潜在的な亀裂は表面化しなかった。しかしながら一九四三年に入り、次第に戦局が悪化する中で、ピブーンらタイ首脳の日本との距離感は、さまざまな場で目立つようになる。

その点を認識しつつ、日本は既述の「大東亜政略指導大綱」において、「対泰方策」を定め「既定方針ニ基キ相互協力ヲ強化」するとともに、懐柔策として「マライ」における失地回復、さらにはビルマ領「シャン」地方の一部をタイ領に編入することが謳われた。この両国領土の一部を取り上げタイに付与することを手土産に、東条は同年七月南方視察の一環としてバンコクを訪問するも、戦局不利の中での日本からの領土提供は、「遅きに失し」た感があった（村嶋英治 一九九六：二四三）。

(2) バーンポーン事件と泰緬鉄道

タイの指導者たちが日本との距離感を広げようとしたのは、こうした戦局がらみの政治的理由だけではなかった。同盟条約を楯とした日本軍からのさまざまな経済的要求、あるいは駐屯日本軍との数々の経済的文化的摩擦の発生は、指導層のみならず一般民衆の対日感情にも悪影響を及ぼすようになった。

とりわけ一九四二年一二月、泰緬鉄道の建設基地になっていたバンコク西方約六〇キロのバーンポーンで発生した、日本軍鉄道部隊とタイ人建設労務者との衝突は、「同盟条約」下での最初の深刻な事件となった（詳細は、吉川利治 一九九四：一七四―一七六 参照）。

バーンポーン事件の発端は、日本兵がタイ人僧侶を殴打したことに激怒したタイ人労務者と鉄道部隊との武力衝突で、双方に死傷者を出した。日本軍に対する恐怖感をタイ社会に植えつける大きな原因となったこの事件は、日本との同盟条約を結んだピブーンにとっても、由々しき事態と認識された。彼から見れば、衝突は日本側による一方的な殴打、抜刀威嚇、酔ってのからみが原因であり、とりわけ僧侶に対する暴力行為は、許しがたい蛮行であった。

ただし日本側戦史は、やや異なる見解を出している。「わが軍の現地人取り扱いに対して不満を持つ土民が急襲して、日本兵数名を射殺」した事件とみなした日本側は、「首謀者の僧侶」の極刑を要求するも、僧侶を処罰する法律がタイに存在しないことから、解決が難航したとする。しかし最終的に、日本側は首謀者の処刑を撤回し、かつ賠償金八万バーツをいったん受領した上でタイ側に寄贈したことで、「タイ側は非常に感謝」し、この難問は解決したと記述する（防衛庁戦史室編 一九六九：五四七）。

バーンポーン事件の引き金となったのは、大本営命令による泰緬鉄道の建設工事における労務者徴用である。日タイ同盟条約に基づき、日本側からタイ政府へ数多く出された要求の中でも、もっとも重要な意味を持つこの鉄道工事は、タイ側ノーンプラードゥクとビルマ側タンビュザヤ間の四一五キロを結ぶ軍用鉄路である。

その背景には、太平洋方面で米軍の反撃が強化される中、ビルマ方面にも英軍反攻が予想され、同方面の防衛強化の必要性が焦眉となっていたことがあった。当時ビルマへの補給は、シンガポールを起点とする海上ルートのみであったが、連合軍側の潜水艦攻勢の前に、そのシーレーンが脆弱になっていた（同書：五四五）。

密林におおわれた高温多湿の山岳地帯を切り開き、鉄道を開通させようとしたこの難工事は、ビルマ・インド侵攻作戦遂行のために建設されたもので、一九四二年に着工され、わずか一年四ヵ月で完成された。

泰緬鉄道の存在を国際的に知らしめた映画「戦場にかける橋」では、約六万二〇〇〇人と言われた連合軍側捕虜が「主役」であった。いうまでもなく、白人捕虜に倍する膨大な数の労務者が、タイ、ビルマ両国のみならず、マラヤ、インドネシア、さらにはベトナムから徴用され、苛酷な条件下で使役され、文字通り「大東亜共苦圏」の様相を呈したと言っても過言ではなかった。

捕虜の死亡率のみでも約二〇％（一万二三三九人）に達したことで、捕虜取り扱いに関するジュネーブ協定（一九二九年調印）違反の廉で、戦争裁判において一一一名の有罪者（死刑三二名、終身・有期刑七四名等）を出したこともあり（吉川利治 一九九四：三二六）、これまでも内外で数多くの研究書、回想録、証言記録等が刊行されてきた（「大東亜共栄圏」時代の最重要論点でもある本件についての、日本人研究者による主な研究として、タイ、マラヤ、インドネシアをそれぞれ主対象とした、前記吉川利治 一九九四、中原道子「日本占領期英領マラヤにおける『労務者』動員」倉沢愛子編 一九九七、倉沢愛子 二〇一二：第一章、またビルマについてはリンヨン・ティツルウィン 一九八一、さらに中原道子（文）・上羽修（写真）一九九二 等を参照）。

泰緬鉄道の建設工事にどれくらいの数の東南アジア労務者が動員されたかについては、敗戦直後鉄道部隊の関係文書が滅却されたこともあり、精確な数字は判明しない。連合軍捕虜と異なり、いくらでも調達可能な「人的資源」を持つとみなされた東南アジアからは、捕虜の三倍以上、二〇万を超えるものと見込まれている。

国別の統計に関しても、吉川著作が依拠した詳細な公文書が残るタイ（六万七八一〇人）を除くと、推定値しか分からない。上記諸著作にあげられた数字を見ると、マラヤ七万八〇〇〇人、インドネシア七五〇〇人、ビルマ一〇万余となっている（ベトナム人の人数は不明）。

当初、日本軍側は、タイ、ビルマ両国の労働力と連合軍捕虜を使用する方針であったが、一九四三年二月にインパール作戦との関連もあり、大本営が工期の四ヵ月短縮を命じたため、両国以外からの労務者調達をマラヤ、ジャワ、スマトラ等の日本軍当局に下達したのだった。

地元タイ、ビルマの労務者は、過酷な労働に耐えかね工事現場からの逃亡が続出したため、逃亡が困難な遠隔地からの徴用によって労働力確保をはかった。またタイでは、バーンポーン事件以降、泰緬鉄道工事への応募者が途絶えていた（吉川利治編 一九九二：一七六）。

この労働力確保問題との関連で、工事が最終段階に入っていた一九四三年八月二〇日発の、駐タイ坪上大使から青木大東亜相宛公電（「第一四九〇号極秘」外務省編纂 二〇一〇b：一一四六）を見ておきたい。ここには日本側からの「第二次苦力二万三千名」の徴用をタイ政府に要請したところ、同政府は「中華総商会ニ於テ引受方強制的ニ依頼」したことが伝えられている。すなわち二度にわたり華人系タイ人が、半ば強制力をもって徴用されたことが明らかである。日本側当局→タイ政府→中華総商会と下達されたこの「強制的依頼」に対し、総商会側は「陳守明主席以下…八月初旬ヨリ募集ヲ開始シ現ニ二千数百名ヲ現地ニ送リツツアル」と報じられているが、そうした強い圧力にもかかわらず、目標の一割程度しか達成されていない状況がうかがわれる。

さらに、同年一〇月と設定された完成予定期日までの二ヵ月間、まだ大量の労働力が必要とされていた間の事情が、先の公電の最後の一節から浮かび上がる。

「尚『ビルマ』ニ至ル道路建設ニ対シテハ更ニ将来二〇万名ノ大量苦力ヲ必要トスル趣ニシテ華僑ニ対シテハ益々最大限ノ協力ヲ要求セラルルニ至ルヘキハ必定ニシテ之カ直接指導ニ当リ居ル中原報ニ於テハ華僑操縦工作ニ苦心シ居ル次第ナリ。」

この重要な公電からは、①工期が迫る中、さらに二〇万にも及ぶ労働力が必要とされていたこと、そして日本側はこれら労働力を「苦力」として捉えていたこと、②バーンポーン事件以来、タイ人の応募が激減したことで、華人住民が労力資源としてみなされていたこと、③組織として中華総商会や同会系の『中原報』を利用しつつ、「華僑操縦工作」を企図したこと等が明白である。

この坪上大使の電文からは、開戦以来ピブーン首相はじめタイ側首脳とさまざまな問題につき折衝を続けてきた間の、坪上の胸中がうかがわれる。電文行間からも汲みとれるが、坪上は泰緬鉄道工事については、工事着工直後からタイとの同盟関係を傷つけかねないと憂慮し、積極推進論の軍部に批判的な視線を向けていたことを付記しておきたい。

前年一九四二年七月六日付の東郷茂徳外相宛の大至急電第一四二〇号の中で、坪上はサイゴンの南方総軍は工事に慎重なのに対し、「中央〔大本営〕ハ頗ル強硬」で「軍事的必要ヲ強調シ出来得ル限リ速ニ且場合ニ依ツテハ実力ヲ以テシテモ建設セントスル意嚮」だと軍中央のゴリ押しを批判していた。その上で、実力を行使しての鉄道建設は、「親日的態度」を示してくれてきたタイとの関係を傷つけかねない、と次のような自論を述べた後、その公電を「充分慎重御配慮相願度」と結ぶのだった（同書：一一四一）。

「…既ニ我陣営ニ投シ来レル『タイ』国ニ対シ正面衝突ヲ為シ今更之ヲ反日ニ移行セシムルカ如キハ寔ニ拙策

ト存スルノミナラス斯クシテハ東亜共栄圏内各民族ヲシテ帝国ノ信義ニ付テモ疑惑ヲ抱カシメ由々シキ影響ヲ及スヘキハ明カナルニ付…。」

「死の鉄路」「枕木一本に死者一人」とも形容される泰緬鉄道工事には、「大東亜戦争」期の東南アジア各地で共通して見られた二つの問題も指摘されている。一つは、「慰安所」の存在である。タイでは建設資材などの集積地となっていたバーンポーンに、工事着工二週間後には「慰安所」が設営されていた。

もう一つは、工事現場には連合軍捕虜、東南アジア各地からの労働者の他に、朝鮮人軍属がいたことである(中原道子（文）・上羽修（写真）一九九二：一四四)。ここでも彼らは、連合軍捕虜の収容所監視員としての任務を与えられ、その多くが戦後のBC級戦犯裁判で有罪となった(その一人二〇二一年に死去した李鶴来の、戦中・戦後の日本との「格闘」を跡付けた労作として、内海愛子 二〇一五 を参照)。

(3)ピブーン首相と大東亜会議

泰緬鉄道の建設工事が急ピッチで進められるのと軌を一にするかのように、ピブーン首相の対日姿勢も冷却化していった。その最大の要因はいうまでもなく、日本にとっての戦局悪化であった。特に南方戦線では一九四三年二月、戦死者二万五〇〇〇人を出したあげくのガダルカナル島撤退、北方戦線での同年五月のアッツ島守備隊二五〇〇人の「玉砕」は、爾後の戦争の行方にも重大な影響を及ぼした。そうした中での、泰緬鉄道の突貫工事であった。

「大東亜共栄圏」内にさまざまな動揺、日本の指導に対する疑念や不信も次第に表面化していた中、一九四三年一一月に東京での開催が予定された大東亜会議は、東条首相はじめ日本政府・軍部にとっては、起死回生の重要な意味を持つものと期待が寄せられた。

「大東亜共栄圏」内の「独立」国(日本、中華民国、満州国、タイ、ビルマ、フィリピン)の最高指導者の参加が要請されたが、そのうち唯一人ピブーンは、坪上大使を通じての日本側の再三再四の熱心かつ執拗な誘いにもかかわらず、会議開催の一ヵ月前になっても、出席の意向を示さなかった。外務省記録「大東亜戦争関係一件——大東亜会議関係」(DRO所蔵)の中の一資料は、ピブーン首相に対する不満を、こう表明していた。

「招請ヲ拒否スルカ如キ態度ヲ固執スル場合ニハ他国ノ代表者ハ凡テ招請ヲ受諾スルニ不拘『ピブン』ノミ出席セザリシニ於テハ本大会開催ノ意義カ減殺セラレルノミナラス、日『タイ』関係面目カラザルヤノ印象ヲ両国内ハ素ヨリ世界一般ニモ与ヘ政治的ニ好マシカラザル結果ヲ生ス。」

そうした状況認識を踏まえ一〇月六日、坪上大使からの最後の招請依頼に対し、ピブーン首相は不参加を明言し、あわせて日本があくまでもタイ国首相の出席を求めるならば、自分は辞職し、後任首相を出席させるとまで言い切った。ピブーンの強硬な姿勢を前に、一〇月九日の大本営政府連絡会議は、ピブーンに来日を強要しそれがタイ国内の政治不安を誘発する可能性を危惧し、「代理者ヲ出スコト差支ナシ但大立物ヲ要」すという条件を付して、この問題がこれ以上紛糾することを回避したのだった（参謀本部編 一九六七下：五〇一）。

このように、内外にわたる多様なチャンネルを通じて得た情報をもとに、戦局の帰趨を現実的に判断しつつ日本との距離を操作するピブーンの政治手法は、同年七月二三日段階の東条首相の「大東亜結束上、最も心配なるは泰なり。泰の民心把握は重大なり」との所感（伊藤隆・廣橋眞光・片島紀男編 一九九〇：二〇八）を裏書きするものであった。

また注目すべきは、こうした日本側のタイへの疑心暗鬼は、それ以前から見られたことである。たとえば南方軍当局は、「ピブーン首相以下日本ヲ信頼シ進ンデ日本ノ指導ヲ受ケントスル希望アルモ…」と表向きはピブーンへの信頼を表明しつつも、それに続けて「一面国民ノ信頼繫持ノ為主権ノ尊重国権ノ拡張ヲ計ラントスルモノノ如ク指導上注意ヲ要ス」、あるいは「泰国内ノ状況ニ関シテハ深長ナル注意ヲ要ス」、と警戒の念を隠そうとしなかった（前掲外務省記録「大東亜戦争関係一件――大東亜会議関係」）。

初代駐タイ特命全権大使としてピブーン首相との接触も多かった坪上貞二は、大東亜会議から三ヵ月近くを経た時点の公電（一九四四年一月二九日付、青木大東亜相宛）においても、次のように述べていることも、日本側当事者のピブーン観をうかがう上で示唆的である（外務省編纂 二〇一〇a：一一二二）。「『ピ』ハ世界戦局カ必スシモ我方ニ有利ナラサルヲ看取シ居リ…『ピ』ノ首鼠両端ヲ持スル態度ハ大東亜会議前ヨリ益々顕著トナリ…。」

⑷戦局悪化とプリーディー派政権の登場

開戦以降、表面的には日本との協力関係を築いてきたピブーンであったが、上述のように、戦局悪化とともに自らの日本離れを加速させていた。他方、ピブーンの独裁的手法と対日協力に批判的な指導者は、摂政プリーディー・パノムヨンを結節点としてピブーン批判を強め、一九四四年七月二四日、彼を辞職に追い込んだ。

日本では、六月一八日マリアナ沖海戦で決定的な敗北を喫し、また大本営がインパール作戦を失敗と認めるなどの結果、東条首相が辞任（七月一八日）してからわずか一週間後のピブーン辞職であった。

プリーディー派は、ピブーン政権の対英米宣戦布告の直後、駐米公使セーニー・プラーモートを中心に、アメリカで組織された情報組織「自由タイ」とも密かに連携しつつ、日本への反撃の準備を進めていた。イギリスで諜報・ゲリラ訓練などを受けた自由タイのメンバーは、一九四四年三月、英空軍機に搭乗、パラシュートでタイ国内への潜入をはかり、プリーディー派との接触を深めていった（吉川利治編 一九九二：一七八−一七九、村嶋英治 一九九六：二四四）。

摂政プリーディーや英米両国の情報機関の支援を受けた自由タイ運動による、本格的な対日武力発動は、結局なされないまま日本敗戦の日を迎える、その翌日、プリーディーは「平和宣言」を発表し、ピブーン首相によって発せられた対英米宣戦布告は無効であることを、内外に宣言した。それはタイ国民の意志に反し、日本側から強制されたものであり、かつ摂政たる自分の署名が印されていない、との理由からであった。同時に日タイ同盟条約下、対日協力の見返りとして日本から与えられたマラヤ四州、ビルマのケントゥン州を両国へ返還すると宣言したのだった。

敗戦一ヵ月後の九月一三日、駐タイ日本軍は武装解除され、一転して捕虜として「同盟」国タイ各地に抑留された。その数は一二万一五〇〇名に及んだ。最初の「抗日」事件の舞台となった泰緬鉄道の基地バーンポーンには、その内約三万一〇〇〇名にも達する日本軍将兵が抑留された（吉川利治編 一九九二：一八〇）。

2 二重支配地域——仏印三国とポルトガル領ティモール

(1) ベトナム

■日本軍の南部仏印進駐

「アジア解放」を旗印に掲げた日本の武力南進であったが、日本は二つの地域でその目的と背馳する形で、旧宗主国の主権を温存しつつ、実際の権力を掌握する方法をとった。その一つが仏領インドシナ三国であり、もう一つがポルトガル領ティモールであった（仏印について従来の日本の研究史では「共同支配」という用語が用いられることが多かったが、実態に鑑み本書では「二重支配」の語を用いる。この点については、白石昌也教授の助言を受けた）。以下では、その両地域の戦時期の状況を、日本との関係を中心に概観してみたい。

駐タイ公使・駐ブラジル大使（いずれも特命全権）を歴任後、外務省を退官し㈶南洋協会理事長職にあった林久治郎は、一九四〇年三月から八月、東南アジア四ヵ国（フィリピン、仏印、タイ、蘭印）への視察旅行を行なった。帰国直後の講演（「南洋現勢鳥瞰」日本外交協会、一九四〇年八月）の中で、外務省でも指折りの南洋通として知られた林は、四月末から一〇日間滞在したベトナムについて「対日空気非常に悪い」と述べ、その要因の一つとして二月初日本軍の雲南鉄道爆撃（援蒋ルート遮断目的を理由）でフランス人技師ら五、六人が殺害された事件をあげている。そうした近因も含め、林は元来仏印当局は日本を危険視し、日本人の入国をきびしく制限したり、日本からの輸入品に他国以上の高関税を課している状況を報告した（一例として米製万年筆には三割、日本製には一二割）。

この講演は八月一二日の帰国直後になされたものであるが、林はヨーロッパ戦線でフランスがドイツに降伏した後、状況は一八〇度変化し（六月一六日ペタン政権成立）、仏印当局は日本に対し友好的な姿勢をとっているとし、ゴムをはじめ資源獲得に進出できる可能性が高くなったことを強調している。

この林久治郎の発言からうかがえるように、日本はドイツに降伏した仏本国の政権交代直後から、仏印進出を加速し、八月三〇日松岡外相・アンリ駐日フランス大使間の協定で、日本軍の北部仏印進駐を認めさせ、三週間後の九月二二日には実際に進駐を開始した。また同月二七日の日独伊三国同盟の成立は、仏・仏印当局への無言の圧力となった。

北部仏印進駐に対しては、欧米列強も援蔣ルート閉鎖に関わる限定的な目的のものとして、実質的には静観した形であった。しかしながら、翌一九四一年七月二八日に開始される日本軍の南部仏印への「平和的進駐」に対しては、そこを拠点として東南アジア全域への武力南進に踏み切る第一歩と見なし、烈しく反発したことは前述の通りである（実際に開戦直後、サイゴン北方の飛行場から離陸した海軍航空部隊は、マレー沖海戦で「プリンス・オブ・ウェールズ」「レパルス」の英艦二艦を撃沈）。

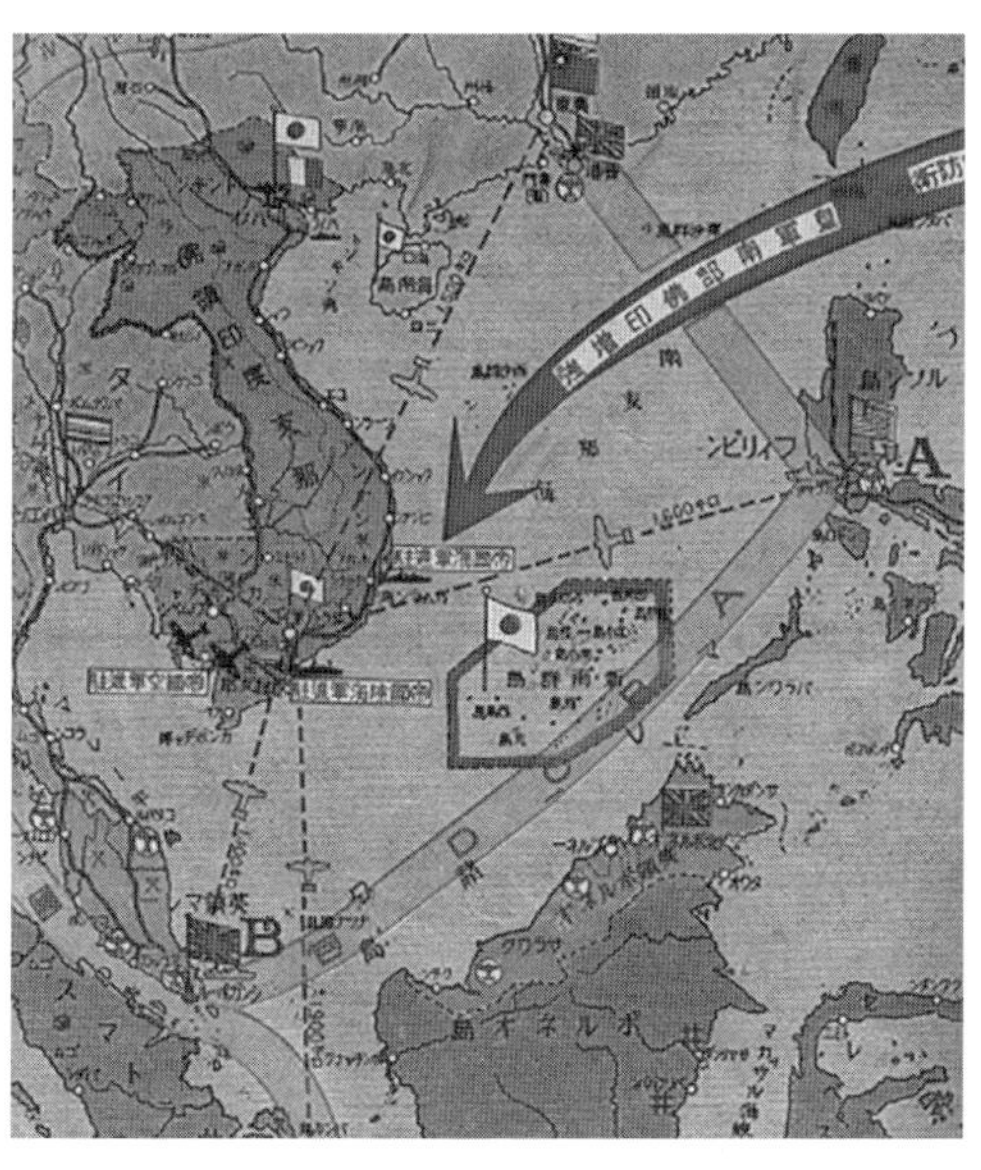

写真 4-3 『畫報躍進之日本』1941年第 6 巻第10号.「南方對日包圍陣要圖」. 東洋文化協會. 提供小高泰氏。

この南部仏印進駐について、若干補足しておきたい。戦後サンフランシスコ講和会議の直前、一九五一年四月付で作成された外務省の内部報告書（調書）「日本外交の過誤」は、その名が示すように、何故先の戦争を回避できなかったかを分析し、再独立後の外交指針の教訓を模索することを意図して作成されたものである（『外交史料館報』第十七号、二〇一三年、に全文収録）。

そこでは、満州事変以降の日本外交（軍関与も含め）には、「作為又は不作為による過誤の連続」があったと指摘し、その具体的事例として八項目をあげている。その一つが（第六項）「仏印進駐と蘭印交渉（日蘭会商）」、すなわち「南進」に関わるものであったが、ここでは南部仏印進駐についての、その骨子を記しておこう。

「ヨーロッパでのドイツの優位を利用して南部仏印進駐という無理な南進を行った。それがかえってのどもとをしめつける結果となり、これによってバイタルな一線を越えてしまった。そして結局は大東亜共栄圏の夢におぼれて、米、英、蘭等の戦意、底力を過小評価した。」

■ベトナム復国同盟会とクオン・デ侯

政府レベルにおける日本・仏印関係の新たな展開とともに、民族主義運動レベルでの両者の関係に目を転じてみたい。一九〇六年、ファン・ボイ・チャウらによる東遊運動に、顧問格として参加を求められて来日して以来、日本と因縁浅からぬ関係を築いたクオン・デ侯は、日本や中国での抗仏親日の民族主義運動のシンボル的存在であった。三〇年代中葉になると、クオン・デは大亜細亜協会とも関係を持ったが、前述のように同協会は日本軍の南部仏印進駐を「越南の民、誰か涙なくしてその状況を想望出来やうか…之等南亜細亜の民に我等は共同の歓喜と希望とを与へなければならぬ。」と宣していた。こうした理解は、それに先立つ一年前の『大亜細亜主義』(一九四〇年一〇月号)の「皇軍の仏印進駐は、歴史的意義に於いては、亜細亜解放戦への数歩躍進を意味している」との巻頭言の延長上に来るものであった。

こうした日本中心主義的な「アジア解放」論に対し、ベトナム人民族主義者らの一部には「このような『大東亜』の幻想に眩惑され、親日組織に結集」するものも現われた(白石昌也「ベトナム」吉川利治編 一九九二:一三七)。そのような親日派民族主義運動の象徴的な存在が、クオン・デを中心としたベトナム復国同盟会であった。

以下では白石論文に依りながら、同会の動きを追ってみたい。クオン・デは一九三九年二月、中国各地に散在するベトナム人を結集し、上海で復国同盟会の結成会議を開いた。この組織に関わったベトナム人の一部は、広東で日本軍司令部の下で軍事訓練を受け、また他の一部は台湾総督府が情報活動の一貫として組織した、ベトナム向け宣伝放送に協力した(こうした開戦前の日本側のラジオを利用しての情報戦は、在日留学生を使ってインドネシア向け宣伝放送を実施した参謀本部の工作と同質である)。

広東で日本軍による軍事訓練を受けた復国同盟会のメンバーは、復国軍を組織し、一九四〇年九月の日本軍の北部仏印進駐に従い、広西から陸路ベトナムに入境した。広西からの日本軍部隊は、中越国境地帯でフランス軍と交戦し一帯の重要拠点を占拠、またベトナム復国軍もこれに乗じて勢力を拡大し、臨時革命政府を樹立したとの説もあった。しかしながら、日本軍の北部仏印進駐は、「平和的進駐」を謳った松岡=アンリ協定に基づくものであったため、東京の軍首脳部は、広西の日本軍部隊の行動を承認せず撤退を命じた。そのため復国軍は取り残された形になり、国境地帯に復帰したフランス軍によって討伐された（白石昌也、同書：一三八－一三九）。

白石論文は、日本の「大アジア主義」を信じながら祖国独立を夢見たクオン・デを、東遊運動当時の日本からの追放に続き、日本による二度目の「裏切り」を経験した「親日派」政客・知識人として位置づけている。ベトナムの事例だけでなく、「親日派」民族主義者が日本に協力しながらも、日本軍政期に入ると逆に疎んじられ、黙殺される構図は、後述するフィリピン、インドネシア、マラヤ等でも共通して見られたことは興味深い。

■開戦後の仏印

開戦と同時に日本陸海軍は、東南アジア全域への軍事侵攻作戦を展開し、短期間のうちに占領体制を確立する。

一方、仏印においては既定の日仏共同防衛方針に基づき、フランスの主権を温存することになる。開戦翌日、仏印の共同防衛に関する現地軍事協定が結ばれる（外務省編纂 二〇一〇b：一一四七－一一四八）。ここでは仏印におけるフランスの主権温存を前提とした上で、仏当局はあらゆる手段をもって日本軍に協力することが強調され、さらに「（仏印当局は）仏印領土全般ニ亘リ治安ヲ確保シ日本軍ノ後方ヲ安全ナラシムル」こと、「仏印領土内ニ於テ日本軍ニ対シ其ノ行動、生存及軍事諸施設ノ設備ニ関シ一切ノ便宜ヲ供与」することが確認された。

この現地軍事協定には、ドクー仏印総督（海軍提督）から堀内日本代表宛ての書簡が添えられたが、そこでは日本軍の作戦遂行に諸便宜をはかることを強調する一方、仏印における「仏国ノ主権ガ尊重セラレ且一般政務ノ遂行ガ保障セラルベキ」ことを改めて求めた。

こうした過程を経て、日本側は仏印におけるフランス植民地政府の主権を認め、行政全般における現状維持を確約する、「静謐（せいひつ）保持」政策が実行に移される。これらの基本原則を前にして、ベトナム復国同盟会の軍事行動は、徒花（あだばな）と終わるしかなかった。

しかしながら、一九四三年に入り戦局とりわけヨーロッパ戦線における独伊枢軸側の不利が深まる中（同年九月、イタリア無条件降伏）、日本側にはフランス本国の政局変化と相まち、仏印総督府の対日政策が急変する可能性を懸念する声が高まってきた。もっとも早い段階でのそうした危惧は、親独派の代表格大島浩駐独大使（陸軍中将）から谷正之外相宛ての公電（同書：一一五八―一一五九）であると思われる。

一九四三年一月一六日付「仏印の静謐保持方針の再検討方意見具申」と題された公電において、大島は今日に至るも対仏印静謐方針を維持することは、「率直ニ申上クレハ甚タ不見識」だと批判し、当面静謐保持を中止した上で、「仏印処理ニ関スル将来ノ根本方針」を決定すべきではないか、と具申するのであった。ここで「仏印処理」という言葉が登場するが、まさにそれから二年二ヵ月後に、日本軍による「仏印武力処理」が断行されるのであった。その意味でも、最強硬派の三国同盟論者大島浩の意見具申は、注目に価するものと言えよう。

その後、予想された通り、ヨーロッパ戦線ではドイツが追いつめられ、一九四四年八月二五日には連合軍がパリに入域、ドゴール将軍凱旋の日を迎える。その三週間後の九月一四日、最高戦争指導会議で「情勢ノ変化ニ応スル対仏印措置ニ関スル件」が諒解事項とされる。

その際、重光外相により提出された覚書には、「当面仏印ニ対シテハ現状ヲ維持」するものの、「事態急変ニ応」じるための準備の必要性が強調された。それを踏まえた形で、一一月二日の外務省覚書「仏印問題」は、仏印当局は戦局の最終的見通しが判明するまで、現状を維持し、戦後は引き続き植民地として確保するつもりだと分析した上で、こう案じた（同書：一一九八）。

「彼等ハ米英ノ勝利ヲ見越スカ故ニ何時日本軍隊トノ協力ニ於テ其ノ態度ヲ変更シ米英ノ意ヲ迎ヘテ将来有利ノ情勢ヲ作ラントスルヤモ計リ難ク、形勢ハ容易ニ楽観ヲ許サス。」

■仏印武力処理とベトナム民族主義運動

こうした現状認識を表明した外務省は、「帝国ノ権威」を守る上でも、「軍事ニ応シ早急ニ決定スルノ要アリ」と軍側の覚悟を促した形となった。このような一連のプロセスを経て、翌一九四五年三月九日夜、「仏印武力処理」（「明号作戦」）が決行され、仏印の植民地政権は崩壊、約五年にわたる日仏二重支配は、日本軍の手で一方的に幕を閉じられた。

それでは日本側は、新たに日本の単独支配下に置くことになった仏印のその後を、どのように考えていたのだろうか。この問題を考察した白石昌也は、「明号作戦」発動の一〇日前、二月二六日の最高戦争指導会議で「印度支那政務処理要綱」が採択され、仏印政権打倒後に「速カニ」ベトナム、ラオス、カンボジア三国を「独立」させ、かつ「原住民」の協力を促すため、「民族意識の昂揚」を図るとした経緯を明らかにする（白石昌也「アジア太平洋戦争期のベトナム――仏印進駐から八月革命へ」和田春樹他編 二〇一一：二〇七）。

「独立」させた場合、誰に政権を担当させるのかという問題については、日本側には、①現皇帝バオダイを引き続きかつぐか、あるいは②当時日本に再亡命中のクオン・デ侯に交替させるかの、二つの選択肢があった。親日派ベトナム人の間には、復国同盟会の流れの上でクオン・デ待望論が広がったが、最終的に日本側が選択したのは、現皇帝バオダイの温存利用であった。

こうして武力処理直後の三月一一日、日本に擁立されたバオダイは、日本の方針に従ってフランスとの保護条約の破棄とアンナン（中部ベトナム）を版図とするベトナム独立を宣言する。そしてバオダイは、これも日本の意向を踏まえ、「親日派」とみなされた老教育者チャン・チョン・キムを首相に任命した。それに続く形でカンボジア、ラオスでも日本の筋書きに沿って、それぞれの「独立」が宣言される。王族か否かの違いはあるが、形式的にはビルマ、フィリピンの「独立」に近い性格のものであり、さらには皇帝をかついだ「満州国」の独立（一九三二年三月一日）と類似したものであった。

日本軍・政府（外務省）主導による「国家建設」が進められる一方、ベトナム社会内部には、主体的な国造りを模索する民族主義者たちの活動が急速に盛り上がり、日本の単独支配の末期には、「ベトナム全土はまさに、乾ききった干し草の束のように、一つの火種で燃え上がる」（白石昌也、前掲、吉川利治編 一九九二：一四二）革命前夜の状況を呈していた。

そうした動きの中には、仏印武力処理直後、日本が与えた「独立」の枠内で活動する一方、予想される日本敗戦の後復帰を意図するフランスとの戦いに備え、力を蓄えようとする青年運動指導者や、彼らと密接な関係を持つ都市知識人による動きがあった。ベトナム北部では雑誌『タインギ』に拠る知識青年が、「新ベトナム会」という政治結社を組織し、「大東亜のなかでのベトナムの独立の維持と国家統一」を掲げる運動を展開した（古田元夫「ベトナム現代史における日本占領」倉沢愛子編 一九九七：三一七）。

他方、一九四一年五月、インドシナ共産党中央委員会の決定によって結成され、反仏反日を掲げたベトナム独立同盟会（略称ベトミン、亡命中のホー・チ・ミンはその直前三〇年ぶりに帰国）は、中越国境の山岳地帯を活動拠点としていたが、日仏二重支配下ではフランスの治安警察当局の弾圧によって逼塞状態にあった。

しかしながら、仏支配の終焉とともに、「日本製独立」を拒否したベトミンに共鳴を覚える都市青年運動の多くの参加者たちは、（新ベトナム会の指導者も含め）自力で獲得する「真の独立」の希望を、ベトミンに託するようになった。特に「日本の穀物倉庫を襲撃して飢餓を救え」という実効性の高い運動を組織化することで、ベトミンは短期間で急速に影響力を増していった（古田元夫「ベトナム」『歴史評論』一九九一年八月：三二）。

この大きな潮流の変化が一九四五年八月革命につながる過程を分析した古田元夫は、革命はインドシナ共産党指導下にベトミンが組織したものであったのは事実とし

写真 4-4　ハノイの軍事博物館所蔵の日本軍下士官用の軍刀。日本敗戦後ベトミンが独立戦争の武器として利用、小高泰氏撮影・提供。

ながらも、日本支配期に形成された合法的な諸青年運動がベトミンへ合流したことの意味と、その重要性を強調する。そしてそのことは、当時のインドシナ共産党の柔軟な統一戦線政策によるところが大きい、と指摘する（古田元夫、同書：一一八）。

一九四五年に入って、ベトナムの民族主義運動、革命運動の中で、ベトミンや共産党が広範な支持を得た経済的背景として、四五年前半に発生した北部（トンキン）を中心とする未曾有の大飢饉があった。このベトナム北部を襲った大飢饉を精査した古田元夫は、東南アジアにおける「戦争末期の経済的混乱が招いた最大の悲劇」と位置づけ、それを引き起こした次のような諸要因を指摘する（吉田元夫 二〇二一：一五〇―一五二）。

①日本が温存したフランス植民地政権は、一九四三年から安価で農民から強制的に米を買上げていた。それは日本側の食糧供給の要求［「現地自活」原則の一環］に応えると同時に、予想される日本軍との対決に備え、自らの備蓄を確保するためであった、②もともと米の生産が少ない北部農村で、日本は飢饉に強い雑穀栽培からジュートなどの栽培への転作を奨励していたこと、③一九四四年秋以降の天候不順の長期化、④一九四五年になってからの米軍爆撃による南部からの米輸送の困難化。

北部を中心とするこの大飢饉の犠牲者数について、一九四五年九月二日の独立宣言の中で、ホー・チ・ミンは二〇〇万人に達したと読み上げたのだった。

この深刻な大飢饉については、現地日本側当局も、仏印武力処理直後に把握していたことが、「外交資料日仏印関係ノ部」（一九四六年二月）と題された以下の戦後文書からもうかがえる（外務省編纂 二〇一〇a：一二八二）。

同資料は飢饉の深刻さに触れた後、そのことが「共産主義的傾向ノ所謂越盟運動［ベトミン］」に有利に作用し、戦後の彼らの躍進につながったと冷静に観察していた。

「昭和十九年末ノ東京［トンキン］州ノ米作ノ大不作ニ加ヘ米空軍ノ爆撃熾烈トナリ南北航路及縦貫鉄道断絶シ…東京州及安南北部ハ深刻ナル飢饉状態ヲ現出シタルト…右飢饉及経済的困難ハ北部仏印ニ於ケル共産主義的傾向ノ所謂越盟運動ニ［ノ］活動ニ好箇ノ地盤ヲ提供シ越盟革命運動ハ漸次活発トナリ終戦後ハ忽チ全印度支那ヲ圧スル大勢力トナルニ至レリ。」

一九四五年八月二七日、ベトミンは首都ハノイに臨時革命政権を樹立、ついで九月二日、ホー・チ・ミンは独立を宣言する。その三日前の八月三〇日、中部ベトナム安南王国の古都フエでは、皇帝バオダイが、革命政権の要人が見守る中、静かに退位し、一八〇二年以来続いたグエン（阮）王朝最後の日を迎えていた。

大日本帝国が建国した「満州国」の皇帝溥儀は、波乱万丈の生涯を送り、最後は一九六七年、文化大革命さ中の北京で六一歳の生涯を閉じた。もう一人の「南のラスト・エンペラー」バオダイも、フランス植民地支配、日本支配、そして戦後の東西冷戦の荒波に翻弄された有為転変の八三歳の人生を、亡命先フランスで一九九七年に終えた。

(2)ラオス

ベトナム、カンボジアとともに仏領インドシナを構成するラオス（一八九三年仏保護領、九九年に仏印編入）は、他の二国と同じく一九四〇年秋以来、日仏二重支配下に組み込まれ、また四五年三月の日本軍による仏印武力処理により、日本の単独支配下に置かれた。

同時に日本は、フランス保護領であったシーサワンウォン国王下のルアンパバーン王国には、隣国の「安南王国」「カンボジア王国」と同じく、「独立」を宣言させる。しかしながら、この独立は、事実上日本軍支配下に置かれたことも、安南王国と同じであった。ただベトナム、カンボジアと違い、日仏二重支配期においては、日本軍のラオス進駐はなく、五ヵ国（ベトナム、カンボジア、タイ、中国、ビルマ）と国境を接する山地国家ラオスに日本軍が入るのは、一九四五年に入ってからのことであった。

また、日本における研究史から見ると、ベトナムと異なり戦時期のラオスについての研究は、大幅に立ち遅れていたが、二〇一〇年代半ば以降、本節でも依拠する菊池陽子らの一連の事例研究によって、次第に事実関係が明らかにされつつある（ただし、この時期のカンボジアについては、先行研究はまだきわめて少ない）。

■日仏二重支配期のラオス

フランス植民地時代のラオスには、仏当局に重大な脅威を与えるほどのナショナリズムの高揚はなかった。多くの東南アジア諸国で民族主義運動の担い手となっていく植民地下の高等教育機関（宗主国も含む）で学ぶ青年も、

写真 4-5　日本軍（歩兵第八三連隊第三大隊）が本部とした建物。現在はルアンパバーン県庁舎。2017年 3 月 5 日、菊池陽子氏撮影・提供。

ラオスではごく一部の王族関係者に限られていた。

こうした中で、保護領として王国が温存されたルアンパバーンを除く各県には、首都ビエンチャンに置かれたフランス人理事長官府の下に理事官が置かれた。だが、実際の行政は仏当局の監督下、主としてベトナム人官吏が担った。日本軍の南部仏印進駐直後の一九四一年八月には、日本軍に引き続き宗主権を認められたフランスは、ルアンパバーン王国と保護条約を結び、副王の一族であるペッサラートが初代首相に任命された。実質的な権限は限られていたが、ラオス人エリートに「自治」を意識させる契機となった（山田紀彦 二〇一八：九九－一〇二）。

このような歴史的背景があったため、ラオスでは日仏二重支配下に入ってからも、「静謐政策」がある意味でもっとも有効に機能した。したがって、戦争の「最終段階までそれ以前のフランス支配が継続しており、日本軍による支配は日本の敗戦によって第二次世界大戦が終結する約五ヵ月間」に過ぎない、という状態であった（菊池陽子「日本軍のルアンパバーン進駐」『東京外大東南アジア学』第24号、二〇一九：一〇一）。

■仏印武力処理後の地方都市

本州ほどの面積を有するラオスは、全土の約七〇％が山地という典型的な内陸・高地国家（海を持たない唯一の東南アジア国家）であるため、戦時期においても国内各地をつなぐ交通・通信網は、仏印三ヵ国の中でももっとも未発達な地であった。

仏印武力処理が始まった一九四五年三月九日、タイ、ベトナムから入境した日本軍部隊は、翌一〇日までに首都ビエンチャン、ターケーク（タケク）（中部）、サワンナケート（中南部）、パークセー（パクセ）（南部）等の主要地域で、仏印植民地軍の武装解除を行ないつつ、日本支配下に置いた。

しかしながら、北部の王都ルアンパバーンへの日本軍進駐は、それから三週間余を経た四月五日になってのことであった。菊池陽子の一連の研究は、ビエンチャンを除く（後述）上記四ヵ所の事例を、日本・ラオス双方の文献・資料、ラオスでの聞き取り調査、さらには内外の先行研究を踏まえて執筆されたものである（以下参照。①「日本軍のルアンパバーン進駐」②「日本軍のラオス南部進駐――仏印武力処理後のパクセを中心に」③「日本軍のサワンナケート進駐――サワンナケートにおける仏印武力処理とその後を中心に」。以上三点は『東京外大東南アジア学』第24号二〇一九年、第25号二〇一九年、第26号二〇二〇年、および④「日本軍のタケク進駐――タケクにおける仏印武力処理とその後を中心に」『東京外国語大学論集第一〇〇号』二〇二〇年）。

フランス軍との戦闘もなく王都ルアンパバーンを占領した日本軍（歩兵第八十三連隊第三大隊他）は、既定方針に従って、王国側の協力が得られる限り、内政には不干渉との立場をとった。そのため実際の行政については、フランス統治時代から王国首相であったペッサラートを支持し、彼に一任する形となった。

ペッサラートから見れば、日仏二重支配期のフランスという重しが消え、また仏支配の枠組み自体を温存した日本は内政不干渉の方針で臨んだため、相対的に自らの裁量権が大きくなり、独自の政策を行なうことも可能となった。菊池は「それが、その後につながるこの時期の変化を生んだ」要因であると指摘する（菊池①論文：一一二）。ペッサラートの「独自の政策」についての具体的言及はなされていないにせよ、菊池は五ヵ月間の日本単独支配期について、欧米の先行研究も踏まえた上で、

「ラオスの歴史にとって歴史的な転換点」との視点を提起している（同書：一〇一）。

なおペッサラートに関して一章をあてた王国時代（革命前）の歴史家、カムマン・ウォンコットラッタナ著『ウンケーオ副王一族の歴史』（一九七一年）は、仏印処理後四月五日の日本軍のルアンパバーン入城当日の状況を紹介する中で、王国の独立を宣言（四月八日）した時のシーサワンウォン国王の言葉を、こう引用している（菊池陽子「ラオス史のなかの『日本』」『アジア太平洋討究』31号、二〇一八：三七）。

「現在の世界情勢、特に東アジア（右論文では「東南アジア」となっているが。著者菊池氏が原著を再照合した結果、東アジアに改めた）の他の国々の情勢を鑑み、かつてフランスの植民地であったわがラオス王国が、今、ラオスの独立を回復し、今後、ルアンパバーン王国が多くの友好国と同様に独立維持に努めること、東アジアにおいて大共栄圏を形成するという宣言に従って発展、進歩することを広く宣言する。」

新権力者を迎えざるを得ないこの国王の「独立宣言」、とりわけ「大〔東亜〕共栄圏」の一員たることを明言した場面は、その本心が奈辺にあるかは別にして、王にとっては王国生存のために、不可避な、苦渋の選択として認識されたものであろうか。

なお「独立宣言」に至るまでの国王の心境に関連して、『戦史叢書シッタン・明号作戦』は、こう述べている（防衛庁防衛研修所戦史室編　一九六九：六四六）。「ルアンプラバンは交通が全く不便な山地の奥」であり、三月二〇日頃王宮に武力処理（三月九日）を伝達しに赴いた渡辺耐三領事の言を「別天地」に住む王は信用しなかったが、四月〔五日〕の日本軍進駐を目にして「国王も疑う余地がなくなり、四月八日に独立を宣言した。」

国王とは立場を異にするが、後述する地方行政官（県長）プーミー・ヴォンヴィチットの日本軍に対する誓言にも、共通する対応が見られる。プーミーは、その回想録の中で、植民地官僚・知識人としての抗い得ないジレンマを、こう綴っている。その最後の一節の響きが、印象的である（プーミー・ヴォンヴィチット　二〇一〇：二五六）。

「日本軍への協力では、一方でそれまでのフランス人と働いた経験からくる恐怖感があり、他方では日本軍がフランス人同様にラオス人民を抑圧する帝国主義者であるかどうかと見定めることができない不安が交錯した複雑な気持であった。そのころの私は革命思想を体系的に学んだことはなく、独立を回復したいとの考えもまだ根付いていなかったので、主人としてラオスに入ってくる者には誰でも仕えるとの安易な考えを持っていた。」

王都として名目的にせよ、「独立」を認められていたルアンパバーンを含む四地域を概観する前に、一連の菊池論文で紹介されている一九四三年時点での各地域の人口データを見ておきたい（図表4-5）。ここからも明らかなように、ルアンパバーン以外のラオスの主要三都市では、ベトナム人の存在が圧倒的に大きく、ラオス人はいずれの地でも一〇%代にとどまっている（ビエンチャンについては本書脱稿後、菊池陽子「日本軍のビエンチャン進駐」『東京外大東南アジア学』第28号、二〇二二年、が刊行）。また最南部に位置し、タイと国境を接するパークセーでは、中国人人口が多くラオス人を、大きく引き離している。

ラオス中南部に位置し、歩兵第八十三連隊第十二中隊が占領したターケークは、日本軍にとってベトナムへのアクセスもよく、また戦争末期には第三十八軍司令部が移り、インドシナにおける最終的な日本軍籠城地の一つとされた地である。そうした要地ターケークには、明号作戦発動前の一月末以降、一個中隊、憲兵隊、特設自動車隊等が集結していた。ターケークは人口の八五%がベトナム人であったことが示すように、フランス当局を放逐後、日本軍は越僑組織を利用して治安維持をはかるとともに、行政を担わせた。

図表4-5　1943年当時のラオス主要都市の人口（人，%は約）

地名（総人口）	ラオス人	ベトナム人	中国人	その他
ターケーク（8,100）	800（10.1）	6,900（85）	200（4）	100（1）
サワンナケート（5,500）	850（16）	4,000（72）	450（8）	200（4）
パークセー（7,300）	1,000（14）	4,500（62）	1,700（23）	100（1）
ルアンパバーン（4,950）	3,000（61.0）	1,400（28.0）	480（10.0）	70（1.0）

（出所）前掲、菊池陽子各論文に依拠。原典は、Martin Stuart-Fox. 2008. *Historical Dictionary of Laos* (3rd Edition). The Scarecrow Press.

また戦略的な要地であったターケークで興味深いのは、昭和通商という日本商社の存在である（同社についての詳細は、柴田善雅「陸軍軍命商社の活動――昭和通商株式会社覚書」

『中国研究月報』二〇〇四年五月、所収)。

柴田論文によれば、「陸軍に密着した軍命商社」昭和通商は一九三九年四月に設立され(前身は一九〇八年六月陸軍省令により設置された泰平組合)、軍命により陸軍に兵器や軍需品を納入をしていた商社であった。

アジアでは中国各地に支店が置かれたが、東南アジアでは一九四一年一月バンコクに、ついで開戦後一九四三年六月にハノイを皮切りに、同年一二月マニラ、サイゴン、昭南、クアラルンプール、ラングーン、パダン、ジャカルタ、クチンに相次いで支店を開設し、陸軍の庇護下で仏印はじめ各地で事業を拡張していた。その延長で、四四年末にはターケーク等でも活動(各種情報収集も含め)をしていたと言われる。

ラオスにおける昭和通商の活動についての詳細は不明であるが、ある軍関係者の回想(曾澤蛭風 一九八四)によると、ラオスでアヘンを買付けていたと言われる。陸軍との深い関係、ラオス山地の農耕事情等を考えると、その可能性は十分あると言ってよいであろう。その点との関連で柴田論文は、昭和通商は一九四一年一〇月に薬種商営業、劇毒物営業等の業務許可を得ていることに言及している。

メコン川に面した南部の都市サワンナケートは、首都ビエンチャンや王都ルアンパバーンよりも、ターケーク経由ベトナム中部へのアクセスが容易な地であった。歩兵第八十五連隊第一中隊を中心とする日本軍は、「奇襲攻撃」によって一六〇〇名規模の仏印軍を征圧し、武装解除をした後、治安維持のため約二ヵ月間軍政を敷き、その後は行政はラオス人、経済は華人、治安面ではベトナム人を利用しつつ統治を行なった(菊池②論文:一二〇)。

独立運動との関係で見ると、社会主義革命時(一九七五年一二月)の首相カイソーン・ポムヴィハーンは、一九四五年四月、ハノイでの勉学を中断し、サワンナケー

写真4-6 生地サワンナケートに建立されたカイソーンの立像。2019年8月6日、菊池陽子氏撮影・提供。

トに戻り愛国宣伝活動に従事していた（同書：一三〇）。この時期の同地には、カイソーンだけでなく独立を目指す愛国勢力や革命勢力が少なからず存在し、彼らは再植民地化を意図するフランスとの闘争に備え、敗戦後の日本軍から武器弾薬を入手することに力を入れていた。

日本・ラオス双方の証言・記録から見ると、武器問題をめぐる両者間での流血事件は、ほとんどなかったかのようである（同じ時期抗蘭独立戦争に突入したインドネシアでは、日本軍からの武器獲得・奪取を目ざす各種武装集団と、連合軍側から現状維持を命じられた日本軍との間に、各地で武力衝突が発生した）。こうしてサワンナケートにおいては、日本軍支配下で日本敗戦後の独立をめざす諸組織が胎動していたことを、菊池論文は指摘する（同書：一三三）。

もう一つの事例は、北西から東南に長く伸びるラオスの南部の都市パークセーについてである。ここは会津若松で編成され「若松連隊」と呼ばれた歩兵第二十九連隊第十一中隊を中心とする日本軍が、仏印軍を征圧後に占領し、他所と同様ベトナム人を利用しての治安維持、統治が行なわれた。

このラオス南部の地は、日本軍の最終籠城地とされたため、軍は陣地構築、司令部建設、飛行場建設等で多数の現地住民を労働力として徴用した。

ただしこうした軍事施設の建設について、現地日本軍上層部は、戦局の現状から見て現実的効用がないと知りつつも、最後まで戦争遂行の努力をしていたことを誇示する自己満足的な営為であった、と菊池論文④は指摘する（同書：五七）。このラオスにおける現地労働力の徴発に関しては、次に紹介するプーミー・ヴォンヴィチット回想録を手がかりに、具体的に述べることにしたい。

■プーミー・ヴォンヴィチット回想録

フランス植民地時代から地方行政官を務めていたプーミー・ヴォンヴィチット（一九〇九年生）は、開戦当初は首都ビエンチャン市長を務め、後日本軍による仏印武力処理当時は、ベトナムと接するラオス北部フアパン（サムヌーア）県知事の職にあった。プーミーは、ラオスが一九七五年一二月の革命で王政から人民共和国に移行後（初代大統領にスパーヌウォン、首相カイソーン）、国家主席（大統領）代理等の要職を務めたが、晩年一九八七年に母国語で綴ったのが『激動のラオス現代史を生きて――回想のわが生涯』である。

そのプーミーが、三月九日の日本軍の軍事行動をフランス人理事官から知らされたのは、三日後の三月一二日のことであった。実際に日本軍がサムヌーア（サムヌア）に進駐したのは、さらに一ヵ月後の四月四日であった。県責任者としてプーミー以下主要官吏は、ナー・ヴィエンまで日本軍を出迎えた。

プーミーはその折、「われわれのすべては、フランス植民主義者を駆逐し、われわれホアパン［ファパン］県民を解放した日本軍部隊を歓迎すると同時に、日本軍のフランス勢力の掃討に喜んで協力し、ラオスの国家建設を推進したい」と挨拶した。その後宿舎に入った日本軍指揮官（八巻教造、行木英也）は、プーミーら県幹部に、次のような趣旨の通告を行なった。

①フランスは、インドシナ全域ですべての権限を失い、それに代わり日本軍がインドシナ諸国の解放、独立を達成すべく当地に来た、②日本軍のサムヌア進駐は、県民がこの県の主人公たるべく、人民を支援するためである、③行政面では現状を維持するが、知事（県長）、官吏、住民一同は、フランスとその手先を掃討し、日本軍が必要とする食糧を販売、供給すること、ならびにサムヌアからシェンクアン［サムヌーア南西の要地］への自動車道路建設のため労務者補給に協力してほしい、彼らの労賃は日本軍が支払う、④今後の協力のあり方については、県知事・郡長・担当者協議の上、日本軍指揮官に上申されたい（同書：五四−五五）。

しかしながら、プーミーはじめ官吏、住民は「一様に日本人に対する強い恐怖心」を抱き、「サムヌアの町全体が恐怖心に満ちた重苦しい静けさに覆われていた」。

そうした中、県を代表してプーミーが指揮官を訪ね現状を説明したのに対し、指揮官は改めて日本軍進駐の目的は、フランスを駆逐しラオスの「独立と大東亜共栄圏における国家建設を援助するのが目的」だと述べ、今回も道路工事のための労務者徴集の要求を繰り返した。

その間、県内では五八人のフランス人が捕虜として過酷な状況にあるのを見て、プーミーは「人心は混乱と恐怖に満ち」ていたと回想する。プーミー自身も他県での日本軍の残虐行為の情報を入手し、かつてない「困難かつ複雑な精神状態」にあった。やがてラオス側は、日本軍に求められた要望を遂行し、また住民に日本軍と問題を起こさぬよう指導したため、従来通りの一般行政が旧に復すようになった。

特に日本軍が重視したシェンクアンの道路建設は、県側にとっても有益なインフラと考えられたため、県、郡当局は積極的に労務動員に協力した。労働対価としてプーミーは、日本軍から一日あたり一般住民には二〇キープ、県職員（監督役）には倍の四〇キープが支給されたこと、また日本軍は連日トラックで五〇キープ・一〇〇キープ紙幣（インドシナ銀行発券の紙幣と思われる）が詰まった箱を、何百個も運んできたと記している。

こうした戦争末期四ヵ月間のサムヌーアでの日本軍との関係を淡々と叙述するプーミーは、労務者徴用や食糧供出などへの批判をこめながらも、全体としては、日本軍進駐を糾弾するよりも、日本軍の命令に従っている限り内政に関しては――フランス統治期と比較してという意味と思われるが――自分たちの裁量で遂行できた、とも回想するのだった（同書：五八）。

日本の敗戦後、ふたたびフランス軍がサムヌーアに姿を現したが、プーミーは幹部行政官や住民代表らと、兵力を結集してフランス軍に武力抵抗をすべきか、あるいはサムヌーアを彼らに明け渡すか協議するが、なかなか結論に至らず、結局武器を所有しない自分たちに勝算はないため、仏軍を平和裏に受け入れることに決まった。一〇月八日にフランス軍部隊がサムヌーアに移動、今度は潜伏日本兵の捜索、日本・ベトナムの密偵捜査と日本軍進駐時と、真逆の事態を目撃することになった。

この間、辺境の地であるサムヌーアは、ビエンチャンやルアンパバーンとの連絡がとれないままの状態が続いたが、ラジオを通じて、ラオ・イサラ（自由ラオス）を率いるペッサラートが、一〇月一二日にラオス独立と全土統一を宣言し、ラオス臨時人民政府が発足したことを知る。しかし翌年には、フランスが軍事力を背景に復帰し、ラオスは新たな混乱と戦争の時代を迎えることになる。

(3) カンボジア

仏領インドシナを構成した三番目の国家カンボジアは、植民地化（一八六三年）される前は、大乗仏教・儒教等東アジア文化圏の一員としての歴史を持つベトナムとも、南方上座仏教圏の一員としてタイやビルマとの共通点を持つラオスとも異なり、ヒンドゥー的な文化伝統を色濃く持った社会であった。その意味でも仏印は、はるかに広域にわたるもう一つの植民地蘭領東インドが、リンガ・フランカとしてのマレー語、あるいは成員の多くが信仰するイスラムを結節点として、ゆるやかなつながりを持つ地域であったのとは、大きく状況が異なっていた。

カンボジアは、ラオスより一二年早く一八八七年に仏印に編入されるが、それ以来一九四〇年の日本軍進駐までの約半世紀間は、総じて言えば、フランス人による「経済上の搾取、教育における愚民政策、社会上の放置主義」の時代として約言される（石井米雄他監修 一九八六：五九二、石澤良昭執筆）。そのため、二〇世紀前半のフランス統治下にあって、独立を志向する民族主義運動や、その担い手となる「近代的知識人」層はきわめて限定的であった。

■日仏二重支配期と「傘のデモ」

そのような政治史の流れの中で、日仏二重支配期（ここでも行政主権はフランスが掌握）に入ってまもない一九四二年七月の、僧侶ハエム・チアウの反仏言論の廉での逮捕（七月二〇日）、それに抗議する「傘のデモ」は、仏当

写真 4-7　プノンペン中央市場、日仏二重支配期も最大の市場として庶民の台所を支えた。1994年12月16日、菊池陽子氏撮影・提供。

写真 4–8　プノンペン王宮前広場。日仏二重支配の末期、日本軍の仏印処理後、傀儡国家カンボジア王国が独立宣言、シハヌークが国王に就任。1994年12月11日、菊池陽子氏撮影・提供。

局を震撼させる事件であった（Sasagawa, Hideo. 2017 : 73）。

平和的な形でのこの抗仏大衆行動は、最初のクメール語紙『ナガラワッタ』（一九三六年刊）の記者たちが組織したものであったが、わずか三日で仏印当局によって鎮圧された。この反仏行動の指導者であったパーチ・チューンは当局に逮捕、もう一人の「ベトナムで生まれ、パリで教育を受け日本に協力した」民族主義者（リード、アンソニー 二〇二一：五三八）ソン・ゴク・タンは、バンコク経由日本に亡命した。

反仏民族主義の芽を刈り取ったフランス当局は、一九四三年八月には、クメール文字を禁止しローマ字綴りに変更を命じたり、翌四四年八月には、仏暦と大陰暦を組み合わせた独特のカンボジア暦をグレゴリオ暦に改めさせるなど、文化面においてもナショナリズムの根を摘みとろうと試みた。いうまでもなく、こうした強権的な文化政策は、カンボジア人特に仏教界に大きな反発を引きおこした（笹川秀夫 二〇〇六：一〇九）。

■仏印武力処理とカンボジア

しかしながら、一九四五年三月、仏印武力処理の断行によりフランスが武装解除されると、日本軍の指導のもと当時三二歳の国王（一九四一年即位）ノロドム・シハヌークは、三月一二日、カンボジア王国の独立を宣言する。

その宣言の中でシハヌークは、「アンコール時代の栄光」に言及し、自らをその栄光の伝統を継ぐ者であることを示唆したのだった。そして翌日には、フランスによって禁止されたカンボジア暦を、また翌々日にはクメール文字を復活させた（同書：一九九）。

この「独立」を契機としてフランスに放逐されていたパーチ・チューンが復権し、五月にはソン・ゴク・タンが亡命先の日本から帰国し、それぞれ閣僚に任じられた。

その後日本の実質的支配が続く中で、八月一一日には親日派ソン・ゴク・タンが、新首相の座につく。しかしながら、その四日後の日本敗戦でふたたび政治潮流は逆流する。一〇月半ばに至りプノンペン支配に成功した英仏軍によって、ソン・ゴク・タンは逮捕され、反逆罪の廉でフランスで服役を強いられた。一九五一年帰国を許されるが、その後もソン・ゴク・タンは波乱に富んだ政治生活を送ることになる（石井米雄他監修 一九八六：一六五、石澤良昭執筆）。

それでは仏印武力処理後のカンボジア内部の動きを、事実上の支配者日本側当局は、どのように観察していたのだろうか。参考として、二つの文書を見ておこう。

第一は、武力処理直後の一九四五年三月一四日、在仏印松本俊一大使から重光葵大東亜相宛公電中の付記二「仏印ニ於ケル武力行使及爾後ノ概況」である（外務省編纂 二〇一〇b：一二八一）。公電は、独立宣言後のシハヌーク国王の新内閣発足とともに、地方行政もフランス人理事官に代わりカンボジア人、ベトナム人に担わせる方針であることに触れた後、カンボジア人のベトナム人（安南人）に対する複雑な感情に言及している。

フランス保護国時代、仏当局はラオス同様、フランス人行政官の下で多数のベトナム人官吏・軍人を登用したため、今なお「『カンボヂヤ』人ノ眼ヨリ見レバ安南人ハ仏国人ノ手先ノ如ク映リ独立後『カンボヂヤ』人ノ安南人殊ニ安南人官吏ニ対スル悪感情ハ相当顕著ナルモノアリテ行政運営上困難ナル問題トナリタリ」と、今後の複雑な民族関係の動向を不安視している。

第二の資料は、日本敗戦一週間後の八月二一日、在プノンペン高島唯之領事から重光外相に宛てた公電である。

これも日本軍引き揚げ後の情勢を展望したもので、カンボジア人は「官民上下」とも、日本の撤退後はフランスの復帰よりも、米英両国の到来を望んでいるのは了解できるところであり、そのため「直ニ仏国帰来セハ事態ヲ即時ニ旧仏印ノ状態ニ引戻スヘキヲ以テ政治経済各般ノ激動ヲ生スヘシ」、とカンボジアの反仏民族意識の強さを強調している（外務省編纂 二〇一〇b：二〇一六）。

したがって、もし米英両国が暫定的にカンボジア統治に関わるような場合は、その間に「独立等ノ既成事実ニ関スル保障」につき、両国と諒解に達する可能性を展望している。換言すれば、以上の所見を見る限り、敗戦直後の日本には、カンボジアの脱植民地化は他人事のように考えられていたとも言えよう。

(4)ポルトガル領ティモール

インドシナ三国を植民地として統治してきた仏印当局と日本との戦時期の関係を二重（共同）支配と規定することは、研究史の面でも既に定着している。

他方、当時ポルトガルの海外領土（植民地）であったティモール島東部（現東ティモール民主共和国。二〇〇二年独立）と日本との関係は、厳密な意味では「二重支配」と呼ぶことには異論があるかもしれない。しかしながら、戦時中立を宣言したポルトガルのティモールにおける主権を、名のみにせよ温存したまま、ここに三年半にわたり日本軍を進駐させたという意味では、広義の二重支配と理解することも可能である。

ただし先述したように、一九四二年一〇月、ポルトガル植民地政府総督は、反ポルトガルの住民の襲撃から逃れるため、日本軍の保護を求め、そのままキャンプ生活を送ったため、事実上主権を放棄した形となった。そうした留保を付けた上で、ここではポルトガル領ティモールを二重支配地域として論じたい（図表3-2〈142頁〉で見た海軍調査課作成の「大東亜共栄圏論」では、ポ領ティモールは仏印とともに「圏外国領」と位置づけられている）。

■日本のポルトガル領ティモール関心

第一次世界大戦以降、特に日本の国際連盟脱退を契機として、海軍を中心とする政府・軍部の「孤島」ポルトガル領ティモールへの関心は、単なる経済的進出ではなく、2 一九三〇年代の日本の「南進」と国際環境 で述

写真 4-9　旧ポルトガル政庁総督府。戦時期は日本軍による統治の拠点。戦後はポルトガル、インドネシアによる統治後、国連東ティモール暫定行政機構（UNTAET）の暫定統治を経、2002年独立を達成した東ティモール民主共和国の政府庁舎。UNTAET 時代、2002年、筆者撮影。

べたように地政学的軍事的性格を帯びるようになってゆく。この傾向は、第二次世界大戦勃発後の一九四〇年になると、より一層明白になってくる。その理由は、端的に言うならば、①日本統治下に置かれた南洋群島（内南洋）と列強の植民地東南アジア（外南洋）をつなぐ中継地として、②日本の南進の最大標的であった蘭印（インドネシア）進出の橋頭堡として、また英連邦特に後に「大東亜共栄圏」への包摂対象となるオーストラリア侵攻の足がかりとして、そして③ハワイ―グアム―マニラをつなぐアメリカの西太平洋戦略、ならびにシンガポールと豪北ダーウィンを結ぶイギリスの防衛ラインを分断できる可能性を有する地として、重要視されたためであった。

かくして、これまで一般的にはほとんど知られることのなかった南溟の地ポルトガル領ティモールは、日本社会の中でも一躍熱い視線が向けられるようになってくる。そしてこの小島に、日本は開戦直前航空路を開設し、また人口五〇万人足らずの地に、戦前最後の総領事館を設置することになる（後藤乾一 一九九九：Ⅳ参照）。

■横浜＝ディリ航空路開設と総領事館設置

欧米諸国に比べると大幅に立ち遅れたものの、第二次世界大戦を前に、日本でも航空輸送の軍事的経済的価値が認識されるようになる。南方航空網としては、まず日本・タイ航空協定が調印され（一九三九年一一月、就航は四〇年六月）、ついで翌四〇年三月には、サイパン経由の横浜＝パラオ線（四一八〇キロ）が開通する（大日本航空社史刊行会編 一九七五：巻頭語）。

この横浜＝パラオ線を延長する形で、同年四月、日本政府はポルトガル政府に対し、パラオとポルトガル領ティモールの首都ディリ間の航空路開設を申し入れた。対米英関係を考慮し、消極的な対応を示すリスボン政府との間で交渉は難航したが、開戦二ヵ月前一九四一年一〇月一三日、「日本・ポルトガル航空協定」が調印を見た。

この間オーストラリア、イギリス、オランダ（蘭印）当局やメディアは、強い警戒感を隠そうとはしなかった。日本軍の南部仏印進駐以来、日本の武力南進を極度に恐れる蘭印の有力紙『ジャワ・ボーデ』（一九四一年一〇月一六日）は、連合国側の不安を集約する形で、「土民人口四五万人、白人数百人のこの小島で、日本が寄せる関心は経済的なものではない。本当の理由は何であるかは容易に推察されよう」と報じた。

一方、「本当の理由は何であるか…」について、日ポ航空協定を決定した枢密院の会議で、内閣書記官長堀江孝雄は、次のように発言していた（「枢密院会議筆記」一九四一年一〇月一日、国立公文書館所蔵）。

「『チモール』島ガ帝国ニ執（と）リ軍事上、経済上及政治上特殊ナル地位ヲ有スルニ鑑ミ本協定ノ締結ハ蓋（けだ）シ機宜ヲ得タルノ措置ナリ。」

リスボンで調印されたこの日本・ポルトガル航空協定とほぼ同時期、首都ディリに日本の総領事館が開設された（初代総領事淀川正樹）。同地に置かれた外国総領事館としては、オランダ、イギリスに次いで三番目のものであった（また大日本帝国の最後の総領事館であり、かつもっとも日本人人口の少ない地に開設されたものであった）。航空協定と同じく、これも連合国側からは猜疑の目が向けられた。その代表例として、駐バタビア英総領事ウォルシュが本省宛に送付した報告書（一九四一年一〇月一七日、豪国立文書館所蔵）の一節を紹介しておこう。

「最近のディリの日本総領事館の開設は――たとえ日

本人の活動が都市部に限定されているとはいえ——疑いもなくオーストラリアと蘭印にとって、第一級の戦略的重要性を有する領土への、日本の浸透という深刻な危険をもたらすことになる。」

このように開戦前夜、日本側のポルトガル領ティモールへの地政学的関心は、急激に深まっていた。とはいうものの、そして同島西半分の蘭領ティモールへの侵攻作戦は、開戦と同時に着手されたものの、開戦当初ポルトガル領ティモールへの武力発動は予定されていなかった。

それは何よりも、中立を宣言していたポルトガルを連合国側に回すことが、同盟国独伊両国に政治的軍事的に不利な影響を及ぼすことを懸念してのことだった。特にドイツは、ポルトガル政府が大西洋上のアゾーレス諸島の軍事基地を、対独戦のため連合国側に提供する可能性を強く警戒していた（Dunn, James. 1983：19）。

■日本軍支配とティモール人

ポルトガル領ティモールに対するそうした慎重な政策に、重大な転機をもたらしたのが、開戦一〇日後の一九四一年一二月一七日、同領に英豪蘭軍約一五〇〇名から

なる連合国軍が上陸し、日本総領事ほか在留邦人三一名を抑留したことであった。

日本政府は、ポルトガルが連合軍上陸を阻止しなかったことを中立違反として非難する一方、陸軍南方軍は大本営宛公電（一九四二年一月五日）において、「『チモール』の『ポ』領域ヲ敵軍［連合軍］利用シアラハ随時空陸ヨリ攻撃スルコトアルハ国際法作戦上共ニ当然ノ措置」だとし、従来の非介入方針の見直しを迫った（防衛庁防衛研修所戦史室編 一九六七：二九五）。

これ以降、陸海両軍はなだれを打つように、ポルトガル領ティモール侵攻論へと傾き、翌年一月二〇日の大本営政府連絡会議では、杉山参謀総長、永野軍令部総長がこぞって「ディリ上陸作戦」を主張し、かつその作戦は、ポルトガルへの「事前警告」なしに断行することが決定した（防衛庁防衛研修所戦史室編 一九七〇b：三二二）。

その上で二月二日の大本営政府連絡会議において、英豪蘭軍の掃討後ポルトガル側が中立を保障する限り、「帝国軍隊ハ該地域ヨリ撤退」することを謳った。それと同時に、「葡側の態度及全般作戦の情勢」次第では、爾後も同領を「作戦基地トシテ使用」する可能性につき、

合意がなされた（外務省編纂 二〇一〇b：九六九）。

こうした経緯を踏まえ二月七日、陸海軍は、ポルトガル領ティモールに対する「進攻作戦」を南方軍に発令、首都ディリを中心に烈しい空爆を加え、二〇日には「完全占領」を終えた。

結果的に、日本軍は敗戦を迎えるまで、ポルトガル領ティモールから撤退することなく、ポルトガルの名目的な宗主権を認めた上で「作戦基地」として実質的な占領を続けることになった（侵攻作戦終了後、四二年八月二一日の陸海軍中央協定で、第十六軍四十八師団の管轄と決定）。

しかしながら、戦局悪化とともに、当初想定されたオーストラリア侵攻作戦は画餅に帰し、また陸海軍からの物資補給船も断たれたまま、ひたすらポルトガル人の利敵行為の監視、連合軍と結んでの住民のゲリラ活動の鎮圧、住民を動員しての陣地構築という、文字通りの「現地自活」の日常であった。

この間、マヌエル・デ・カルバルホ総督はじめポルトガル政府・軍関係者約六〇〇名は、相次ぐ住民からの襲撃事件を避けるべく、一九四二年一〇月、日本軍側に保護を求め、その監視下で日本軍が準備した「集団居住

写真 4-10　東ティモールの東部中央のオッス地方山地に数多く造られた日本軍壕。対豪防衛作戦の一環。2000年 8月、筆者撮影。

地」で生活を送るという、きわめて異例な状況下に置かれた。この時期の両者関係の詳細については、ポルトガル総督の要請を入れ、日本が同領視察を許可したマカオ政庁秘書長コスタ大尉の記録に詳しい（東ティモール日本占領期史料フォーラム編 二〇〇五、日本側からは曾禰益外務省政務二課長が同行）。

主権を保持するポルトガル総督府は、実質的に機能せず、また具体的な「占領地」政策の持ち合わせのない日本軍支配という状況下で、かろうじて「行政」を担ったのは、リウライ、ラジャの称号を持つ伝統的な封建首長たちであった。日本軍は、こうした現地エリート層を利用して、治安確保、労務者動員、自活用食糧の確保をはかることによって、辛うじて「占領」政策が可能となったと言っても過言ではなかった。

領内には「三大王」と呼ばれたジュキン、ドン・フランシスコ、ドン・アレイジョという封建首長がいたが、彼らの日本との関係は、三者三様であった（山﨑功「大国のはざまで――日本占領下の東ティモール」山田満編 二〇〇六：三〇）。オッス地方のラジャ、ジュキンは、日本軍侵攻当初山岳地帯に潜伏していたが、その後投降し「対日協力」に徹したが、日本敗戦後ポルトガルの手で逮捕、獄死した。ドン・フランシスコは、日本軍の侵攻時一部のポルトガル政府関係者とオーストラリアに脱出、ドン・アレイジョは抗日ゲリラ活動を続け、その中で戦死している。

この三様の支配層の対応からも、降って湧いたような突然の日本軍の出現によって、現地住民が味わった困惑ぶりがうかがえよう。この内もっとも苛酷な命運をたどったジュキンについて、前田透（捜索連隊付主計将校）は、後年こう回想している（前田透 一九八二：一九―二〇）。

「この時から［対日協力を始めてから］三年ばかりの間、何万の領民を使役に差し出し、何千の水牛を食糧に献じ、自ら先頭に立ってポルトガルゲリラと戦い、子供たちをことごとく宣撫班で働かせた。そして終戦後ポルトガル政府に捉らわれ、獄死することになるのである」。

この元青年将校が指摘する「［オッス地方のみで］何万の領民を使役に…」という、いわゆる労務者徴発は島内全域でなされたものと考えられ、食糧不足等苛酷な労働環境の中で、数多くの住民が落命したことが、ポルトガル側記録で紹介されている。また他の東南アジア諸地域の日本占領と同じように、軍当局から要求される労働力を調達するにあたっては、現地の中間あるいは末端レベルの土着エリート層は、日本軍当局と地元住民との間で板ばさみ状態の中で、その任務を遂行したのであった。

戦前から現在に至るまで、この日本軍「占領」時代ほど、多くの日本人がティモール人と接触した時はなかったであろう（唯一の例外は、東ティモール民主共和国の成立当時、二〇〇二年から約二年間、国連東ティモール暫定行政機構UNTAETに、延べ約二五〇〇名の陸上自衛隊員が派遣されたことである）。第一部でも述べたように、他の東南アジア諸地域では、一九世紀末以来さまざまな形で日本との間に、一定の双互認識が形成されてきた。そうした前史を持たなかっただけに、この時期ポルトガル領ティモールに関わった日本人は、現地住民に対し、ひときわ強いイメージを持ったものと考えられる。その若干例を、以下で紹介しておきたい。

ポルトガル領ティモール、蘭領ニューギニアの開発事業に海軍のダミーとして深く関わった南洋興発株式会社社長・松江春次を論じた著作の中で、能仲文夫はポ領ティモールを「島全体に砂金鉱脈が散在していることは事実で、これだけをもつてしてもまさに西太平洋の宝島」だと形容する。しかるに、この「宝島」の五〇万住民については、「いづれも無学文盲でてんで問題にならないほど低級」であり、またその容貌は、「どの土人もその肌色はまるでタドン色で、それにこのタドン色に煤を混ぜたやうな、みるからに物凄い色をしている」と述べる。そして著者は、むしろそのような民を統治する白人植民地保有国に、「搾取政策も寧ろやむを得ないのかもしれない」と同情の念すら示すのであった（能仲文夫 一九四一：四二三、四二六）。

ここに流れるティモール観は、その資源と地政学的重要性には関心を持つものの、住民の固有の文化伝統やその歴史への無知無関心な愚民観として約言される。

もう一点、前述のマカオ政庁コスタ大尉の一九四四年三月のポルトガル領ティモール視察に同行した、外務省政務二課長曾禰益の報告書を紹介しておこう（東ティモール日本占領期史料フォーラム編 二〇〇五：二三一四二）。

その視察報告書の中で曾禰は、ティモール住民の肌の色について「『ニューギニヤ』の『パプア』族と『インドネシヤ［人］』トノ中間的人種」だと描写し、その生活については、「体躯貧弱ニシテ原始農業ヲ営ミ天産豊富ナルヲ以テ交易経済ハ殆ント発達シ居ラス」と自給的経済の段階にとどまっていると指摘する。

さらに同地の政治社会について、曾禰はこう客観的な所見を記している。「酋長ハ『ラジャ』ト云ヒ部落民ニ対シ絶大ノ権力ヲ有シ蘭側モ『ラジャ』ヲ相手トスル以外ニハ原住民ノ生活ニ干渉スルコトナカリキ趣ナリ。」「原住民ハ未開ナルモ温順ニシテ目下治安ノ状態極メテ良好ノ如シ。」

3軍政施行地域

「大東亜共栄圏」下の日本・東南アジア関係の第三の類型が、日本による直接軍政が施行された地域である。ただしこの類型も、二つのタイプに大別される。一つはビルマとフィリピンのように、軍政開始の翌年「独立」を付与された地域である。両国はそれぞれ一九四三年八月、同一〇月に「独立」を宣言するが、それは日本軍の「内面指導」を受ける傀儡性の強い独立国家であった。

もう一つのタイプが、マラヤ、シンガポール、インドネシアのように一九四三年五月の御前会議決定「大東亜政略指導大綱」において、日本が「永久確保」の対象とした地域である。ただしここでも、一九四四年九月八日の「小磯〔首相〕声明」によって、「近い将来」独立を与えると謳われたインドネシア（独立承認の予定日であった一九四五年九月八日の直前に日本は敗戦）と独立への言及がまったくなされなかった英領マラヤに分けられる。以下ではこの分類に沿って各地の状況を俯瞰しておきたい。

(1)ビルマ

東南アジアの中でビルマは、日本から海路もっとも遠方に位置し、日本の約二倍の面積を持つ国である（ちなみに緯度で見るとビルマ最北端は奄美諸島とほぼ同じである）。開戦時、この英領植民地ビルマに侵攻した日本軍は、二つの観点から同地に重大な関心を寄せていた。一つは、ビルマが交戦中の「中国の裏口」であるだけでなく、大英帝国の中枢的植民地「インドへの入口」という戦略的要地とみなされたこと、第二は、石油と米の重要供給源であったためであった（佐久間平喜 一九八四：四）。

他方ビルマでは、二〇世紀初め以来の日本の近代化に対し、肯定的な評価（2一九三〇年代の日本の「南進」と国

際環境 参照）が与えられるとともに、日本の対外的膨張政策に対しては、「日本が獲得したもの〔台湾、朝鮮等の植民地〕についての倫理的な面は問題とならない」との認識すら抱かれていた（バー・モウ 一九九五：三五一）。

また一九三〇年代半ば以降、バ・モオら年長民族主義者より一世代若い、アウンサンら知識青年に指導されたタキン党は、その左派的思想にもかかわらず、抗英独立運動のための軍事援助を日本軍（最初は中国）に期待し、日本の反英作戦を想定し彼らを利用する方針すら打ち出した。

こうした青年民族主義者の動きが、参謀本部の認可で発足（一九四一年二月）した南機関といわゆる「三〇人の志士」との間のドラマ性に満ちた関係の契機となった（ボ・ミンガウン 一九九〇 等参照）。

■東条首相議会演説と対ビルマ方針

こうした背景もあり、開戦後の日本軍のビルマ領内への侵攻開始まもない二月一二日（首都ラングーン占領は三月八日、軍政施行は六月）、大本営政府連絡会議が案文した東条首相の議会演説草稿は、ビルマに対する日本の「真意」は、①イギリスの「軍事拠点ヲ覆滅」すること、②米英両国の援蔣ルートの遮断であり、「『ビルマ』民衆ヲ敵トスルモノテハアリマセヌ」と宣しつつ、こう述べた（防衛庁防衛研修所戦史部編著 一九八五：四〇）。

「『ビルマ』民衆ニシテ既ニ其無力ヲ暴露セル英国ノ現状ヲ正視シ、其多年ノ桎梏ヨリ離脱シテ我ニ協力シ来ルニ於テハ、帝国ハ欣然トシテ『ビルマ』民衆ノ多年ニ亘ル宿望即チ『ビルマ』人ノ『ビルマ』建設ニ対シ積極的協力ヲ与ヘントスルモノテアリマス。」

さらに軍政施行直後において、南方軍は「〔ビルマの〕一般民衆ハ戦前ヨリ日本ニ侍リテ英ノ桎梏ヨリ脱セント念願…対日感情ハ極メテ良好」と観察していた（南方軍総司令部「南方軍現状報告」一九四二年六月二九日、防衛省防衛研究所戦史研究センター史料室所蔵、以下防衛省史料室と略）。

当初、このような楽観的なビルマ認識を持って統治に臨んだ日本軍は、一九四二年八月にビルマ中央行政府を設立し、その長官に戦前のGCBA（ビルマ人団体総評議会）の練達の政治家・初代首相のバ・モオを就任させた。

他方、南機関の情報特務鈴木敬司大佐の支援を受け、独立実現に期待を抱いていたアウンサンらビルマ独立義勇軍の若手民族主義者は、東条首相発言や南機関が鼓吹した独立が、軍政開始とともに遠のくのを実感し、失望の色を濃くしていた。

ただ日本側は、東条演説に縛られた面もあり、対米英戦争を遂行する上で、フィリピン、ビルマに対しては早くから「独立」付与の方針を打ち出さざるを得なかった。「アジア解放」という戦争理念を掲げて戦争に突入した以上、とりわけ既にアメリカから一九四六年の独立を約束されていたフィリピン、そしてイギリスによって自治領化を約束されていたビルマについては、彼らの協力をとりつけるためにも、既定のラインから大きく逸脱することは困難であった。

そのため一九四三年早々から、この二国に対する「独立付与問題」が浮上し、一月一四日の大本営政府連絡会議決定「占領地帰属腹案」において、「従来ノ政治的経緯等ニ鑑ミ」ビルマ（緬甸）、フィリピン（比律賓）への独立付与を定めたのだった（外務省編纂 二〇一〇a：一三四四）。

この「決定」に記された「付記」は、独立付与の背景を詳述したものであるが、ビルマについては次のように約言できる。①一八八六年に英支配下に置かれる前は独立国であり、また一九三七年以降「英帝国内ニ於ケル準自治領的地位」を認められ、独立願望と一定の自治能力を有している、②帝国から見れば、ビルマは「大東亜防衛上西方ノ要衝」であるので、「軍事的結合」を強めることが肝要である、③開戦後の彼ら「民衆ノ…積極的協力ヲ篤ト考慮」し独立を許容することは、民心把握の上からもインド民衆に与える政治的影響等にも鑑み、適当である、④独立付与の後も「外交経済」面での提携協力に加え、とりわけ「平和的結合ヲ強固」にしていくことが必要である。

この対ビルマ政策やフィリピン独立方針を含め、東南アジア各地に対する基本方針を定めたのが、同年五月三一日の前述した御前会議決定「大東亜政略指導大綱」である。

この大綱ではまた、同年秋に大東亜会議を東京で開催することも謳われた。こうした一連の流れを踏まえ、八月一日、バ・モオを国家元首兼首相に任じたビルマ国の独立が認可された。

バ・モオ新政権には、閣僚としてアウンサン（国防相）

やウー・ヌ（外相）らタキン党系の若手民族主義者が六人入閣し、一定の統治経験を積む契機となった。日本の強い監視下での独立であったが、このバ・モオ政権について根本敬は、「単なる日本の傀儡ではなかったことも事実」であり、「日本軍占領下という枠組みのなかで、可能な限りビルマ・ナショナリズムの強化につながる政策を実現しようと努めた」と評価する（根本敬 二〇一〇：四五）。

しかしながら、同時に根本は、バ・モオ政府は日本から押しつけられた秘密協定に縛られ、国内での日本軍の駐留と行動の自由、国軍と警察に対する日本側の指揮権の承認を強いられ、独立したとはいえその主権は著しく制限され、実態としては日本軍占領が継続した形であったことも指摘する（同書）。

■バ・モオ首相と対日協力

日本軍という巨大な重しの下で、独立の実態化に向けビルマ人指導者はさまざまな「抵抗」を試みたが、この点についてバ・モオの回想録等も踏まえながら、もう少し見ておきたい（バ・モオについての詳細は、根本敬 二〇一〇：第二章 参照）。バ・モオは英国ケンブリッジ大学法学部出身の知的エリートであったが、きわめて強い反英感情の持ち主で、ビルマにとって「イギリス帝国主義こそ現実的で明白な敵」であり、「我々にのしかかっている吸血鬼を追い払うために他の鬼をも使うべき」との考えを有していた。

今次大戦を一九世紀の三次にわたる抗英戦争に続く「第四次英緬戦争」と理解するバ・モオは、日本がビルマを必要としたのと同じく、ビルマにとって日本は利用可能な存在だとみなした。そうしたしたたかな現実主義は、「取りあげられたと等しいものを彼等から得て、勘定を合わせておく」（バ・モウ 一九九五：二八五）という発想――それが現実化したか否かは別にして――に如実に示されていた。

それではバ・モオの対日協力とは、どのようなものであったのだろうか、彼は、一九四三年三月から日本敗戦までの二年五ヵ月間に、五回にわたり東条首相と会談（内一回はシンガポール、他は東京で）するなど、「南方共栄圏」の中で、もっとも日本側首脳との接触が多かった指導者であった。

そして、戦後執筆した回想録において——連合軍主導の東京裁判での東条極刑を知りつつ——バ・モオは、東条英機に対する個人的な親愛の情を隠そうとしなかった。英米に対し「あてこすり」をするかのように、大東亜会議に出席したバ・モオは、「チャンドラ・ボース〔自由インド仮政府主席、会議にオブザーバーとして招聘〕や私に、〔東条首相は〕すばらしい印象を与えただけでなく、彼に会ったすべての東南アジアの指導者たちにも、深い印象を与えた」と述べるのだった（同書：三二三）。

日本側から、大東亜会議への出席を沢田廉三駐ラングーン大使を通し求められた時、バ・モオは「即座ニ欣然」として受諾を表明している。隣国タイの首相ピブーンが、病を理由に、戦局不利の日本との関係深化を用心深く、しかし確固として避けようとしたのと好対照であった。同時にバ・モオは、会議場（国会議事堂内）での席次が国際会議の慣例であるABC順ではなくイロハ順だと、先に独立したにもかかわらずビルマがフィリピンの後塵を拝することになり、それは個人としても国家としても面白くない、と臆することなく自尊心を露にしている（「大東亜戦争関係一件——大東亜会議関係」DRO所蔵）。

大東亜会議でのバ・モオは、ビルマ代表としての基調演説において、この会議は「『アジア』は一つ」であるという「大原理」を体現したものだと強調しつつ、こう獅子吼したのだった（伊藤隆他編 一九九〇：三二七-三二八）。

「我々は最早『ビルマ』人は僅か千六百万人であると云ふことを忘れ、『アジア』十億の一部であると云ふ此の大事実に力強さを感じ、『アジア』が力強ければ強い程我々『ビルマ』人も強いと云ふことを心から信じて来たのであります。…即ち東洋人に生れました暁に於ては、国籍を二重に持つて居る、…自国の国籍と同時に大東亜の国籍を有するのであります。」

バ・モオの公的な場でのこうした発言を読む限り、彼は日本の傀儡であるかのような印象を受けるかもしれない。しかしながら、先の席次問題が象徴するように、バ・モオは民族主義的な自尊心も人一倍強く、決して日本側が操縦容易な人物ではなかったことが、『東條内閣総理大臣機密記録』の中からもうかがえる。

その一例は、大東亜会議閉会後、東条と懇談した折のバ・モオの発言である。バ・モオは、当時のビルマ農村の疲弊につき率直に言及し、従来年間四〇〇万トンに達

図表 4-6　南方陸軍地域通貨種類別流通高（単位：百万ドル外(ママ)）

	昭和18年6月末			昭和18年11月末		
	在来通貨	軍票（含南発券）	合計	在来通貨	南発券	合計
マライ	213	221	434	213	368	581
北ボルネオ	13	12	25	13	14	27
スマトラ	90	84	174	90	205	295
ジャワ	514	87	601	538	135	673
ビルマ	160	315	475	160	581	741
合計	990	722	1,712	1,014	1,305	2,319
比率（%）	58	42	100	44	56	100

（出所）岩武照彦．1995：533．
「南発券」は軍の命令下で占領地における経済開発計画と現地軍費用支払い等のために南方開発金庫が発券した金庫券。詳細は同書：321-330．参照。

した米の生産が、来年は二五〇万トンまでに落ち込むと見込まれているが、その主因は、「軍隊に於ける使役の為農民を徴集すると共に役牛も徴発せし為なり」と難じたのだった（伊藤隆他編　一九九〇：三四七）。

日本支配下のビルマ経済が戦時体制に組み込まれる中、一般民衆の経済生活の悪化と、さらに英軍による空爆激化や急激なインフレの進行、主要産品である米の輸出ストップ、日常用品不足、反日嫌疑を理由とする憲兵隊の拷問、泰緬鉄道工事等への実質的な強制徴用、一部日本軍将兵によるビルマ人への暴力行為、文化的侮辱等が重なり、「独立」の実態が赤裸々になるにつれ、当初の日本への期待は急速にしぼんでいった。（根本敬　二〇一〇：四六）。

断片的ではあるが、上の二つの表からも、「独立」付与後のビルマ経済が、他国以上に悪化している状況がうかがわれる。図表4-6は、東南アジア各地域の通貨流通高を、在来通貨と日本が発行した軍票に分けて表示したものであるが、ビルマは「独立」（一九四三年八月）前も後も、軍票流通高が在来通貨のそれを、大きく上回っていることが明らかである。しかも「独立」後は、在来

図表 4-7　東南アジア各地域物価指数　（『日本金融史資料』第30巻161頁第57表による）

	昭南	クチン	ジャカルタ	メダン	ラングーン	マニラ
1941.12	100	100	100	100	100	100
1942. 3			102			
6			140			
9			139			186
12	352	114	134	308		200
1943. 3	405	128	150	384	705	245
6	807	141	166	432	900	247
9			199		1,253	437
12	1,201	153	227	707	1,718	1,196
1944. 3	2,922		304		2,629	1,976
6	4,469	388	492	986	3,635	5,154
9	6,471		1,279	1,279	5,765	14,084
12	10,766	827		1,698	8,707	14,285
1945. 3			1,752	2,253	12,700	14,285
6			2,421	3,252	30,629	
8	35,000	4,000	3,197	3,300	185,648	

（出所）岩武照彦．1995：546.

通貨の三・五倍強の価値の裏付けを伴わない軍票が乱発され、流通していた。

当然そのことは、図表4-7に見るように、東南アジア主要六都市中、ラングーンのまさに天文学的な物価指数の激増となって現われている。実に開戦当時の一八〇〇倍余の数値を示し、二位の昭南の五倍強に達している。また昭南を除くと、「独立」を付与された二つの国の首都、ラングーンとマニラの物価急騰が突出していることも印象的である。

東条首相との一一月八日の懇談の場でのバ・モオのもう一つの直言は、ビルマ人政治犯の検束で、憲兵隊が元首たる自分に事前の相談もなく、自分の閣僚の一人に嫌疑をかけ、しかも憲兵隊の一将校がその件で自分に「方針を質した」ことは許し難い越権行為だと難じ、こう苦言を呈した（伊藤隆他編　一九九〇：三四九）。

「私は元首として、右将校に応酬すべき筋合にもあらず、回答を用意なき旨を示して辞去せしめたり…要するに、元首としての私を信じて頂き度し、全々連絡無くして事を運ばるるは、元首として非常に困る立場に置かれる次第なり。」

このバ・モオの強い個性を、東条は内心いささか煙たがっていた。その四ヵ月前のシンガポールでのバ・モオとの会談後、東条は側近に対し、「(バーモは) ビルマを背負って立ってゐる自負心があるから、或時には少々シヤクにさわる要求」を出してくるが、「然し大きくビルマを抱 (え) よう (と) するには、むしろ彼等を充分のさばらして我国はその上を大きく網をかけておけば良い」と語っていた (同書 : 五〇九)。

この東条の「網かけ」論には、ビルマに「主権を有する完全なる独立国家」(「ビルマ国家基本法」第一条) としての地位を与えるにしても、実際は日本の「内面指導」下に置くとの日本側のホンネが如実に示されている。事実日本は、独立認可と抱き合わせに、「軍事秘密協定」を結び、それによって日本軍はビルマ国内において、一切の行動の自由を確保することを認めさせたのであった。

■抗日蜂起へ

一九四四年一月、ビルマを管轄下に置く第十五軍司令官 (牟田口廉也中将) の強い要望によって大本営が発令したインパール作戦も、そうしたビルマ国内での軍事行動

写真 4-11　泰緬鉄道のミャンマー側起点タンビュザヤ。Death Railway の語が印象的である。2018年 3 月 8 日、吉野文雄氏撮影・提供。

の一環であった。悪化する戦局打開のための「インド進攻作戦」として、ビルマ領内から峻険なアラカン山脈を越えインド東北部インパールに侵攻するこの一大軍事作戦には、第十五軍傘下の三個師団が投入されるも、英印軍の烈しい反撃や連絡ルート途絶などで約七万五〇〇〇人の戦死（三万人）・戦病傷者を出し、七月四日大本営はようやく作戦中止令を出したのだった（最高責任者、牟田口廉也中将は一九六六年まで存命）。

その作戦中止令の三週間前には、太平洋マリアナ沖海戦でも日本軍は決定的敗北を喫する中で、七月一八日の東条内閣総辞職を迎えることになる。

ビルマはインパール作戦の直接の戦場とはならなかったものの、派遣三個師団の兵站基地として、大量の「物的人的資源」の供出を求められた。その点は、泰緬鉄道建設工事の場合と同じであった。泰緬鉄道については前述したが、終着地ビルマの事例を見てみると、工事着工直前の一九四二年七月からほぼ二ヵ月ごとに、軍当局による労務者募集が行なわれ、募集人員は一七万七〇〇〇人とされたが、工事現場への「輸送」途中の脱走が相次ぎ、送り込まれたのは約一〇万人余であった（吉川利治編 一九九二：一七七）。

インパール作戦での壊滅的な敗北は、日本側にとって重大な打撃となっただけではなく、連日のように戦線から戦死した兵士や負傷者が搬送されるのを目撃することになるビルマの人々にとっても、日本の軍事的な劣勢が強く印象づけられることになった。日常的な経済的困窮や、日本支配に対する蓄積された不満が蔓延したところでの、日本軍のインパール敗退であった。

こうした状況を背景に、バ・モオ内閣の国防相ではあったが、「独立」の実態に強い不信感を抱いていたアウンサンら旧タキン党系のビルマ国軍幹部を中心とする諸勢力は、ＡＦＰＦＬ（反ファシスト人民自由連盟、略称パサパラ）を結成する。インパール作戦中止命令から一ヵ月後の八月のことであったが、アウンサンらは「機が熟したと判断し抗日闘争準備促進のための地下組織をつくることを決心」したのであった（根本敬 一九九六：一〇六）。

パサパラはビルマ国軍が主柱となったが、戦前のタキン党内から派生し、日本占領期に非合法反日活動を行なっていたビルマ共産党と人民革命党の地下政治組織が、全面的な協力態勢をとった。パサパラは、結成と同時に

「帝国主義者・ファシスト・強盗である日本の野蛮人どもを追放せよ」と題したマニフェストを掲げ、武力抗日の準備をひそかにかつ周到な戦術の下に進めた（翌一九四五年三月二七日に口火が切られるこの国軍・AFPFLの各地での一斉蜂起についての全体像、その政治的意味・歴史的位置づけについては、前記根本敬の著作を参照）。

ビルマ国軍の前身とも言うべきビルマ独立義勇軍（BIA、一九四一年一二月二六日結成）以来、三年数ヵ月にわたりビルマの軍事組織を育成してきたと自負する日本側にとって、この国軍主体の抗日蜂起は大きな衝撃であった。また当時の日本軍当局は把握できなかったが、国家元首・首相として自らがかつぎあげてきたバ・モオは、ビルマ側公安筋から得ていたアウンサンらの地下活動に関する情報を、最後まで隠匿し通したのだった（根本敬 一九九六：一〇八）。

バ・モオが入手した極秘情報が日本側に渡った場合は、異なる史実が展開した可能性も否定できないが、いずれにせよ戦後対立関係に入るバ・モオとアウンサンが、抗日蜂起においてそれぞれの役割を分担した形となった。

ちなみにバ・モオは、権力闘争に破れ亡命生活を送ったアメリカで執筆したその回想録の中で、一九四五年三月の国軍蜂起について、戦争末期の英軍の軍事的成功を見こしたタキン党が、「良心の呵責もなく寝返っ」ておこした事件であり、タキン党系国軍の行動を「日本仕込みの日本式軍隊が、戦前の日本軍国主義が生んだ偏執病」にとりつかれたものとして、激越なタキン党非難を行なっている（バー・モウ 一九九五：二八〇～二八一）。同時にここからは、バ・モオの複雑で屈折した日本観の一面を見てとることもできよう。

一言付記すると、日本軍との関係で軍歴の第一歩を印

写真4-12　ミャンマー、泰緬鉄道の起点近くの寺院の中にある日本人将兵の墓地、2018年3月17日、吉野文雄氏撮影・提供。

したアウンサン将軍に率いられた、この国軍主体の抗日蜂起が始まった三月二七日は、独立後ビルマでは国軍記念日と定められ、重要な日とされている。その「輝かしい」蜂起から七六年を経た二〇二一年三月二七日、軍事クーデター（二月一日）によってアウンサンスーチー指導下の国民民主同盟（NLD）政権を倒し、烈しい国民の抵抗運動に直面したビルマ軍は、この国軍記念日を「祝う」かのように、反軍民衆デモに対し容赦ない武力弾圧を開始した。最初の三ヵ月のみだけでも、その犠牲者は八〇〇人を超えたと報じられた。日本軍・アウンサン父娘・ビルマ国軍の歴史的因縁なのであろうか…。

(2) フィリピン

一九四一年一二月八日、日本が対米英戦に突入した時点で、「解放アジア」にもっとも近い場にいたのが、カトリックが人口の八割以上を占めるフィリピン、ついで前述のビルマであった。

日本軍のマニラ爆撃があったその日は、カトリック教徒にとって大切な「無原罪の聖マリアの祝日」であり、人々がその準備に楽し気に追われていたところへの爆撃

写真 4-13　ソリヴェン一家の最後の家族写真（1940年、マニラ）。弁護士・国会議員であったベニト（右上）は「バターン死の行進」後、体調を崩し病歿。妻ベラジアの父親はゲリラを匿った嫌疑で日本軍に撲殺され、彼女は残された９人の子供を女手ひとつで育てる。
（出所）筆者所蔵。

であった（付言すれば、シンガポール「陥落」の二月一五日は、春節であった）。一〇人の子供を持つ、まだ若い上流階級の母親ベラジアは、息子たちのシャツには十字架のピン、娘たちの胸にはロザリオをかけ、子供たちの安全を祈願した（写真4–13参照、ソリヴェン、ペラジア・V 二〇〇七：一〇二）。

■開戦前後のケソン大統領メッセージ

日本政府・軍当局も、開戦前夜のフィリピン、ビルマ両国の「独立問題」の進展については一定の理解を持っており、そのこともあってこの両国に、一九四三年に入り「独立」を供与したのであった。しかしながら、歴史の皮肉とも言うべきか、「解放戦争」に従軍した日本軍将兵（その大多数は徴用兵士）の戦死者数を見ると、その両国が圧倒的に多い。前大戦期の海外戦地での戦没者総数二四〇万人の内、最多の中国（七一万一一〇〇人、含「満州」）に次ぐのが、フィリピンでの五一万八〇二〇人、ビルマ（ならびにインド）はそれに次ぐ一六万七〇〇〇人となっている（「千鳥ヶ淵戦没者墓苑」公開資料）。その戦死者（含病没、餓死等）の多くは、フィリピンでのレイテ戦、

写真4–14　比コレヒドール要塞攻撃の日本軍上陸地と戦死した兵士の墓碑。
（出所）朝日新聞北角記者撮影、1942年、山﨑功氏所蔵。

ビルマでのインパール作戦従軍者である。

開戦約四ヵ月前の一九四一年八月一九日、フィリピン・コモンウェルス大統領マヌエル・ケソンは、日米関係が急速に悪化する中、国民に向けてのラジオ演説において、こう訴えた（アゴンシリョ、テオドロ・A 一九九一：八七）。

「我々はアメリカに対して忠誠を尽くす義務があり、我々は永遠に続く感謝の念という絆によってアメリカと結ばれている。米国が戦争に突入すれば、フィリピンは米国につづくであろうし米国と並んで戦うであろう。」

緒戦の日本軍の電撃的な猛攻に直面し、ケソンは米極東陸軍（ユサフェ）最高司令官D・マッカーサーの説得でマニラを脱出、副大統領オスメーニャらとコレヒドール要塞に移動、その後米国に亡命政権を組織する。

マニラを離れる直前、ケソンは腹臣のバルガス官房長官ら閣僚に、「日本に忠誠を誓う以外のあらゆる方法を用いて国民の苦難を和らげるため」努力するよう指示した（中野聡「フィリピン・持続したリーダーシップ」倉沢愛子編 一九九七：三九）。

フィリピンの政治エリート間にこのような動きが見られる一方、日本軍は翌一九四二年一月三日いち早く首都マニラを占領し、アメリカ主権の消滅宣言と同時に、政治・行政・司法諸分野の現状維持を命じた。

開戦直前に策定された、「南方作戦ニ伴フ占領地統治要綱」で謳われた、「残存統治機構の利用」規定に沿っての措置であった。具体的には、コモンウェルス政府の行政機構を縮小再編した形で、比島行政府（長官、バルガス）を発足させることとなった。

■日本軍のフィリピン認識と「独立問題」

他方、開戦当初の日本側首脳部は、新占領地フィリピンをどのように見ていたのであろうか。東条首相兼陸相の最側近の一人、佐藤賢了陸軍省軍務局長は、フィリピン人について「比島人は東洋人にして東洋人にあらず、西洋人にして西洋人にあらず、もっとも始末の悪い民族」との理解を有していた（佐藤賢了 一九六六：三一二）。

このような軍首脳の見方を反映し、南方軍当局も、フィリピン人について「住民ハ放縦遊惰、軽佻浮薄」であり、かつ「米国畏慕ノ念ヲ捨テズ、我ヲ軽侮シ治安不良」だと評し、今後とも、おもねることなく「厳然タル

写真 4-15　マニラ市内、キアポの中国人墓地入口、門上部には「抗日烈士英雄門」と書かれている。2013年 8 月 9 日、吉野文雄氏撮影・提供。

軍容」の下、断乎として日本の「威武ヲ顕示シ速ニ米国景仰ノ観念ヲ放棄」させ、日本の政策に協力させると突き放した目を向けていた。

しかしながら日本側は、アメリカ統治下のフィリピン「独立問題」の進展状況を把握していたこともあり、軍政施行直後の一九四二年一月二〇日の議会演説において、東条首相はフィリピン人が「東亜新秩序」建設に協力するならば、「欣然トシテ之ニ独立ノ栄誉」を与えると明言した（防衛庁防衛研修所戦史部編著 一九八五：三九）。以後この発言を踏まえた形で、双方の間で協議が続けられ、翌四三年一月一四日、前述したビルマとフィリピンを対象とした「占領地帰属腹案」が、大本営政府連絡会議で決定を見た（外務省編纂 二〇一〇b：一三四四）。

ここでは独立付与の方針策定までの経緯についても言及されるが、その要旨を整理すると、①フィリピンは独立の要望強くかつ自治能力がある、②アメリカは一九四六年七月四日に独立を承認すると既に約束している、③日本領として日本が統治することは「帝国ノ負担煩累」を及ぼすことになる、④日本領に編入しなくても、実質的に日本の勢力下に置くことは可能である、ということであった。

フィリピンの代表的歴史家リカルド・T・ホセは、これに関連し日本の独立付与の動機として、次の三点を指摘している（「信念の対決――『ラウレル共和国』と日本の戦時外交関係一九四二―一九四五年」池端雪浦編 一九九六：二〇二）。①世界に日本の寛容を示す、②独立のため戦ってきたフィリピン人の忠誠心をかちとる、③日本軍駐留と戦略資源の支配を確保しつつ、行政の基本的責任をフィリピン側に移す。

フィリピン独立問題についてのこうした基本方針を手土産に、東条首相が最初のマニラ訪問を果たすのは、一九四三年五月初めのことであった。東条は訪比に先立ち、三月には汪精衛（兆銘）・南京政府主席を訪問、ついで四月には「満州国」を視察するなど大東亜共栄圏内の「独立国」を精力的に訪問していた。戦死者・餓死者二万五〇〇〇人という大被害を出したガダルカナル島からの撤退（二月一日）直後のことであり、「共栄圏」の求心力を高める一環としての訪問外交であった。

これらの視察旅行のすべてに同行した、前述の佐藤賢了陸軍省軍務局長は、「大東亜の結集」を強めるには、首相自らの各地歴訪がもっとも効果的であるとの判断から、視察が計画されたと回顧する（佐藤賢了 一九六六：三一四）。この最初のマニラ訪問で、東条が確かな手応えを感じたことが、七月のより本格的な東南アジア歴訪につながることになったと思われる。内閣制度発足（一八八五年一二月）以来、歴代首相の中で最初の東南アジア訪問となったこの訪比の実際を、『マニラ新聞』（毎日新聞社が軍の委託で経営）に依りつつ見ておこう。

五月五日、日本では端午の節句の日、東条首相は台湾・高雄から空路フィリピン入りする。同紙は「颯爽・堂々たるマニラ入り」との大見出しで報じた後、「戦闘帽に軍服、陸軍大将の襟章が光り胸間にはいろとりどりの略綬がまばゆいほどに輝く堂々たる〝大東亜の宰相〟ぶりだ、輝かしい戦果に満ちる南方の土を現職首相として初めて踏む感激はいかばかりか」と報じた（五月六日付、内地各紙特派員の報道も大同小異）。この一文が象徴するように、「大東亜の宰相」の一挙一動が、「感動」の筆致で綴られる。

五月七日付『マニラ新聞』は、東条から独立供与の方針がフィリピン側に通達された後、アネタ広場で開かれた「比島民衆感謝大会」の様子をこう報じた。

「(大会終了後東条はすぐ立ち去らず)民衆の堵列を前に、右側第一列第一人から首相は親しげにまた優しく右手をふりつつ民衆にこたへて行く、首相がこんなに自分たちの近くに…この時比島民衆にはもはや何もない、ただ感激、ただ感激、小旗をふちふり、『バンザイ〃マブハイ〃』と絶叫する。」

この「熱烈歓迎」を受ける直前、東条首相はパルガス行政府長官と会談を持った。会談後の談話の中で東条は、「比島官民が協力一致日本軍と相提携し新比島建設」に「目覚ましき成果」をあげていることを評価し、最後にこう結んだ(『マニラ新聞』一九四三年五月六日)。

「(今後とも)全民衆が更に帝国の真意と比島の使命とを再確認し、この聖戦参与の光栄と責任とを肝銘し、全比島人が渾然一体となり、比島独立の日の一日も速に実現せられたことを期待するものである。」

ただし、バルガス行政府長官やラウレル内務部長官らフィリピン側首脳は、東条に対し、独立の具体的な日時につき尋ねるも、東条は「それ皆さん次第です。治安が確立すれば」「もし治安が確立されれば、私たちは明日にでも独立を与えます」と答えたのみであった(リカルド・T・ホセ「信念の対決…」池端雪浦編 一九九六:二〇五)。

それから四〇日後、フィリピンの治安は一向に好転しない中、六月一六日、東条首相は第八二帝国議会において、フィリピンの戦争協力を評価しつつ「帝国は此の際、更に一歩を進めて、本年中に、比島に独立の栄誉を与えんとするものなること」を言明した。

このニュースは、ただちにフィリピン側にも伝達され、翌一七日のラジオでバルガス長官は、「これはフィリピン民衆の歴史における最良の日である」と国民向けメッセージを発表、あわせて東条首相宛て感謝電が送られたのであった(同書:二〇六)。

「本年(一九四三)中」の独立を約束した東条の議会演説から一〇日後の六月二六日、「比島独立指導要綱」が決定を見る(大本営政府連絡会議)。この文書の「指導」という語が、独立の内実、独立後の日比関係のあり様を語らずして示していた。曰く、現在の「比島行政府ヲ刷新強化」し、独立後の政府の主体となるよう「指導ス」、「現地〔日本〕軍指導下」に「独立準備ヲ完成」させる等々(外務省編纂 二〇一〇b:一二七七。なお一三七九—一四一五は「独立」関係諸文書を収録)。あわせてこの「要綱」別冊に記された主な問題を、箇条的に数点あげておこう。

①独立国の領域は旧米領全域とするが〔イスラム勢力が強い〕ミンダナオ島については、その「軍事的経済的重要性ニ鑑」み「特別ノ措置」をとることがある、②日本との間に「軍事上完全協力」を約束し、フィリピン側は「帝国軍隊ノ為一切ノ便宜」を供与する、③独立国家防衛に必要な陸海軍を保有するが、「兵力量及編制」の決定は、「実質的ニ帝国之ヲ指導」する、④フィリピン軍は「戦時ノ作戦用兵」に関しては、「在比帝国陸海軍最高指揮官ノ指揮」を受ける等々。この「独立指導要綱」に基づき、一〇月一四日、「日比同盟条約」が結ばれ、ホセ・P・ラウレルを首相とするフィリピン共和国が成立した。

フィリピン独立に先立って、ラウレル、バルガス、アキノ三首脳は東京を訪問し、東条首相から「独立示達」を受けるとともに、日本側要人と会談した(一〇月一日、重光外相、青木大東亜相、星野書記官長、同行した村田省蔵軍政顧問、和知鷹二参謀長同席)。日本側が作成した会談要旨を一読すると、東条、ラウレルの会談は「独立」祝賀ムードもあってか和気藹々とした雰囲気が感じられるが、その中で対米英宣戦布告をめぐり、きわめて興味深いやりとりが交わされている(伊藤隆他編 一九九〇:二六一–二六二)。ラウレル発言は、通訳官浜本正勝が通訳にあたった(浜本については、インタビュー記録「ラウレル大統領とともに」日本のフィリピン占領期に関する史料調査フォーラム編 一九九四 参照。また中野聡:二〇一二 参照)。

まず東条首相は冒頭、独立後に大統領就任予定のラウレルに対し、日比協同での「比島防衛の完璧」を期すため、「米英両国に対し宣戦するに至らんことを望」みたいと切り出した。あわせて、先に独立したビルマには「独立即ち宣戦を要求」したが、フィリピンの場合は状況が異なるので、「成る可く速に」ということでお願いしたいと述べた。

これに対しラウレルは、独立供与に謝意を表した後、率直に言わせていただきたいとして、「新比島の国民は即座に宣戦布告することには同意しないものであると思ひます」とソフトな口調ながら、宣戦は不可能であることを明確に伝えた。それは、かえって国内治安の悪化をもたらすからだ、というのが第一の理由であった。

その上でラウレルは、この問題については「暫く猶予」をいただきたいと懇願する。東条はそれに対し、事情は了解できると首肯した上で、「今直に独立、即ち参戦とは申しておらないのであります。比島の情況を充分斟酌して、参戦に付ては時間の余猶（裕）を置いて居る次第です」と応じたのだった。日本側の会談記録を見る限り、宣戦布告問題については、それほど緊迫した空気の中で会談が進められたようには感じられない。

他方、通訳にあたった浜本正勝（当時は内閣嘱託、この会談を契機にラウレル大統領特別顧問になり、フィリピン側要人の信頼を得る）は、前記インタビューの中で、東条首相の断固とした口調での宣戦布告要望は、「フィリピン側を驚愕」させたが、ラウレルは一瞬間を置いて、こう「はっきりと言明」したと回顧する（前掲「ラウレル大統領とともに」：一〇三）。やや長くなるが、ラウレルの対日姿勢を見る上で、貴重な証言として引用しておきたい。

「まず結論はＮｏであります。なぜなら私が首相閣下に同意することは、フィリピンの国民を明らかに裏切る結果になります。フィリピンの国民は例外なしに、米国に対して深い恩義を感じており、もし私が対米英宣戦布告を発令するとしたら、私はその瞬間フィリピン大統領の地位から追放されるに違いない。私の一生の大部分は法曹界ですごしており、それも主として司法部門でしたから、私は一般大衆にあまり知られていないことも事実なのです。」

ラウレルのこの明快率直な発言に対し、東条は「静かに聞いていました」と浜本は付言している。事実、この宣戦布告問題は、一年後まで棚上げされる形となる。

またこのラウレルの決然とした発言に対し、当時フィリピン側訪日団に加わったサンビクトレス長官にインタビューしたリカルド・ホセは、その談をこう紹介する（「信念の対決…」池端雪浦編 一九九六：二一二）。「しばらくの間、一行はラウレルの強情な［宣戦布告］拒絶により自分たちは殺されてしまうのではないかと恐れたが、一九四三年一〇月五日、無事マニラに帰還した。」

■「独立」後の日比関係と大東亜会議

独立したものの、フィリピンの「同盟国」日本にとって、戦局は一九四四年に入りますます悪化し、米軍はマリアナ諸島を撃滅後、西進を加速し、九月二一日にはマニラを空爆した（その後一〇月二〇日レイテ島上陸、翌四五年二月三日マニラ占領）。日本側は、ラウレル大統領に一刻も早い宣戦布告を重ねて迫った。ラウレルは、まず戒厳令を布告、ついで「米国並に英国との間に戦争状態に入りたる旨ここに宣言す」とする閣議決定を行なった。

この宣言（declaration of a state of war）は「宣戦布告（declaration of war）と違い、「現実を消極的に追認」したに過ぎず、かつ法律家であるラウレルは、議会に宣言の批准を求めず、宣言に法的な裏づけを与えなかった。

このよく知られる史実について、フィリピン側閣議にも出席を許されていた大統領顧問（閣僚待遇）浜本正勝は、この表現はアメリカに対しフィリピンの立場を現実に言い表す最良の方程式として、閣議が「苦心惨憺の挙句」編み出したものであり、最終的に日本側も「我慢」したと述べるのだった（日本のフィリピン占領期に関する史料調査フォーラム編 一九四四：一〇四）。

先の日本訪問から一ヵ月後の同年一一月五〜六日、「第二共和国」初代の大統領となったラウレルは、大東亜会議出席のため、ふたたび日本へ赴く。「大東亜共栄圏」の六独立国家のうち、最も新しい独立国の元首としての訪日であった。

東条首相を議長とするこの会議では、日本の指導下戦争完遂への決意が謳われるとともに、連合国側の大西洋憲章（一九四一年八月）に対する対抗理念として、「共存共栄の秩序の建設、自立独立の相互尊重、人種的差別の撤退」を掲げた大東亜共同宣言が採択された。

ラウレルは、この大東亜宣言について、戦後の回想録（ラウレル、ホセ・P 一九八七：一五四）の中で、「この宣言に盛り込まれた崇高な目的が日本の軍事的、経済的拡張主義などによって具現できることは、私自身とても信じられなかった」と弁明している。

大東亜会議での各国代表演説において、ラウレルは唯一人、会議に招請されなかった（また会議自体の開催を知らされていなかった）インドネシアとの連帯に言及していることは、戦後の東南アジア域内での協調の萌芽として注目に価する。ラウレルは、「出席国たるビルマ、タイ、満州国、中華民国等と利害を同じくする『ジャバ』『ボルネオ』および『スマトラ』の諸民族と協力し［ただしフィリピンにもっとも近いセレベスならびにマラヤには触れられず］且日本国に結びつき総てが結集し鞏固なる組織体として一致団結」すべきことを訴えた。

このラウレル演説に対し、ビルマ代表バ・モオは、「数世紀にわたって鎖につながれたすべてのものの反抗とアジアの怒りにふちどられ胸底からつきあげられるような激情的」なものであったと絶賛している（バー・モウ 一九九五：三五二）。さらにバ・モオは、この時のラウレルを「このアジアでの初めての集いのドラマにより一層感動していた」と描写し、ラウレルが高揚した感情で大東亜会議に臨んでいたことを示唆するのであった。

このように二日間にわたる大東亜会議を通じ、ラウレルは、「大東亜解放の此の聖戦は日本の為のみではない。比島の為のみではない。大東亜十億の民族の為でありまず」（伊藤隆他 一九九〇：二六二）との基本的スタンスで臨んでいた。しかしながら、ラウレルは帰国挨拶のため東条を訪問した時の懇談の席上、胸中に渦巻く日本への不満不信の念を赤裸々に吐き出した。

それは、日本側が二二〇人の各分野の顧問を派遣する件に関してのことであった。ラウレルは、「農業、工業、財政経済の専門部面に付ては、是非共、日本の専門家を要すべきも、政治部面に於ては余は自信あり、日本顧問の指導の要なしと考ふ。斯くの如き大組織を擁する秋は『フィリピン』政府が恰も傀儡政府なりとの正面からの悪印象を与ふべしとの危惧ヲ有す」と不満をぶつけた。

この一件は、東条の「専問［門］指導官の問題は初耳なり。斯の如き大多数のものを日本として派遣する余裕も無く、又之を『フィリピン』国に押しつける意志は毛頭なし」との言葉で、自然結着がついた形となった（同書：二五一－二五二）。

この非公式な形での懇談の最後に、独立供与から大東亜会議に至るこの一ヵ月の接遇に、懇ろな謝意を表したラウレルに対し、東条は「閣下より大変恐縮なる御礼に接せしも、兄弟には遠慮は要らず。水臭きことは一切已められ度」しと述べ、「兄」らしい余裕を示して見せたのだった（同書：二五三）。

フィリピンにおける日本軍政当局は、他の地域と同じく、占領地統治を行なうに際し、「残存統治機構」を利用する一方、現地の本質的には親米派の既存エリート層も、日本軍当局の協力要請に対し拒否しようとせず、協力を通じて「独立」という民族主義的目標を具現化しようと努めた。いわば消極的対日協力を、フィリピン・エリートは選んだのであった。ただそうした関係は、同時に消極的抵抗と表裏一体をなすものでもあった。

他方、既成エリートとは異なり積極的対日協力を選んだ親日派民族主義者は、どのような状況に置かれていたのだろうか。「反米の裏返として」日本期待グループ（早瀬晋三前掲論文 萩原宜之・後藤乾一編 一九九五：三八）の象徴的存在であったベニグノ・ラモス率いるサクダル党、あるいはラモスが新たに分裂・結成したガナップ党にとっては、日本占領の到来は反米・即時独立という、彼らの宿願を実現する千載一遇の好機と捉えられ、積極的に協力した。

しかしながら、日本軍政当局は、自分たちの「パートナー」として彼ら親日派を重要な地位に登用することなく、彼らが「日比協力体制」の中枢に入る機会はなかった。彼らが、対日協力者としてしかるべき役割を与えられたのは、レイテ島での戦争が激化し、さらにルソンでの戦争も迫っていた一九四四年、「興亜日」と呼ばれた一二月八日（開戦三周年）、日本側の一部によってガナップ党を主体とする日本軍の補助的軍事組織マカピリ（フィリピン愛国同志会）の発足後であった。

この親日派の新組織マカピリ発足にあたっては、日本亡命三〇年の比米戦争の英雄、リカルテ将軍が最高顧問にかつがれ、実権は総裁ラモスが握ることになった。しかしながら、事実上ラウレル内閣の一員と自他共に認めていた浜本正勝は、マカピリについてきわめてきびしい評価を下している（『ラウレル大統領とともに』一〇七―一〇八）。

浜本は、マカピリを組織させた黒幕は、かねてから従来の軍政を生ぬるいと難じてきた参謀副長の西村敏雄大佐であったと指摘する。満州在勤を経た西村は、ラウレル政権に代わる「純然たる傀儡政権を設置する以外に有効な道はないと決心」したことが、マカピリ結成の理由だとし、その本質は「ラウレル政権を倒そうという陰謀」の一つである、と浜本は断じるのであった。

また浜本正勝は、西村大佐はマカピリから閣僚一、二名を任命するようラウレルに圧力をかけたが、大統領はこれをきっぱり拒否したという内輪話を披露している。

こうした経緯の中で発足したマカピリであったが、米軍の総反撃を受ける中、ガナップ党員やマカピリ参加者の多くは、ルソン戦で敗走する日本軍と行をともにし、悲惨な最期を迎えた。領袖ラモスの行方も、杳として知られざるままとなっている（中野聡「日本占領の歴史的衝撃とフィリピン」石井米雄他編 二〇〇二：七二―七三）。

戦争の最終局面で、日本軍と行を共にしたという点では、ラウレルら第二共和国政府要人も同じであった。ただしラウレル大統領一行は、自らの意思によってではなく、日本軍の命令によって一九四五年三月二二日、人質同様の形で台湾経由日本へ向かった。日本側は、ラウレルに日本で亡命政府を組織することを強要したが、八月一五日、天皇は「戦争終結の詔書」をラジオを通じ内外に向け放送する。

その二日後の八月一七日、奈良ホテルに滞在中のラウレル大統領は、日本占領下で成立した第二フィリピン共和国の解体を宣言した。この日は、南隣のインドネシアにおいて、日本軍が約束したものとは無関係の、自発的な独立宣言が、スカルノ、ハッタ両指導者の名において読み上げられた日でもあった。

■激化する抗日ゲリラ活動

日本軍政当局に対するフィリピン統治エリート層の対応は、基本的には開戦直後のケソン大統領が命じた、対米忠誠を放棄しないことを絶対条件とする対日協力であった。その意味で、戦争末期のラウレル大統領の強いられた日本亡命と、日本から与えられたフィリピン共和国の解体宣言（八月一七日）は、象徴的な帰結であった。

エリートレベルのこのような日本との関係と対照的に、戦時期フィリピンは東南アジアで「最も組織的で激しい抗日ゲリラ運動が展開」された地であった（中野聡「フィリピン・持続したリーダーシップ」倉沢愛子編：六一）。

日本軍政開始直後の一九四二年三月、フィリピン共産党主導の下、中部ルソンの穀倉地帯で、日本軍追放と大地主制打倒を目標に掲げたフクバラハップ（抗日人民軍）が結成された。戦後大きな政治勢力に成長していたフクバラハップは、それ故に米軍によって危険視され征圧されるが、戦時期を通じルソン島農村部を中心に、持続的で激しい抗日武力抵抗を展開した。

S・ハヴェリャーナ『暁を見ずに』（阪谷芳直訳、井村文化事業社、一九七六年）は、ルソン島農村部の階級差は大きいが平和な日常が、日本軍侵略によって一挙に暗転し、その中でフクバラハップに擬せられる抗日ゲリラのリーダーになっていく一人の青年を主人公にした、臨場感あふれる文学作品である。

左翼農民運動の流れを汲むフクバラハップに対し、米極東軍（ユサフェ、一九四一年七月創設）の抗日運動は、米軍の強力な支援と指導の下で、全国的な規模でゲリラ活動を展開した。思想的にはフクバラハップと対極的な立場にあったが、抗日と反ファシズムという点で戦時期を通じ接点もあった。

いずれにせよ、日本側は広域で活動するこの左右双方からの烈しいゲリラ活動に直面し、「軍政三原則」の第一課題である「治安維持」を貫徹するため、彼らに対し徹底的な掃討作戦を展開した。またそうした日本軍の強硬な武断方針が、両ゲリラ組織の抗日運動をさらに激化させるという悪循環を産むことになった。

しかも、フィリピンにおける抗日運動は、戦局悪化やそれに比例するかのような経済的困窮化、治安悪化も加わり、一九四三年一〇月の独立後、より一層激化するようになった。この点は、「独立」ビルマにも共通して見られる現象であったが、ここからも両国における日本支配下の「独立」の本質と実態を見てとることができる。

フィリピンにおける戦時抗日運動において、ユサフェやフクバラハップのゲリラ活動はルソン島を中心に各地で展開されたが、それとともに典型的な群島国家フィリピンでは、それぞれの地域の政治史や社会文化的背景等に根ざした、ローカルな抗日運動も少なからず存在した。

こうした抵抗運動、特にイスラムの影響が強いミンダナオ島での運動は、長らくフィリピン国民史の語りの中で、その意義を過小評価されてきた、と川島緑は指摘する（川島緑「日本占領下ミンダナオ島におけるムスリム農民の抵抗――タンバラン事件をめぐって」倉沢愛子編 一九九七 所収）。

川島論文は、イスラム的政治文化が強いミンダナオ島ラナオ州タンバランで発生した、日本陸軍警備隊の一個中隊がほぼ全滅した事件を、日米比三ヵ国の関係文書やヒアリング調査を踏まえ再構成する。同地方にあって、日本軍は占領直後から、「治安維持」＝抗日ゲリラの掃討を名目に、ゲリラであるとの確証のない一般住民に対しても、残虐行為を繰り返した。こうした日本側の過剰な対応に対し、一九四二年九月、武装したムスリム住民が、一二〇〜一三〇名の日本軍警備隊を襲撃したのだった。こうした抗日の動きは、州内各地における日本軍襲撃事件へと連鎖していった。

このタンバラン事件は、ユサフェ将兵がこの地でゲリラ活動を組織化する以前に発生したという点で、「住民の自発的な対日武装蜂起の事例として重要な意義を持つ」事件であったと川島は強調する（同書：三八一）。

他方、長年にわたるレイテ島での社会史・民衆史的フィールド調査を通じ、多くの住民が対日協力に関わった事例を分析したのが、荒哲の近著である（荒哲 二〇二一）。荒著作は、抗日のゲリラが組織化された際、指導者を除くほとんどのメンバーが「下位中間層以下の貧困層」であり、彼らは初めて武器を手にしたことで、むしろ一般住民の生命財産を脅かす存在になった、と論じる。かつそのことにより、多くの住民がゲリラ集団に対し、嫌悪感を抱くようになったことを指摘する（同書：二三〇―二三一）。

また荒哲は、レイテ島内で組織された、対日協力のための準軍事組織が残した枠組みを受け継ぐ形で、戦後地域の地主たちが私兵集団を組織化し、かつて対日協力に関わった貧民をその私兵集団に組み入れていったことが、戦後フィリピンの地方社会で頻発する暴力拡散の重要な一要因になったことを指摘するのであった（同書：二二九、二三二）。

このような議論を通し、荒はルソン島という一周縁社会における日本の占領政策に、その地の住民がどのように関与し、それが戦後の同地社会に及ぼした影響を、日本占領がもたらした変化要因として提示する。

ミンダナオ島、レイテ島を対象とし、異なる方法と視点に立脚して進められた川島緑と荒哲の研究であるが、地方社会の実態を射程に入れた実証的な被占領史研究として興味深いものがある。

(3) マラヤ・シンガポール

■「帝国領土」への編入対象

日本軍が軍事占領下においた東南アジアの内、名目的な「独立」を付与された上述のビルマ、フィリピンと対照的に、日本の敗戦までその軍政下に置かれた地域が英領マラヤ・英領ボルネオ（現在のマレーシア、シンガポール、ブルネイ等）、そして蘭領東インド（インドネシア）であった。

日本側にとって、これら諸地域は、開戦当初から日本

写真 4–16　日本軍の上陸地マレーシア・コタバル歴史博物館、日本軍のマレー侵攻作戦で使用された銀輪部隊の自転車。2012年 8 月 5 日、吉野文雄氏撮影・提供。

軍の直轄支配下に置くべき重要な戦略的拠点として位置づけられた。「占領地ノ帰属」に触れた最初期の首相施政演説（一九四二年一月十五日、大本営政府連絡会議決定）の中で、東条首相は、占領地のうち香港、マレー半島は多年にわたり「英国ノ領土テアリ且東亜ノ禍乱ノ基地」であったので、日本はこれを「確保」し「大東亜防衛ノ拠点」とすることを言明していた（防衛庁防衛研究所戦史部編著 一九八五：三九）。

その上で、翌一九四三年五月の御前会議決定「大東亜政略指導大綱」において、より明確な形で「『マライ』『スマトラ』『ジャワ』『ボルネオ』『セレベス』ハ帝国領土ト決定」し、かつこの方針は「当分発表セス」と明記されたのであった。

「帝国領土」すなわち植民地とした以上、当然のことながら現地の日本軍当局は、マラヤの独立問題を具体的な日程に乗せることはなかったし、その必要もなかった。

そのことは別の角度から見れば、日本側が協力を求め、あるいは必要に応じ譲歩すべき有力な民族主義者・組織が、マラヤ社会内部、とりわけマレー人社会の中に存在しなかったことを意味した。少なくとも、これまで見てきたタイのピブーン、ビルマのバ・モオ、あるいはフィリピンのラウレル、次に見るインドネシアのスカルノらに匹敵する、利用に価するとみなされた有力な政治指導者はいないと判断されたのだった。端的に言えば、そうしたマレー・ナショナリズムの相対的な弱さが、マラヤにおける日本側の民族施策の方向に、大きな影響を及ぼしたのであった。

マレー・ナショナリズムとの関連で指摘しておきたい事例として、二点取りあげておきたい。その一つは、一九四三年七月の東条首相の東南アジア訪問時、かねて対日忠誠心を疑っていたタイのピブーン首相を「抱キ込ム」政策の一環として、マレー半島のタイ寄りのトレンガヌ州他四州をタイに編入したことである。

前述したように、「大東亜結束上、最モ心配ナルハ泰ナリ。泰ノ民心把握ハ重大ナリ」という認識から発した領土割譲というタイへのアメであった。こうした政策自体は、マラヤが「帝国領土」であるとの前提がなければ、実行されることはないであろう。また当のマレー人側からの民族主義的反発は、無視することが可能である、との判断がなければ現実化されない政策であろう。

写真 4-17　昭南神社設営に徴用され、緊張した面持ちの、栄養状態がうかがわれる英軍捕虜。
（出所）朝日新聞北角記者撮影、1942年、山﨑功氏所蔵。

写真 4-18　南方共栄圏の中心神社としてマクリッチ水源地の北岸に建立された昭南神社の跡。（出所）稲宮康人・中島三千男．2019：73．1943年２月15日鎮座式。祝詞はこう謳う。「異境の地つぎつぎに鎮め平け、宮柱太しき立て、千木高知らず、天つ社国つ社ここに皇神いますと、新しき民等も斉しく額を垂る、その胸に深く深く通うもの、純一無雑、ひとすじの日本精神、大らかに、大らかに、肇国のこころこころに湧き出づ」『思想の科学』1963年12月号：11。

もう一つは、これも同じ時期、シンガポール訪問時に東条首相は、ジョホール州スルタンのイブラヒムおよびインド人高等法院判事を懇談の相手として面談したことである（ただし華人・印欧人の政治指導者は招かれていない）。この人選も他の訪問地で会談した「大物」民族指導者と比べると、表現は良くないがかなり見劣りするものであった。このことは、日本側が、マレー人指導層の中に、「抱キ込ム」にふさわしい指導者を見出せなかったことに起因するものと思われる。

ちなみに、この東条のシンガポール訪問を報じた『朝日新聞』（一九四三年七月七日）は、次のような記事を載せている。本書冒頭で紹介した、「昭南」の由来と同じ理解である（満州事変以降、有力紙誌は真っ向から軍部・政府を批判することをほぼ放棄したが、この記事もそうした忖度報道の典型である）。

「今回東条首相が昭南を訪問されたことは、南方の歴史に一大転機を与へたものと断言し得る、これまで英米蘭の飽くなき搾取のためあらゆる文化、経済かつまた精神面がほとんど枯死に等しい情勢にあつた折折から、日本の指導によりここに水をかけて蘇生せしめたものといふべく、さらに首相の来訪は生命の新しき芽生えを促した力と信ずる、大東亜戦争に対しては南方各民族協力して米英を撃滅、打倒し、共栄圏の建設に邁進せんことを心から誓ひたい。」

■マレー人社会の指導層

「民族施策」という場合、留意すべき点は、人口の少ないマラヤは、イギリスによる植民地化の過程で、外部労働力として大量の中国人（主としてスズ鉱採掘）、インド人（主にゴム農園労働者）を導入した結果、一九三六年時点の人口構成比は、マレー人四四・六％、中国人三八・八％、インド人一六・六％と典型的な多民族社会が形成されたことである（白人・印欧人含まず）。イギリス支配期を通じ、三民族を束ねる形の一体的なマラヤ民族主義はきわめて弱く、三者三様のアイデンティティ、それに基づくエスニック・ナショナリズムが支配的であった。

相対的多数派であり、かつ自らがマラヤの地にルーツを持つ「土着」の民族と自負するマレー人社会の指導者を、シンガポール在住のアメリカ人研究者P・クラトスカは、四グループに分けて論じている（クラトスカ、ポー

写真 4-19　マレーシアからの南方特別留学生（広島文理大学）スルタン一族出身のサイド・オマールの被爆死を悼む作家武者小路実篤の碑。京都圓光寺、1993年 3 月筆者撮影。

ル 二〇〇五:一二三―一二六)。その第一は、スルタン(「土侯」)と貴族層で、彼らの一部は戦前から日本に共感を示していたが、日本軍占領期には全員が対日協力を迫られた。第二は、イスラム指導者、第三は、戦前からの官僚層である。日本の要求に応じ、住民を強制労働に動員する「忌わしい役割」を担い「上意下達」役を演じて住民の信を失ったのは、この第三のグループであった。

そして第四のグループが、イブラヒム・ヤコブをはじめとするマレー青年統一組織(KMM、一九三九年一月に全国大会を開き旗上げ)を中心とする、戦前からのマレー民族主義運動の指導者である。反英的な指向を持つ彼らの中には、日本のアジア主義的スローガンに共鳴を覚えるものもあったが、日本の軍政が始まると、KMM系民族主義者が主要な地位につくことはなかった。

ただ、当時馬来軍政監部調査部に在籍し、イブラヒムとも親交が深かった経済学者板垣與一は、一九四五年五月以降、インドネシアの独立運動の影響がマラヤに及ぶであろうと考え、そのためにはイブラヒムを動かすのが最良と考え行動に移したと述べている(日本の英領マラヤ・シンガポール占領期史料調査フォーラム編 一九九八:五六)。

伝統的支配層であるスルタンは、英統治下においては自らの州の首長として特権的な地位――実質的にはイギリスに服属する形であったが――を認められていたが、日本軍政下ではその権威は大きく揺らぎ、州のイスラム宗務局の長の地位に甘んじることを余儀なくされた。

この点について、マレーシアの歴史研究者アリフィン・オマルは、「日本のマラヤ占領は支配者の地位に急激な変化をもたらした。彼らは日本に操作され、イギリス政府を通じ享受してきた数多くの権力と特権を差し出さざるを得なかった」と指摘する(Arifin Omar. 1993:27)。

マラヤにおけるこうした一連の占領政策を推し進めたのは、軍政直後から第二十五軍参謀副長兼軍政部長として、絶大な権限を握った渡辺渡大佐であった。皇国史観の信奉者として知られた渡辺は、「占領地における日本の使命は天皇制を基盤とした東洋道徳文化の創造と高揚」にあり、「原住民の『皇民化』の必要なこと、そして「西洋の物質文明に汚染された現地人の堕落」に「文化の『精神的な禊(みそぎ)』を強要」したのだった(明石陽至「日本軍政下のマラヤ・シンガポールにおける文教政策」倉沢愛子 一九九七:二九五―二九六)。

中国戦線で特務畑（北京、済南で特務機関長等）の要職を歴任したものの、東南アジアとの関わりは皆無であった渡辺渡は、そのためもあって軍政最高顧問として「南洋通」として知られた徳川家の末裔、徳川義親を招聘した。主として文化政策につき渡辺にさまざまな進言を行なった徳川義親は、たとえばスルタン工作については宗教・習慣の自由の保証以外の政治的権限は剝奪すること、天皇へ大政奉還を求め恭順の意を表させること等を進言したのだった（同書：二七五）。いうまでもなく、「最後の将軍」徳川慶喜の大政奉還の故事にならったものである。

■華僑ナショナリズムと日本

総じて言えば、マラヤにおける日本軍政の基調はマレー人優遇政策であり、そのため英支配下で政策的に形成され、かつ一定の均衡が保持されてきたマラヤの複合民族社会に、深刻な亀裂をもたらす結果となった。とりわけ人口の四割近くを占める華僑社会は、先述したように（2 一九三〇年代の日本の「南進」と国際環境）、日中戦争期の東南アジアにおける抗日救国（中国）運動の中心であった。

この点については、内外で多くの研究蓄積があるが、たとえばマレーシアの華人歴史家S・レオンは、「日本は華僑の民族主義を惹起せしめた主要国」であった、と指摘する（スティーブン、レオン「英領マラヤの華人社会と日中関係」大江志乃夫他編 一九九三b：二七九）。

まさに一九三〇年代以降の日本の中国侵略の深化は、マラヤを中心とする東南アジア華僑の抗日運動の高揚→戦時期日本軍政下の華僑弾圧→華僑の抗日感情のさらなる激化、内面化という悪循環をもたらすことになった。

開戦前の東南アジア華僑の抗日運動史において重要な契機となったのが、一九三八年一〇月一〇日（中国双十節）にシンガポールで設立を見た南洋華僑籌賑祖国難民総会（南僑総会）であった。一九一〇年代から華僑の抗日運動を指導してきた有力実業人陳嘉庚が領導し、その発足にあたっては、マラヤ、インドネシア、タイ、フィリピン、香港、ボルネオ、ベトナムから一六五名の代表が参集し、「華僑史上初めての大集会」となった（Stephen Leong. "Malayan Overseas Chinese and the Sino-Japanese War. 1937–1941". *Journal of Southeast Asian Studies*. Sept. 1979 : 299.）。

南橋総会主席に選出された陳嘉庚は、その基調演説の中で、「抗戦の厳しい期間に、団結し、銭と力を出す。後方工作を増加するため、組織の指導が必要である。勝利を達成するため、華僑の献金を続けるべし」と各地代表に檄を飛ばした（ヘルマワン、エディ「太平洋戦争直前の西部ジャワの華僑社会」『社会科学討究』一九八二年四月：一三〇）。

こうして陳嘉庚は、マラヤの日本軍政当局から、最重要「敵性華僑」として追われる身となったが、開戦直前華僑ネットワークを通じ東ジャワ・マランへ秘かに脱出、戦時期を通し日本軍に察知されることなく、同地で潜伏生活を送った。

このような前史があったため、マラヤの軍政当局は、他の東南アジア諸地域と比べ、きわめて峻厳な華僑政策を当初から打ち出すことになった。もちろんマラヤだけでなく、東南アジア全域を対象とする華僑政策の基本方針が、開戦前から定められていた。

その起点が、軍政三原則を定めた「南方占領地行政実施要領」である。そこでは、東南アジア華僑の蔣介石政府に対する支援活動を断ち切ることを目的として、こう述べられていた。「華僑ニ対シテハ蔣政権ヨリ離反シ［サセ］我ガ施政ニ協力同調セシムルモノトス」。そして、その基本方針をより具体的に示したのが、「華僑対策要綱」（一九四二年二月一四日、大本営政府連絡会議決定）である。

ここで定められた施策の骨子を約言すると、各占領地において、①「帝国国防必需物資ノ培養並ニ取得」に貢献させる、②占領地と「支那本土トノ政治的連携」を遮断する、③仏印とタイにおける華僑施策は、日本本国の指導下、それぞれの現地政府に実施させる。マラヤ、インドネシアについては明文化されていないが、この条項を敷衍するならば、それぞれの軍政当局に委ねるということである。この「華僑対策要綱」が念頭に置いたのは、抗日救国（中国）運動の中心マラヤ、シンガポールであることは明白である。

こうしてある意味で、マラヤの日本軍当局（とりわけ第二十五軍作戦主任参謀の辻政信大佐）は、華僑施策に自由裁量権を持つ形になった。そして、シンガポール占領わずか三日後の二月一八日から三日間にわたり、抗日分子摘発を名目に、華僑男子（一八歳から五〇歳）を市内五ヵ所に集め、憲兵隊による首実検とも言うべき「検証」を実施した。反・抗日運動に関わっていないか、あるいは

写真 4-20　終戦直後の1946年、シンガポールで刊行された著名な画家劉抗の画集に描かれた「粛清」の一場面。（出所）劉抗（中原道子訳・解説）．1990：27。

重慶政府支援に従事していないかを、「検証」する目的であったが、具体的な証拠や裏付けなしに、きわめて恣意的に「抗日分子」として摘発、逮捕され、相当数の華僑が福建語でスークチンと恐れられた「粛清」の対象となった。

ただ粛清による犠牲者数については、必ずしも「定説」はない。戦後になっての華人社会内部の調査では、およそ五万人が粛清の対象となったと推定されている（蔡史君「マレーシア、シンガポール」吉川利治編著 一九九二：二一一）。一方日本側では、当時憲兵分隊長とし「粛清」に深く関わった大西覚は、「私はどう考えても二〇〇〇人以下であったと思います。…そのことだけは私の信念であり、絶対に後に引けない」と断言してやまない（大西覚「マラヤ人民抗日軍・昭南華僑粛清事件をめぐって」日本の英領マラヤ・シンガポール占領期史料調査フォーラム編 一九九八：一七五―一七六）。

この歴史研究者たちとのインタビューの中で、大西覚は、粛清事件は掃討（軍事）作戦の一環であったとの認識を表明し、こう語っていることも印象的である（同書：一八三）。「…これは作戦なんだという解釈でした。

作戦を遂行するのは邪魔者を排除するという、掃討するという判断だったのです。掃討作戦のために粛清はやったのだ、こういう解釈でしたね、それは仕方がなかったのですよ」。この発言には、作戦至上（万能）主義に立つ帝国陸軍の基本的体質が、凝縮されていると言えよう。

なお、近年の日本のシンガポール研究者は、この「粛清」による「大虐殺の被害者は、六〇〇〇人とも四万人とも言われている」と両論併記の形で記述している（たとえば田村慶子 二〇一六：五八）。

日本占領開始直後、「昭南」と改称されたシンガポールでの華僑に対する「検証」と「粛清」は、英領マラヤ全体の華僑社会に大きな恐怖感を与え、日本に対する反感、憎悪を極限化し内面化させることになった。

そうした華僑社会の集団的心理を、さらに利用する形で次に実施されたのが、日本軍に対する「奉納金」制であった。複数回にわたる「粛清」が一段落した一九四二年三月一七日、第二十五軍参謀長から陸軍次官・参謀本部次長宛に、一通の電文「華僑献金処理ニ関スル件」が送付された（富参二電第八五二号、防衛省戦史室所蔵）。

その中で現地軍中枢は、「（粛清によって）彼等ノ日本軍ニ対スル関心［恐怖心］漸ク深刻」の度を増し、その結果「生命財産及権益一切ハ日本軍ノ活殺ニ任ジ」たいとの、華僑側からの申し出があったことを伝える。生殺与奪の権を日本軍に委ねるとの、この悲壮な申し出に対し、昭南当局は「申出ハ其ノ志ノミヲ受クルコトトシ其代償トシテ現金五千万円［シンガポール・ドル］を即刻納付スベク命」じた。

これに対し華僑側からは、「今後ニ於ケル不逞抗日支那人ノ行為ニ対シテハ彼等支那人ノ連帯ノ責任ヲ以テ之ガ絶滅ヲ期スベキコトヲ命ジタルニ欣然之ガ協力ヲ誓ヒタリ」の返答があったと伝えられた。こうして奉納金納付という、「強制された美談」が作り出されることになった。

軍政当局は、寄附金を強制ではなく、華僑側の自発的献金の形をとらせるべく、その役割を華僑協会（OCA、Overseas Chinese Association）に命じた。OCAは、日本側の方針で既存の華僑諸組織を解散させ、マラヤ全土の華僑社会の窓口として創設された（クラトスカ、ポール 二〇〇五：一一四）。その会長には、一八六九年生まれ、英エジンバラ大学で医学博士号を取得し、華僑社会で絶大な影響力を有していた林文慶が担ぎ出された。

古希を過ぎたこの林文慶のOCAでの最初の仕事の一つが、日本の要求に応じて「過去の抗日運動に対する償い」として、五〇〇〇万ドルの奉納金を日本側に上納することであった。

日本側のきびしい要求にもかかわらず、華僑側が調達できたのは、五〇〇〇万ドルの内二八〇〇万ドルでしかなかった。そのため残額をOCA名義で横浜正金銀行からの借り入れ金で調達し、文字通り両耳そろえて日本側に抗日運動のお詫び＝「償い金」として支払ったのであった（同書：一一六）。

その「奉呈式」は一九四二年六月二五日に行なわれたが、華僑協会林文慶会長ら三名による献辞は、日本側から八回の訂正を求められた後、次のような文面となった（劉抗、中原道子訳・解説 一九九〇：九八―九九）。

「天皇陛下は英明にして神聖、その徳はあまねく、万民慶び戴き、その威厳は八紘を覆う。…聖戦発動以来七〇日、南洋各属はその版図に入る…華僑大衆、水深火熱の苦境より救済され、平和を享受す。恩を感じ、徳を戴く。感謝の言葉を知らず。このたび衆を集めての献金の挙をもって、感謝のしるしとす…ここに伏して乞う、嘉納あらんことを…。」

日本占領期シンガポールを研究対象とし、また同時代の関連資史料の収集・保存・公開を先導してきた蔡史君は、日本語で執筆した論文の中で、この強制献金を次のように総括する（吉川利治編著 一九九二：二一二）。

「（日本軍は）全マラヤの華僑社会に、反日行為の償いとして五千万ドルを上納するように命じるとともに、これは『抗日の罪を赦免した』天皇に感謝する自発的な『奉納金』であると表明させた。この『奉納金』を納めるために、多くの華僑が土地や家屋、金銀装飾品を底値で処分せざるを得なかった。以後も、日本軍は経済面で華僑を利用する政策をとりながら、政治的には引き続き高圧的政策をとった。」

この強制寄附金との関連で、スマトラの事例にも触れておきたい。当初スマトラは、マラヤと同じく南方軍第二十五軍の管轄下にあったため、一九四三年七月、同軍軍政監部は、スマトラについても「『スマトラ』華僑対策実施要領」という文書を作成した（早稲田大学社会科学研究所編 一九五九：五七七）。

ここでは、マラヤ華僑と同じく納金を課すことが確認され、約三〇〇〇万円ないし四〇〇〇万円の目標額が設定された。その根拠は、マラヤの場合、華僑人口二五〇万人に対しスマトラは八五万人に過ぎないが、ここは労働者が少なく「主ニ富有ナル階級ニ属スル者ノミナリ」という独断的な見立てが、その総額決定の根拠とされたのだった。

また、納金させた後の華僑対策として、これもマラヤ同様、彼らの「経済的活動ヲ自由ナラシメ物資獲得其ノ他日本側ノ為ノ利用ニ充分之ヲ活用ス」と定められた。すなわち、成功者が多いとみなしたスマトラ華僑の経済力を、徹底的に利用する方針が打ち出されたのだった。

シンガポール、マレー半島、さらには北ボルネオの華僑社会を震撼させた、日本軍の一連の華僑施策に対し、戦前から抗日運動を展開していた諸組織、とりわけマラヤ共産党（MCP）は、抵抗姿勢をより一層強めた。

MCPは、武装ゲリラ組織としてマラヤ人民抗日軍（MPAJA）を創設し、半島部に八部隊を展開し一定の成果をあげたが、一九四二年九月、党書記長ライ・テク（莱特）の裏切りが発覚したこともあり、組織運営上多くの困難に直面した。終戦直前には、労働者階級の左派華人青年を中心に、三〇〇〇ないし四〇〇〇人の兵力を数えたと言われるが、部隊間の調整がなく、またその活動は各地の行政・治安機関の襲撃を主とするものであった。

彼らが攻撃目標とした警察等権力機構の末端は、ほとんどの場合マレー人が担っていたことで、日本の敗戦直後には、彼らへの報復として、人民抗日軍によるマレー人対日協力者に対する殺傷事件が続発した。そのことも一因となって、戦後英領マラヤにおけるマレー人・華人間の民族的対立が生まれることになった、と指摘されている（明石陽至「日本軍政下マラヤ・シンガポールにおける抗日運動と剿共作戦」『軍事史学』一九九二年一二月、八頁）。

この点と関係して、マレー人ではないがマフユディン・ガウスの体験を見ておこう。前述したようにガウスは、一九三〇年代インドネシアからの最初期の留学生として慈恵医科大学に学び、卒業後はシンガポールで開業医となっていた。その日本語能力と親日派としての活動歴を買われ、昭南の軍政監部と深い関係を持ったことで、ガウスは終戦直後、マラヤ人民抗日軍による攻撃標的となった。その当時を振り返り、ガウスはこう述べるのであった（ガウス、マフユディン 二〇一二：一〇二）。ガウスの体験は、日本軍協力を――好むと否とにかかわらず――行なった多くのマレー人にも共通のものであった。

「中国人ゲリラは日本人を相手に立ち上がっていた。彼らは武装完備でジョホール州のジャングルから姿を現した。そして町中は周章狼狽、恐怖に襲われ、掠奪がほしいままになされた。日本軍と協力した者、少しでも彼らのために何かをした者たちの生命は、風前の灯であった…［彼らが］親日派を捜索しているという噂が流れた。私はずっと家にこもっており、診療所も…約一ヵ月の間閉めたままであった。」

■抗日運動とアピ事件

人民抗日軍に代表される、マラヤの戦時期抗日運動の特徴の一つは、連合軍とりわけ旧宗主国イギリスの情報機関との深い関係であった。開戦直後、華僑主体のマラヤ共産党が、英軍に対日戦協力を申し出てゲリラ訓練を受けたことが示すように、彼らと英特殊作戦戦闘部（SOE）あるいは秘密諜報局（SIS）との間には、戦時期を通じ一定の関係を築かれた（クラトスカ、ポール 二〇〇五：三二七―三二九）。こうして抗日運動の立役者となったマラヤ共産党は、終戦直後のマラヤにおいてもっとも有力な政治組織として、その指導者は名声を勝ち得ていたが、そうした状況は長く続くことはなかった。

その後のマラヤの脱植民地化過程における政治的展開にも、大きな影響力を持つことになるこの共産党の衰退の要因として、原不二夫は次の四点を指摘する（原不二夫 二〇〇一：三四二）。①戦時対日協力者に対する、彼らの報復活動の「異様なまで」のきびしさ、②特にマレー人に対する報復が引き起こした、広範かつ手強い反発、③書記長ライ・テクの裏切りと後継指導部の拙劣な指導方針、④戦時の抗日を目的として提携したイギリス当局による容赦ない弾圧（この点は、フィリピンにおけるフクバラハップと同様）。

日本軍政に対する抵抗運動は、シンガポール、マレー半島部のみならず、日本軍ボルネオ守備軍管轄の北ボルネオ（旧英領ボルネオ）各地でも発生した。その代表的な事例が、一九四三年一〇月一〇日（双十節）を期して発生した「アピ事件」であった（原不二夫「日本の北ボルネオ統治とアピ事件」田中宏編 一九八三：第二章 を参照）。

北ボルネオ各主要都市も、マラヤと同じく華僑人口が多く、一九二八年の華北における済南事件以降、抗日救国（中国）運動の盛んな地であった。北ボルネオ守備軍（司令官は陸軍省次官等を歴任した予備役中将山脇正隆）は、軍政開始後間もない一九四二年七月二六日、クチンで各地の華僑代表を集めた大会を召集した。

その席上、馬奈木敬信参謀長は、「過去五年間〔日中戦争勃発後〕ニ於ケル華僑ノ反日行為、日貨排斥」による「日本人圧迫」は、「目アマル」ものがあったと非難した。さらに参謀長は、こうした反日華僑は英蘭米人同様、「敵国人」として本来厳罰に処すべきであるが、「前非ヲ改メ今後衷心ヨリ」日本の命令に服するならば、その生命は保全すると述べ、その上で「汝等ハ何ヲ以テ之ニ酬ヒントスルカ」と迫った。いうまでもなく、マラヤ同様「奉納金」を念頭においた脅し発言であった。予期通り華僑代表は、献金を「自発的」に申し出た。

それを受けて馬奈木は、ただちにマラヤ華僑二五〇万人から五〇〇〇万ドルの献金があったが、ボルネオ二〇万の華僑に対しては、「当地ノ経済的ナ微弱性ヲ考慮」し、五〇〇万ドルを求めると命じた。

経済的には相対的に豊かであったマラヤの華僑社会ですら、割り当て額を充たすには大きな困難を伴ったが、軍政下で次第に深まる経済的困難の中で、その金額五〇〇万ドルは彼らの肩に重くのしかかった。さらに華僑を含む北ボルネオ住民には、軍用飛行場や道路建設のための労務者提供も割り当てられた。

このような日本軍政下における圧政に対する不平不満が次第に募り、上海帰りの青年漢方医郭益南（一九二一年クチン生）によって組織された「神山游撃隊」隊員ら約三〇〇人（含地元海洋民ゲリラ）が、アピ（現コタ・キナバル）で双十節を期して反乱を起し、警察署、主要国策企業はじめ要所を襲撃した。翌日には、事件を知った多くの群衆も加わる事態へと発展した。この蜂起によって、日本人、台湾人六〇人以上が殺害された。

事件発生を知った同日午後、山脇守備軍司令官は、ただちに討伐令を出し、クチンから守備軍二個中隊、憲兵隊、警察隊が投入され、一両日後には鎮圧を終えた。軍司令官日誌には、一九四四年一月二一日、アピにて一八〇名の死刑が執行されたと記されている（同書：四九）。

北ボルネオ等で刊行された華語文献を駆使し、事件の指導者郭益南の動きを中心にアピ事件を検証した原不二夫は、この反乱にはアピ周辺地域の海洋民はじめ諸種族の参加もあったものの、基本的には同地華僑の「抗日救国の伝統」の上に、中国の建国記念日双十節を期して蜂起が始まった点を重視し、事件の本質は「華僑の中国との一体感から来る民族意識の高揚の所産」であった、と位置付けている（同書：七三）。

(4) インドネシア

日本占領期は、フィリピンを除く東南アジア近現代史における一つの重要な分水嶺であったとの見方が、一九五〇年代以降の国際学界において広く受容されてきた。研究史を顧ると、こうした理解は主としてインドネシアの事例を通して、ゆるやかな形で一般化＝合意形成がなされてきたと言えよう。そこで含意されている日本軍政＝衝撃体――約言すれば、戦前と戦後の間の大きな断絶と変化を誘発したという意味での――という指摘は、東南アジア各地で地域差があるものの、単純化して言うならば、インドネシアでは相対的に大きく、フィリピンでは少さく、ビルマやマラヤはじめその他の諸地域は、両者の中間に位置すると言えよう。

以下では、個別地域の概観の最後として、マラヤと共に日本の領土とすることが定められたものの、後に「近い将来の独立」を約束されたインドネシアを取り上げたい。日本占領期インドネシアについては、日本に限っても一九五九年に公刊された早稲田大学社会科学研究所編『インドネシアにおける日本軍政の研究』を嚆矢として、今日まで――地域的にはジャワ中心、分野としては政治・経済が中心であるが――一定の研究蓄積があり、また重要一次資史料の発掘・復刻も急速に進んできた。

したがってここでは、「独立問題」を除き、他の諸国のように各論的、通史的に論じるのではなく、政治、社会経済、文化の三側面から、大づかみにその特徴を整理をする方法をとりたい。

■政治・軍事面

インドネシアでは、一九二〇年代初頭から宗主国オランダからの独立を目指すナショナリズムが高まりを見せ、蘭領東インドを版図とした「インドネシア」という言葉に仮託して、「想像の共同体」（ベネディクト・アンダーソン）を実態化しようとする運動が活発化した。

しかしながら、そうした戦前期の民族主義運動の成果である、統一体としてのインドネシアという「擬似」国民国家を、日本軍政は行政的に、陸軍が統治するジャワ、スマトラと海軍支配下に置いたスラウェシ、カリマンタン等その他の諸地域に、三分割して統治したのだった。「占領地軍政実施ニ関スル陸海軍中央協定」（一九四一年一一月二六日決定）は、陸軍担当地域は「人口稠密ニシテ行政処理煩雑ナル地域」、海軍担当地域は「人口稀薄ニシテ将来帝国ノ為保有スベキ処女地域」と規定した。

このことが、一定の段階にまで成熟していたインドネシアのナショナリズム、統一志向感情をいたくさかなですることになった。すなわち、日本軍政によって三分割されたことが、逆に民族主義者たちの間に、インドネシアとしての一体感を強めることになった。この点は、一九四五年春、初めて海軍支配下の南カリマンタン訪問を許されたモハマッド・ハッタ（彼自身は西スマトラ出身、独立後の初代副大統領）の、次の演説に象徴的に示されている（Moh. Hatta, 1976 : 238–240）。

「われわれは海によって隔てられている。しかしわれわれは心で一つにつながっているのだ。われわれは皆一つの祖国、インドネシアの子なのだ。…わが兄弟のバンジャルの諸君、サマリンダの、ダヤクのそしてポンティアナックの諸君、諸君は、自分はバンジャル人、サマリンダ人、あるいはポンティアナック人などと言ってはいけないのだ。諸君は他でもない、インドネシア人なのだ。まごうことなくインドネシア人なのだ…諸君は歴史を持たない弱小民族ではない。偉大な、輝かしい過去を持った民族の末裔なのだ…過去の栄光を取り戻そうではないか…。」

日本敗戦の二日後に、世界の植民地にさきがけて発布された独立宣言を踏まえ制定された「一九四五年インドネシア共和国憲法」では、独立国家のあり方として、地方分権型の連邦制を採用せず、単一の共和制国家を構築することが定められた。この決定は、日本軍政の分割統治に対する強烈なアンチテーゼであり、戦前からの民族主義運動の成果の再確認でもあった。

ここで、日本の占領政策の基本的な方向を、旧宗主国オランダとの比較で見てみよう。オランダ植民地政府は、インドネシア社会の基層部分には直接に手をつけなかったのに対し、日本は反対に村落レベルに至る社会の末端まで対象化し、それによって一般住民を動員し、そこから掘り起こした力を戦争遂行に利用するという、大きく方向性の異なる政策を導入した。おびただしい数の無名の青年層、女性、あるいはオランダ時代には政治的発言を封じられてきたイスラム指導者など、社会のさまざまな層、集団を動員(青年団、婦人会、回教連合等として組織化)し、それを日本軍政の統制下に置いた。

とりわけ軍政当局は、農村社会において強い政治的、社会的影響力を持つイスラム指導者を積極的に利用し、その潜在的エネルギーを、軍政に注入する方針を打ち出した。

しかしながら、その一方、ムスリム社会に日本的な諸価値を強制したことで(典型として東京遥拝)、彼らの間に鋭い反日意識を醸成し、軍政末期にはイスラム指導者が先頭に立った反日蜂起が、各地で発生する一因となった(民衆の動員と統制については、倉沢愛子 一九九二 を参照)。

軍事組織に関しては、オランダは治安維持(主たる目的は民族主義運動の抑圧)のための植民地軍=蘭印軍を創設したものの、外敵に抗することを目的としてインドネシア青年に武器を持たせ、軍事訓練を施すことは最後までためらった。また蘭印軍の兵士には、アンボン島出身者らキリスト教徒を中心に選抜され、民族的・宗教的分断化が意図された。

日本軍政は反対に、戦争遂行のために手薄な日本軍を補完するため、戦局悪化に伴い、ジャワ郷土防衛義勇軍(略称ペタ)、スマトラ義勇軍、あるいは兵補等、さまざまな軍事・準軍事組織を立ち上げた。その成員には、主として農村出身の質実剛健な青年層をリクルートの対象とし、彼らに日本的な軍事訓練・精神教育を施した。

中でも一九四三年一〇月に創設されたジャワ郷土防衛義勇軍(ペタ)には、全体で六六大団総計三万三〇〇〇人の青年が選抜され、「祖国」防衛意識を注入された徹底的な訓練を施された。こうして養成された青年将兵が、日本敗戦後、再植民地化を目的に復帰したオランダに対する、四年余にわたる独立戦争で重要な役割を演じ、またその多くが独立後の国軍の中核となっていった。

ただし、今日のインドネシアでは、ペタのみを国軍の母体とみなすのではなく、独立戦争に参加した各地の多様な武装集団(ラスカル・ラヤット)、さらには蘭印軍出身者等も構成要素として、国軍が誕生したと位置づけている。ここには、国軍を日本軍政の「落とし児」とみなされることへの、ナショナリズムに基づく歴史意識が存在するものとも思われる。

■社会・経済面

戦前のインドネシアは、前述したように、宗主国オランダをはじめ欧米を中心とする世界貿易ネットワークに、従属的な形で組み込まれていた。日本軍政は、こうしたインドネシア経済の対外経済関係に終止符を打ち、日本を核とする閉鎖的な「大東亜共栄圏」の中で、インドネシア経済を再編する方針を打ち出した。とりわけ、主要輸出部門であった砂糖等プランテーション型産業に依拠した経済から、戦時要請に応じるための食糧、綿花中心の経済への転換が急激にはかられた。その結果、それに伴うさまざまな経済的混乱が生じた（一例としての生活物資不足に起因する流通通貨の膨張、急激なインフレ進行については、本章「**基本的諸問題の鳥瞰**」3インフレ問題 を参照）。

また一九四三年四月以降になると、米穀の強制供出も一段と強化され、農民は収穫量の一定量を軍政当局に納めることを課せられた。それにより、住民の圧倒的部分を占める農民の日常生活に直接的な圧迫を加え、ジャワを中心に各地で「米問題」に起因するローカルな農民反乱が多発するようになる。

このような状況は、軍政後半期に書かれた現地日本側の資料にも、婉曲な表現となってはいるが「住民の物質的生活は必ずしも満足なる状態にあるとは断じ難い。食料品を始め主要生活必需品の逼迫は次第に顕著なるものがあ」ると記されるほどであった（ジャワ新聞社 一九四四：二一七）。

しかしながら、こうした経済的窮乏が民衆に与えた打撃について、軍政当局は、「原住民の生活が戦争の影響によって苦しくなることはやはり避け難いこと」だと受忍論に立つと同時に、「彼等のこの物質的な苦しみに対しては精神的な光明を与えて彼等を新亜細亜の一民族として更生させていく」ことが肝要、だとの論理を準備したのであった（『朝日新聞』一九四二年一月八月二六日）。

物的資源のみならず、「人的資源の宝庫」としても位置づけられたインドネシア、特に人口稠密なジャワからは、「ロームシャ（労務者）」として膨大な数の男子がパ

写真 4-21 「大東亜共栄圏」の最南端ニューギニア島。西半分を占めるインドネシア、パプア州のコカスに置かれた日本軍駐屯地跡。この地にもジャワから多くのロームシャが送り込まれた。現在はインドネシア国軍の軍事基地。2005年 8 月13日、中央は故村井吉敬上智大学教授。恵泉女学園花と平和のミュージアム提供。

プアを含む群島内外、さらには遠く泰緬鉄道建設現場をはじめ南方各地に送られた。「大東亜共栄圏」各地の防衛施設、飛行場、道路等の建設現場では大量の労働力が必要不可欠であることは、開戦直後から日本側では認識されていた。そうした中で、「労働資源の宝庫」とみなされたジャワが、労働供給源とされていく流れを、時系列的に整理しておこう（後藤乾一 一九八九：第一章）。

一九四二年二月、於昭南（シンガポール）――南方各地調査責任者会議、ジャワ労働力への「期待」が表明。

一九四二年十一月、於昭南――「物資交流等ニ関スル陸海軍現地協定」において、労務調達もその一つに含まれた。

一九四三年三月、於東京――大政翼賛会第十委員会「報告書」、南方労務政策を次のように提言。「中央ニ於テ南方全地域ニ渉ル労力ノ配置計画ヲ決定シ現地側ヲシテ中央ノ命令通り実行セシムルノ要アリト認ム。」

一九四三年七月、於ジャカルタ――第十六軍参謀長、第二南遣艦隊参謀長の間で、「労務供給ニ関スル陸海軍現地細目協定」が結ばれ、ジャワから海軍管轄地域への労務移送が定められる。

一九四三年十月、於昭南――「南方各軍労務主任者会議」において、「豊富ナ労働者ヲ擁スル」ジャワが、「最モ多量ノ労働力ヲ要求スルマライ、スマトラ、ボルネオ」への労務供給源とされる。

一九四三年十月、於ジャカルタ――第一回中央参議院（第十六軍司令官の最高諮問機関）で労務動員のための労務協会（上意下達の執行機関）の設立が決定。

一九四四年八月、於ジャカルタ――第二回中央参議院は労務動員問題を焦点化、「勤労戦士」（労務者をこう換言）援護会を発足させる。

一九四四年九月、於ジャカルタ――臨時中央参議院「労務供出の強化」を提言。この頃「労務動員要綱」を各地に配布。

一九四四年十一月、於昭南――軍政総監部内政課による「労働力供給源ニ関スル試算」、ジャワからの動員可能人口は約一二五〇万人と算出。

一九四五年一月、於ジャカルタ――ハッタが労務者問題を批判。

以上の全体的な流れからも分かるように、戦時態勢に即応するためのジャワからの労働力調達という発想は、日本国内の政策当局で考案され、それが南方軍政の拠点シンガポールに下達され、そこからさらにジャワ軍政当局（軍政監部）に要請がなされるという形をとった。そして軍政監部内務部から行政機構を通じ、主に労務協会という行政の補助組織を仲介にして、末端の村々に労務者の割り当てがなされた。

こうした過程を経て徴用され、「勤労戦士」、「産業戦士」と称揚された労務者が、一体どの位の数に達したのか、日本側に当時の正確な記録類は残されていない（詳細な統計が作成されたか否かも不明）。ただいくつかの断片的なデータから、全体像を推測できるのみである。

その一つが、「爪哇労務者調査表」（森文雄中佐「軍政手簿」、防衛省戦史室所蔵）と題する統計である。同表には、兵補、義勇軍、常備労務者、臨時労務者、技能者、勤労奉仕の六種全体を合算し、総数二六二万三六九一人という数字があげられている。その内、常備・臨時労務者が各々約一三六万人、約七四万人、計二一〇万人となっており、おそらくこれがインドネシアで一般的に「労務者」と呼称される人たちの概数とみなすことができよう。

これら労務者のうち、ジャワ島外での労働に従事させ

鉄道や橋や道路の建設も日本はすべて戦争の準備のために行なったにすぎない。数十万人が日本軍による虐待や空腹のために死んだ。
オレたちは腹ペコだった。抵抗する者の腹にいつでも突き刺せるよう日本軍の銃剣は常にむき出しになっていた。
オレたちの土地と血を吸い尽くし、オレたちの生命を犠牲にして、日本軍はただ日本のために戦争していたのだ。

日本軍はオレたちから搾り取れるだけ搾り取った。オレたちの食糧も家畜もすべて戦地に持っていかれた。油もゴムも石炭も日本軍の戦費のためになくなった。
オレたちの父親や兄たちは労務者にするために連れ去られた。父や兄は空腹と病のなか強制労働をさせられていたのだ。

写真4-22　歴史コミックに描かれた日本軍占領下のジャワ農村。2014年度のポッゴコン・アジア（ポップ・カルチャーのイベント）で歴史コミック部門の最優秀賞を受賞した作品から。今なお、こうした「日本時代」イメージが人々の間で語り継がれている。（出所）エドナ・キャロライン．作画トムディアン（井上治訳）『インドネシア少年の抗日・オランダ独立戦争』めこん．2017：14-15.

られた後、帰還（一九四六年五月―一九四七年四月にかけて）した労務者については、戦後まもなく蘭印政庁内務部管轄下にシンガポールに設けられたNEBUDORIの記録が残されている（倉沢愛子 二〇一二：六九）。それによると、計五万二一一七人が帰還しているが、そのうちインドネシア各地以外からの帰還者は、「シンガポール、マラッカ（マラヤを指すと思われる）」一万七八六人、「シャム、インドシナ」五〇二八人、「サラワク、英領ボルネオ」三七九六人、計一万九六一〇名となっており、全体の三七・六%を占めている。この数字には、もちろん泰緬鉄道建設工事で落命した人々や、この時期の前後に帰還した労務者は含まれていない。いずれにせよ、5東南アジア諸国の対日歴史認識の比較 でも述べるように、「ロームシャ」という言葉は、日本語に起源を持つインドネシア語として、今日日本占領期インドネシアを象徴する語として、社会的に定着していることの意味は重い。

■文化面

文化政策面における日本軍政の特徴の一つは、インドネシア語（マレー語）に対する基本的な取り組み方である。オランダは、植民地蘭印の多民族・多言語状況を前提とし、言語圏の差異を手掛かりに、インドネシア社会を一九の法域圏に分けて文化政策を行なった。換言すれば、オランダは植民地蘭印の言語的な多様性を強調しつつ、「インドネシア」という文化的・政治的一体性を持った地域概念、民族は存在しないという立場をとった。

さらに言えば、文化的分節状態にあるとみなした植民地社会の中から、「一つになりたい」という求心的な文化的アイデンティティと、それに基づく政治的アイデンティティが結びつくことに、警戒の念を抱いた。

そのため、一九二〇年代以降の自国植民地の民族主義運動の高揚とともに、そのシンボルとなり、かつ抵抗の文化的武器ともなっていくインドネシア語の、近代語としての成熟に対しては、努めて消極的な対応を示した。唯一の公用語としてのオランダ語、各地における日常生活言語としてのジャワ語、スンダ語（西ジャワ）、ミナンカバウ語（西スマトラ）、バリ語等の地方語との間にあって、インドネシア語は蘭印政庁によって「民族語」として積極的に育成されるべき言語とはみなされなかった。

オランダと対照的に、日本軍政当局は、「敵性言語」

とみなしたオランダ語の使用を禁止し、当初日本語を「大東亜共栄圏」の共通語とする方針から、性急な日本語普及政策をとった。こうした言語政策は、インドネシアだけでなく、東南アジアの占領地全体においても、基本的には同様であった。

たとえば、南方軍政の中心地「昭南」の事例を見てみると、軍による宣撫政策に徴用された文化人の一人で、戦後左派論壇の旗手となる中島健蔵は、一九四二年四月二九日（「天長節」）の『陣中新聞』に、「日本語普及運動宣言」と題した一文を草し、こう謳い上げた（明石陽至編 二〇〇一：三〇四）。

「新しき国民［日本軍政下の現地住民を指す］が、たとえ片言交りにせよ悉く日本語を語る日こそ、大東亜共栄圏確立の實があがつた日である…正しく強く美しき日本語を馬来及びスマトラ島［当時ともに第二十五軍管轄下］に充実せしめよ…在住の諸民族をして日本語のもとに協同一致せしめよ。」

しかしながら、日本語を短期間のうちに「大東亜共栄圏の共通語」とすることは、言語学的にも非現実的であることはすぐ判明し、それに代わる代替措置としてインドネシア語を日本語とともに公用語に定めた。

インドネシア語は、それまでマレー語の名で群島各地をつなぐリンガ・フランカとして、広くゆるやかに用いられ、また一九二八年一〇月の第二回インドネシア青年会議で採択された「青年の誓い」によって、民族語＝将来の国語として民族主義運動の世界では「公認」されていたが、言語学的には未だ十分に体系化された近代言語の域には達していなかった。

そうした現状を踏まえ、軍政当局（軍政監部文教局）は、一九四二年一〇月、S・タクディル・アリシャバナ、サヌシ・パネら代表的な文化人を登用し、「インドネシア語整備委員会」を発足させた。その委員会を通してインドネシア語の近代化をはかり、それによって行政・軍事・政治、文化等各分野における共通語として育成し、広く活用することを長期的目標とした。

従来、軍政当局は、公的な場では「インドネシア」という言葉の使用を注意深く避け、「東印度」の語を用いたり、ジャワ、スマトラといった個別地域名を使用することが一般的であった。そうした中で、「インドネシア語整備委員会」は、「インドネシア」の名を冠した日本占領下唯一の公的機関と言ってよかった。

その背景には、この委員会に日本側委員として深く関わった熊本県球磨出身の市来龍夫らの存在があった。市来（旧姓樅木）は、一九二八（昭和三）年写真師として渡南、後に邦字紙『東印度日報』記者として、民族主義指導者とも緊密な関係を築いていた人物である。その市来は、一九四四年一一月号の『新ジャワ』誌に、「独立と言語——インドネシア語の進むべき道」と題した論文を寄せ、その中でこう述べていた。

「『インドネシア語』なる言葉を一切抹殺すべしとする周囲の主張に対し、私は常に異論を称へ、又その非なることを上司に具申もし、且つ『インドネシア民族』『インドネシア語』なる言葉の使用を、少くともマライ語文中に於ては、自分勝手に押し通して来た者の一人」と明言している（市来の評伝として後藤乾一 一九七七 を参照）。

ただし、日本軍政の言語政策によって、インドネシア語が独立後の国語として成長し得たとの見方は、正鵠を射たものではない。

既述のように、インドネシア語の基礎としてのマレー語が、幾世紀にわたり現在のインドネシア各地をつなぐリンガ・フランカとして機能していたという歴史的・文化的背景、さらには「青年の誓い」に象徴されるインドネシア語を民族語に昇化させたいと願望したナショナリズムの発展、そして何よりも、インドネシア語で文学作品を問い続けた文芸誌『プジャンガ・バル』（「新詩人」）に拠った、タクディル・アリシャバナ等新世代の作家たちの努力を看過しないことが重要である（この点に関わる最新の研究として、姫本由美子「『大東亜戦争』と文化人——日本軍政下のインドネシアにおける文化政策と『国民』文化」二〇〇一年度早稲田大学学位論文 を参照）。

■「独立問題」をめぐって

最後に、開戦前から日本が一貫して、南方占領地の最重要地域として位置づけてきたインドネシアの「独立」問題について考察しておきたい。その前提として、次の三点を確認しておこう。

①フィリピンにおけるアメリカ、ビルマにおけるイギリスの両植民地政府と異なり、オランダ（蘭印）政府は、インドネシアの独立・自治問題に、正面から向き合うことはなかった。米英両国は、豊富な政治的経験を持つ民

族主義指導者を相手に、独立問題をめぐって交渉の場につくことに応じた。しかしながら、蘭印政庁はそれとは反対に、スカルノ、ハッタに代表される民衆への影響力が大きい民族主義指導者を、一九三〇年代中葉以降、流刑あるいは投獄に処し、政治の表舞台から排除し、対蘭協力による民族主義運動のみを認めた。

②そうした中で、日本軍による南方作戦の発動の直前、一九四一年一二月七日、ロンドンに亡命政府を置いていたオランダは、ウィルヘルミナ女王による海外向けラジオ放送を通じ、蘭印との「平等なパートナーシップ」に基づく、インドネシアの将来構想を初めて発表した。その中でオランダは、連邦制の導入によって、植民地体制の改編に取り組む方針を明らかにした。

③他方、開戦約一年前から、日本側も軍当局が関与した海外向け短波放送を通じ、日本留学中のインドネシア青年にも協力を求め、日本が「インドネシア解放」に向け協力・支援を惜しまない、という主旨の宣伝放送を繰り返し、一定の政治心理的な効果をあげていた。

このような前景を念頭におきつつ、「独立」をめぐる日本・インドネシア関係の流れを、時系列的に整理してみたい。侵攻作戦成功→占領体制確立を仮定し、その後の占領地政策の基本方針を最初に打ち出したのは、これまでも逐次言及した一九四一年一一月二〇日の「南方占領地行政実施要領」であった。そこでは、東南アジア全域を対象に、「其ノ独立運動ハ過早ニ誘発セシムルコトヲ避クル」ことを強調する一方、個別地域に関しては、仏印三国とタイを対象に「既定方針ニ拠リ施策シ軍政ヲ施行セズ」ということが謳われるのみで、インドネシアをはじめその他地域への言及はなされなかった。

開戦後、緒戦の勝利に湧き、さらにシンガポール陥落も目前に迫っていた翌一九四二年二月一二日に策定（大本営政府連絡会議）された東条首相の議会演説（稿）において、初めて「インドネシヤ」民族の名が登場する。その内容は、彼らが「大東亜建設ニ協力」するならば、米英両国の傀儡であるオランダの「圧政下ヨリ解放」し、その地を彼らの「安住ノ地」たらしめる、という条件つき「解放」論であった。しかしながら、「解放」が何を意味するかについては、具体的な言及はなされていない。

それからまもない三月九日、第十六軍管轄下のジャワをはじめ蘭領東インドが日本軍支配下に置かれ、日本軍による占領統治が始まる。

政治犯として流刑・投獄中のスカルノ、ハッタら多くの民族主義者が日本軍の手で救出されたこともあり、当初のごく一時期、日本軍はオランダ支配を打倒した「解放軍」視されることもあった。そして多くの有力民族主義者は、なんらかの形で直接間接、日本の占領体制の中に組み込まれ、先の東条演説に従えば「大東亜建設ニ協力」することになった。事実スカルノをはじめインドネシア側指導者は、軍政当局から求められるままに、生産増強運動、米の供出、さらには労働力（ロームシャ）徴発等々あらゆる面で〝骨身を惜しまず〟協力したと自負した。

この点については、日本側も、ジャワの「対日態度ハ軍ノ爪哇進攻以来最も良好ニシテ軍ニ対シ絶対ニ近キ服従乃至協力ノ態度ヲ示」しているとみなした（「占領地帰属腹案」一九四三年一月一四日、大本営政府連絡会議腹案）。それにもかかわらず、その後日本の本国政府からはもちろん、現地軍政当局からも、「独立」に関するなんらの示唆も民族主義者側に与えられることはなかった。

そうした中で、翌一九四三年一月二八日、東条首相は第八一帝国議会において、日本は「絶対不敗の戦略的優勢」に立っている折、既定方針通り、ビルマとフィリピンに、年内の独立を供与するとの方針を改めて明示した。この声明は、ビルマ、フィリピン両当事国はもちろん、「大東亜共栄圏」各地の軍政当局によって、鳴物入りで報じられた。ジャワにおいても、軍政当局の肝いりで発刊された『アシア・ラヤ』（大アジア）紙は、遠方の地ビルマの民衆の熱狂的な感激ぶりを大きく報じた。

この報道は、軍政協力を通じての独立を希求していたインドネシア民族主義者には、大きな衝撃であった。軍政当局とスカルノらとのパイプ役をつとめていた軍政監部企画課の三好俊吉郎（外務省から出向）は、その回顧録の中で（三好俊吉郎 二〇〇九：九一）、直接目のあたりにした、当時のスカルノ、ハッタの「失望落胆悲観」ぶりを詳細に記録している。三好は、「［スカルノと異なり］日頃思慮深く興奮しない冷静」な指導者、ハッタの怒りをこう紹介している。

「…最も不愉快なことは、インドネシアには何の関係もなく、しかもインドネシアにもっとも不愉快な侮辱と刺激を与える今回の声明を、何故インドネシアでラジオや新聞で大々的に発表されたかということである。」

この「インドネシア独立問題」黙殺の延長線上で決定を見たのが、「大東亜政略指導大綱」であった（御前会議、一九四三年五月三一日）。再言することになるが、ここではジャワをはじめ旧蘭領東インド全域、そしてマラヤは「帝国ノ永久確保」すべき地域、すなわち事実上の植民地として決定され、かつその事実は「当分発表セス」と定められた。

御前会議の席上、東条首相は「永久確保」の理由として、これら地域は「民度低クシテ独立ノ能力乏シク且ツ大東亜防衛ノ為帝国ニ於テ確保スルヲ必要トスル」からである、と説明した。そしてこの基本方針と抱き合わせで、「原住民ノ民度ニ応ジ」民族主義者や行政官を、政治に「参与」させるとの懐柔策を打ち出した。いうまでもなくこの方針は、「南方共栄圏」の中心インドネシアの独立は認めないが、軍政の円滑な遂行のためには、彼らの協力が不可欠との認識から出たものであった。

同年六月末から、東条首相は約二週間、東南アジア各地を訪問する（随員として佐藤賢了陸軍省軍務局長、山本熊一大東亜省次官、上村伸一外務省政務局長ら。バンコク、シンガポール、ジャカルタ、マニラの経路）。ジャカルタ到着は、七月七日であった。

ジャカルタではスカルノ、ハッタらに政治参与の付与を伝達するとともに、東条首相は、軍政当局が御膳立てした奉公広場（現ムルデカ広場）を埋めつくした「民衆感謝大会」に出席し、「新ジャワの建設に全民衆を打つて一丸」となるよう檄を飛ばした。一〇月にフィリピンに独立付与を約束したことを知るスカルノらは、「政治参与」より一歩進んだ土産物を、日本の最高権力者に期待したものの、その期待は裏切られた。

東条首相に同道した佐藤軍務局長は、インドネシア側に「独立」の言質を与えなかったのは、彼らの「民度も低く、経済も困難」なので、「独立をさせてうまくやっていけそうもない」と判断したからだ、と戦後に執筆した回想録（佐藤賢了 一九六六：三一七）の中で述べている。

それに加えて佐藤賢了は、インドネシアは石油、アルミ、ニッケル、ゴム、キナ等重要物資の「世界的宝庫」（図表4−1、154頁 参照）なので、この地を「日本の生命線」として、「しっかり日本がにぎっていなければならない」、と判断していたと回顧している。

新たに「独立」を許されたビルマ、フィリピンを含む「大東亜共栄圏」内の五ヵ国代表を招いた大東亜会議(一九四三年一一月五~六日)の閉会直後、一行の帰国と入れ替わるかのように、スカルノ、ハッタ、そしてイスラム界の長老キ・バグス・ハディクスモの三人の指導者は、一一月一三日から三週間近く、準国賓として日本に招かれた。

「政治参与」承認に対する日本政府への謝意表明、ということが表向きの理由であったが、実際には「独立」問題に不満を持つ彼らを懐柔するとともに、今後の戦争協力を求める、政治的意図からの招待外交であった。在京中、皇居にも参内した三人は、天皇から叙勲を受けるが、「恐懼感激」したスカルノは、「帰国の上は粉骨砕身ジャワ四千万民衆の指導の任に当り以て今次戦争完遂の協力に邁進し聖恩の万分の一に応へ奉る覚悟」だと表明した、と報じられた(『朝日新聞』一九四三年一一月一四日)。

翌一九四四年に入っても、インドネシアの「独立」問題は具体的な進展が見られない一方、日本の戦局は悪化の一途をたどる。とりわけ七月には、膨大な戦死者を出したインパール作戦の失敗(同月四日、作戦中止令)、サイパン島「陥落」という決定的な敗北、それを受けての東条内閣総辞職と、内外ともに重大な局面を迎えていた。

さらにこの間、同年二月には、西ジャワのシンガパルナ、四月にはインドラマユで武装農民蜂起が発生し、軍政当局に深刻な打撃を与えた。いずれの蜂起も、軍政当局が重視した米供出をめぐる強制的な執行が主因であり、かつともに、地元で大きな社会的精神的影響力を持つイスラム指導者が先頭に立ったことが、共通点であった。

特にシンガパルナ事件では、「首謀」者キアイ・ザイナル・ムストファに対して「狂信・反回教の首魁、地方民を使嗾煽動」(『ジャワ新聞』一九四四年三月七日)したとして、極刑をもって対処したが、軍政の経済政策、宗教施策への根強い社会的不満が背景となり、他の多くの農村でも類似の事件が繰り返されるようになる。

軍政当局は、急速に悪化する社会経済状況と相まち、これ以上の民心離反を警戒し、指導者層の協力をつなぎとめる切り札として「独立」問題に本格的に着手せざるを得なくなった。東京(大本営・政府)・ジャカルタ(軍政当局)間の一連の協議を通じ(詳細は外務省編纂 二〇一〇a:一四一六—一四三六)、一九四四年九月七日の第八十五回帝国議会において、新首相・陸軍大将小磯國昭による「小磯声明」が発表された。「克ク帝国ノ真意ヲ理解シ、終始一貫、大東亜戦争完遂ノタメ、多大ナ努力ヲ続ケテ」きた「東印度」に、「将来ソノ独立ヲ認メント」する旨の内容であった。

「小磯声明」は、①独立の時期が明示されていなかったこと（ビルマ、フィリピンの場合は明示）、②インドネシア全土の同時独立ではなく、ジャワから始め段階的な独立認容政策をとること、そして③「インドネシア」の語の使用を意図的に避け、「東印度」としたこと等、民族指導者側に少なからぬ不満を残したが、それでも声明自体は一歩前進と受け止められた。

特に宿願であった紅白の民族旗と民族歌インドネシア・ラヤがようやく認められたことは、スカルノにも特別な感慨を与えたと思われる。当時発表した一論文の中で、スカルノは、こう述べていた（「感銘と誓ひ」『新ジャワ』一九四四年一一月号所収）。

「『赤白』の民族旗が最初にジャカルタの奉公広場において碧空高く掲げられた時、我々は之を仰いで感涙の滂沱と下るのを如何ともすることが出来なかつた。民族歌『インドネシア・ラヤ』が天に届けと最初に高らかに唱和されたとき、我々の間には感極まつて遂に最後まで唱和できなかつた者が少なくなかつたのである。」

日本の中央政府から「将来其ノ独立ヲ認メ」ることを約束されたものの、現地軍政当局による独立に向けての具体的施策は、遅々として進まなかった。この間の近隣地域の状況を見ると、米軍のレイテ島上陸とマニラ奪回（一九四四年一〇月、四五年二月）、タイ・カーンチャナブリー地方への連合軍の大空襲（四四年一二月）、仏印での日本軍による武力処理（四五年三月）、各地での連合軍による反攻の激化、それに加えてのインドネシア国内の抗日運動の拡大といった危機に、日本側は直面していた。

ここに来て、日本にとって最後の砦とも言うべきインドネシアを保全し、彼らの協力を確保すべく、一九四五年三月一〇日、ようやく独立調査委員会の設置が発表される。その後紆余曲折の末、スカルノとハッタは、サイゴン北方ダラットに置かれた南方軍総司令部で、寺内寿一総司令官より、正式に独立許容を示達された。それは一九四五年八月一一日、日本の敗戦四日前のことであった。

写真 4-23　スマトラ北端・アチェのウェー島。日本軍が残した大砲がインド洋に向けて並べられている。2012年 8月12日、吉野文雄氏撮影・提供。

スカルノ・ハッタ両指導者は、この日本からの独立約束の枠内で独立を発表する方針であったが、広く知られているように、あくまでも「日本とは無関係の独立」を主張する急進派の青年指導者らの激しい突き上げ（二人を八月一六日夜軟禁したレンガスデンクロック事件に象徴）に屈する形で、八月一七日早朝、スカルノ、ハッタ両名が「インドネシア民族の名において」、世界の植民地にさきがけ独立を宣言したのであった。

日本国（軍政当局）の「約束」とは無関係な形で、「独立宣言」が発出されたことは、結果的に見ると日本、インドネシア双方にとって、予期せざる僥倖となった。敗戦日本は、連合軍側の命令で、「現状維持」のままインドネシアを引き渡すよう厳命を受けていたため、独立に手を貸す形となることは、連合軍との関係で、自らの立場を決定的に不利にすることになるからであった。

他方、インドネシア側にとっては、日本軍が設定したプロセスと方法に従って独立を宣言することは、連合軍側から日本の傀儡政権視され、また「メイド・イン・ジャパン」の独立とみなされ、これまたきびしく追求される可能性が大きかった（事実、日本敗戦直後の八月一六日、

「同盟国」タイは、先手を打つ形で日本との同盟関係を破棄、またフィリピンは、その翌日、日本から供与された「独立国」の解体宣言を行なった。いずれも、連合軍側の反応を念頭に置いての電光石火の行動であった)。

このインドネシア独立をめぐる最終段階の政治過程を分析したストポ・スタント(故、インドネシア大学上級講師)は、「神の隠れた恩恵」(blessing in disguise)という概念を用い、興味深い考察を行なっている(ストポ・スタント「日本軍政とインドネシア独立――神の隠れた恩恵としての前田精海軍少将の対応」『社会科学討究』40巻2号、一九九四:六二―六三)。

ストポ論文によれば、一九四五年八月一七日に独立宣言の発布が可能となったのは、五つの条件が重なったからだとし、それを「神の隠れた恩恵」と捉えるのだった。その内、日本と特に深い関わりのある事柄を二点あげておきたい。

第一は、天皇の降伏受諾発表が八月一五日であったという点である。そのため、同日マッカーサー指揮下の南西太平洋連合軍司令部(SWPA)からマウントバッテン麾下の東南アジア連合軍司令部(SEAC)へとインドネシア全域を含む域内管轄権が移行したが、結果的にその変更により英国軍のジャカルタ到着が遅れ、独立に向けての激流を阻止できなかったのだった。

第二に、ジャワ軍政当局(陸軍)は、敗戦とともに連合軍命令によりインドネシア独立を阻止する役割を与えられたが、第十六軍との連絡機関としてジャカルタに設置されていた海軍武官府(武官前田精大佐)が、スカルノ、ハッタらに独立宣言文起草の場を提供したことであった。そのこともあり、前田精の名は、インドネシアでは、最も知られた日本人として歴史教科書にも登場する。またかつての海軍武官公邸は、現在独立宣言起草記念館として観光名所となっている。

第3部
「大東亜共栄圏」をめぐる噛み合わない歴史認識

5 東南アジア諸国の対日歴史認識比較

昭南（シンガポール）を起点に、東南アジア全域に「何ら差別なく太陽［日本］の光りと恵みをあまねく及ぼしたい」との、八〇年前、大日本帝国が描いた願望は、夢か幻に過ぎなかったのである。

本書第1部 戦前期日本は東南アジアとどう関わったのか では、一九世紀末以降、約半世紀間の日本と東南アジアとの関わりを、歴史的に鳥瞰することを試みた。当初、日本の近代化からはじき出された「小さな民」「無告の民」の渡南によって始まった日本人の東南アジア進出は、最終的には、総体としての大日本帝国による「大東亜十億民族共同体」(『朝日新聞』一九四四年元旦、「東条首相談話」)樹立に向けての軍事的侵攻、という結末を迎えた。こうした形での関係構築をもたらした背景として、第1部では、日本の東南アジア認識のあり方に求め、それを「経済的補完論・政治的盟主論・文化的優越感」として集約した。約言するならば、経済的にも政治的にも、また文化的にも、日本と東南アジアは非対称的な存在であり、それ故に日本の「南進」が必要とされ、かつ正当化される、という理解方法であった。

その意味で、近代日本の「南進」の最初の進出先シンガポールを日本軍が陥落し、その地を「昭南島」と改称したことは、象徴的な出来事であった。本書冒頭で記したように、昭南の地こそ、日本の手によって東南アジアにおける「光明の一大軸心、基点となる島(港)」として再生させるという、「心からの願い」の実現の場だと謳われたのであった。

第2部 東南アジアにとって「大東亜共栄圏」とは何であったのか では、「日本(ここには公式植民地台湾、朝鮮も当然のこととして含まれた)・満州・支那(中国)」とともに、「大東亜共栄圏」の一員に組み込まれた東南アジアが、この時代をどのように見つめ、またどのように日本と向き合ったのか、それに対して日本側は、いかなる対応を示したのかを、各地の事例に即しつつ考察した。

シンガポールを基点とした日本の占領下東南アジアでは、「永い間の暗雲を除き、すべての物に何ら差別なく太陽の光りと恵みをあまねく及ぼ」す時代、世が実現したのであろうか。その全体像を俯瞰するとともに、各地域の個別の経験にも、焦点を当てて考察した。

以上の大まかな見取図を踏まえながら、第3部ではアジア太平洋戦争の終結後、東南アジアと日本の双方は、歴史を通じもっとも多くの相互接触が見られたこの「大東亜共栄圏」の時代を、どのように顧み、記憶にとどめ、また記録し、将来に向けてのそれぞれの認識枠を形成し、今日に至ったのか、という問題を筆者なりに整理した。

東南アジアの日本占領期認識

1歴史教科書の比較

ある国の人々の他国（人）に対する一般的な認識を知るには、さまざまな方法が考えられる。世論調査に示される情報、新聞・雑誌等の論調分析、文学や映像、あるいは歴史博物館の展示物・記念碑等の非文字資料に見られる相手像が、すぐ頭に浮かぶ。

そうした中で本節では、東南アジアの中学高校レベルで使用される歴史教科書の検討、ならびに日本占領期をそれぞれの立場で経験した二人の代表的な政治指導者の言説分析、の二点から接近することにしたい。

ただし前者については、「教科書を通して見る歴史認識は、基本的な傾向を知るうえで有益ではあっても、他の手段で補完されるべき部分的なものである」との指摘を、考慮に入れることが重要である（首藤もと子「教育に見る日本軍政期の認識——インドネシアの歴史教科書を中心に——」倉沢愛子編 一九九七：四五五）。

とりわけ、今回基本文献として利用した越田稜編著『アジアの教科書に書かれた日本の戦争・東南アジア編』（梨の木舎、一九九五年）は、まだ誕生していない東ティモールを除く全東南アジア諸国を対象とした地道な労作であるが、紹介される教科書の刊行年は、主に一九八〇年代であり、この時代は東南アジア各国で大きな政治的変化が見られた時期であった。もちろん歴史教科書の基調は、基本的には継続されていると理解してよいと思われるが、同時に時代の産物という側面があることを踏まえておくべきであろう。

たとえば同書の中で紹介されたベトナムの歴史教科書は、一九八四年の刊行であるが、この年はドイモイ（刷新）政策採択の二年前である。またフィリピンの教科書は、マルコス政権末期の一九八四年刊であるが、その二年後には民主化運動のうねりの中から、コラソン・アキノ政権が誕生している。同じくビルマ（ミャンマー）では、教科書刊行二年後の一九八八年に、国軍クーデターが発生し、民主化への動きが阻止されたこと等、冷戦終結に向けての動きが加速化する国際環境を背景に、多くの国が激動の時代を迎えていた。

その点を念頭に置きつつ、以下では図表5-1からう

図表 5-1　東南アジアの教科書に見る日本占領期

国名	教科書名	言語	対象	刊行年	全章	占領期を扱った章（タイトル、訳書ページ数）	キーワード5点
シンガポール	『現代シンガポール社会経済史』	英語	中学初級	1985	21	13（日本占領のシンガポール、13頁）	検証，強制献金、ケンペイタイ、闇市、抗日運動
ブルネイ	『ブルネイの歴史』	英語	初級中学	1978	23	21（日本のブルネイ占領、5頁）	東亜新秩序、華人捕虜、食糧不足、マラリア、反日分子処分
マレーシア	『歴史の中のマレーシア』	マレー語	中学2年	1988	11	8（日本人によるマラヤ占領、36頁）	大東亜共栄圏、憲兵隊、日本語、タピオカ、抗日運動
ビルマ	『ビルマ史』	ビルマ語	8年生	1987	5	2-3（反日・反ファシスト闘争）3-2（日本時代、15頁）	30人志士、軍票、食糧不足、キ〔ケ〕ンペイタイ、抗日反乱
タイ	『歴史学タイ2』	タイ語	中学2年	1980	6	5（タイ国と第2次世界大戦への参画、78頁）	秘密条約、宣戦布告、その無効宣言、新領土、自由タイ運動
ベトナム	『歴史第1巻』	ベトナム語	12年生	1884	2	2章10課（インドシナ戦線と8月総蜂起に至る革命の高揚、21頁）	日仏二重搾取、ベトミン、親日組織、反仏クーデター、総蜂起
ラオス	『歴史2』	ラオス語	高校3年	1983	12課	6課（ラオス人民の主権奪回、5頁）	大東亜共栄圏、大タイ主義、強制労働、自由ラオス政府
カンボジア	『カンプチア歴史』	クメール語	8年生	1987	3課	2課（第2次世界大戦期のカンプチア、16頁）	二重支配、領土割譲、大クメール主義、カ〔ケ〕ンパ〔ペ〕イタイ、傀儡政権
フィリピン	『フィリピン国の歴史』	タガログ語	高校生	1984	21	17章（太平洋戦争、9頁）	米極東軍、亡命政府、「独立」供与、抗日ゲリラ、新生比島奉仕団
インドネシア	『社会科学分析・歴史』	インドネシア語	中学生	1988	2	討論主題1-3（日本占領時代、22頁）	大東亜共栄圏、ロームシャ、義勇軍、食糧不足、抗日蜂起

（出所）越田稜編著．1995年．をもとに筆者作成（独立前の東ティモールは含まれず）。

かがえる主な特徴を、二点指摘しておこう（なお越田編著では一国につき二点の教科書を対象とした事例もあるが、ここでは一国一教科書とした）。

第一の特徴は、すべての国で前大戦期について一章（課）を費しており、その頁数（日本語翻訳）は五頁（ブルネイ）から七八頁（タイ）と多様だが（平均二〇頁）、いずれも細部にわたり、詳細に記述されていることである。

その章題を見ると、日本軍による「占領期」を用いるのがシンガポール、マレーシア、ブルネイ、インドネシアの四ヵ国である。4東南アジアと「大東亜戦争」で見たように、これら諸国は、すべて日本が「永久領土」の対象とした地域である。

ついで章題に現れる「戦争」呼称に関して、「第二次世界大戦」の語を用いたのがタイ、カンボジア、「太平洋戦争」がフィリピン、その他の表現を用いているのがベトナム、ラオス、ビルマであり、各国の文部行政当局（政権）の戦時期認識の一端がうかがえて興味を引く。

第二の特徴は、各国教科書の章題の多様性にもかかわらず、その記述の中からキーワードを抽出してみると、顕著な共通性が見られるということである。頁数の違いはあるが、各国について五点のキーワードを選んでみると、次の四語がもっとも多く登場するのが、抗日ないし一〇ヵ国中最多の七ヵ国の教科書に登場するのが、抗日ないしその関連その関連語である。抗日運動としたのが、シンガポール、ブルネイ、抗日蜂起・反乱がインドネシア、ビルマ、抗日ゲリラがフィリピン、またマレーシア、タイはそれぞれ反日分子処分、自由タイ運動と表記している。

二番目に多いのは、人々の生活苦に関わる言葉で、五ヵ国の教科書に登場する。闇市（シンガポール）、タピオカ（コメの代用食、ブルネイ）、食糧不足（マレーシア、インドネシア、ビルマ）である。さらに生活圧迫に関連した言葉として、強制労働、ロームシャ（ラオス、インドネシア）、あるいは価値をなくした大量の軍票（ビルマ）も、これに相当する。占領期東南アジアの個別の経済状況については、4東南アジアと「大東亜戦争」で述べたが、いずれにせよ、開戦前夜に策定された「南方占領地行政実施要領」という、いわば軍政施行の基本文書に謳われた「民生ニ及ボサザルヲ得ザル重圧ハ之ヲ忍バシメ…」との基本方針が、逆説的な意味において「実現」した観がある。

三番目に、東南アジアの人々、とりわけ知識層の間でもっとも恐れられた言葉であるケンペイタイ（憲兵隊）があげられる。シンガポール、マレーシア、カンボジア（カンパイタイ）、ビルマ（キンペイタイ）の四国であるが、インドネシアでもこの言葉は、今日でも日本軍政期の恐怖を伝える「遺産」として、ロームシャともども広く知られている（当時の東南アジア占領地についての憲兵隊側からの記録としては、全国憲友会編 一九七六 を参照）。

たとえば4東南アジアと「大東亜戦争」で言及した軍政末期の西ジャワで発生したシンガパルナ農民蜂起について、同書はこう記述する（一〇三七–一〇三八）。「（指導者ムストファは）日本占領直後から早くも反日的言動をあらわし、折あらば回教王国を建設しようとひそかに企図していた…尊敬される指導者が予言的言辞を弄すれば、無知な信徒は盲信する。この事件は回教絶対の土地であっただけ、その後の処理に憲兵隊は苦労したのであった。」

そして四番目として、「憲兵隊」同様四ヵ国の教科書に登場するのが「大東亜共栄圏」（含東亜新秩序）である（マレーシア、ブルネイ、ラオス、インドネシア）。

このように、東南アジア諸国の歴史教科書を通観すると、キーワードとして瀕出するのは、ほとんどネガティブな意味を持つ語であることが判明する。もちろん「独立供与」「義勇軍」といった、中立的な意味を持つ言葉も登場する。しかし、これらの言葉も、その記述の仕方を見ると、日本に「感謝」するというよりも、自分たちの主体的な努力によって、日本が準備した政策や組織を自民族の独立のために活用した、というナショナリズムに根ざした使われ方がなされている。その意味で首藤論文（倉沢愛子編 一九九七：四五四）が紹介した、一九九三年五月二五日付インドネシア教育文化大臣決定第六一号が、歴史教育の目的として、次のように述べていることは、他国においても大同小異であろう。

「過去から現在までの社会の発展について理解し、国民意識と愛国心およびインドネシア国民としての誇りを培い、さらに世界について広い知識を得ること」（ここでの「愛国心」「誇り」の語は、皮肉にも後述する日本の「新しい歴史教科書をつくる会」の方針とも合致する）。

これらの議論を整理すると、東南アジア諸国の歴史教科書における、日本占領期についての記述は、質・量の両面で――特に日本と比べ――大きな特徴があることが判明する。

第一は、約三年半という短い時期にかかわらず、すべての国において、日本時代について多くの紙幅を費し、具体的に論じていることである。第二は、日本が行なった「大東亜戦争」は、自分たちの「解放」や「独立」に貢献したという視点が皆無であること、そして第三は、日本支配はヨーロッパの旧宗主国の植民地支配に比べ、はるかに苛酷であったこと、だがそれにもかかわらず、自分たちはその暗黒の日々を耐え抜いたことで、強靭性を身に付け、その力を独立後の国民国家形成に利用していった、との自民族の主体性への確信が埋め込まれていることである。

2 二人の「建国の父」の日本軍政観

(1) インドネシア・スカルノ大統領の独立記念日演説から

一九四〇年、スマトラ西岸の流刑先ブンクルで執筆した論文「イデオロギーの闘いにあらず」の中で、「政治犯」スカルノは、前年勃発の第二次世界大戦の性格を論じ、それは「民主主義対ファシズムの闘い」ではなく、あくまでも帝国主義的な「資源獲得のための闘い」、即ち権力闘争だと規定した（Sukarno, 1964：77）。

こう述べてスカルノは、彼の盟友であり政治的ライバルでもあるM・ハッタやS・シャフリルら、オランダ留学組の民族主義エリートとの差異を強調した。彼らは、日本のファシズムと戦うためには、民主主義に立つオランダとの協力も辞さず、とする立場を表明していた。

この点と関連し、スカルノの薫陶を受けたナショナリストであり、元外相（それに先立ち一九五五年のバンドン会議事務局長等を歴任）ルスラン・アブドゥルガニは、自分の問いかけに対し、スカルノは次のような興味深い見方を提示したと語っている（同氏とのインタビュー、一九七七年一〇月、於ジャカルタ）。

「民主主義と軍国主義のどちらを選ぶかと尋ねられれば、自分は民主主義を選ぶ。しかしながら、もしオランダ民主主義を選ぶか日本軍国主義を選ぶかと問われれば、自分は日本軍国主義を選ぶ」。このことは、スカルノの政治的座標軸の中に、「民主主義vs.軍国主義あるいはファシズム」という軸以上に、「アジアvs.ヨーロッパ」という、もう一つの軸がより重要な意味を持っていたことをいみじくも物語るものであった。

事実スカルノは、オランダ支配を崩壊させた日本軍の手で流刑地から救出され、その占領下では政治犯から一転し、筆頭民族主義指導者として、日本軍との協力関係を築きつつ（ロームシャ調達や「慰安所」開設も含め）（スカルノ 一九六九：二五一、二一八）独立に向けての準備活動を行なうこととなった。

スカルノは上記自伝（アメリカ人女性作家シンディ・アダムスへの口述による）の中で、九〇頁近くをあて日本占領期の体験を談論風に語っているが、まとまった形で日本軍政の総括的評価を行なっているわけではない。したがってここでは、一つの素材として、独立後のスカルノが大統領として毎年行なってきた、八月一七日の独立記念日演説（日本インドネシア協会 一九六五 収録）を跡付けながら、一般国民に向け日本軍政期をどのように語りかけていたのかを検討してみたい。

まず、日本敗戦二日後の一九四五年八月一七日に、「スカルノ、ハッタ」両指導者によって、「インドネシア民族の名において」発布された独立宣言の内容を見ておこう。広く知られる簡潔な宣言文に先立ち、前文にあたる言葉が置かれていることは、一般的にはあまり知られていない。その中でスカルノはこう述べる（日本インドネシア協会 一九六五：一九）。

「日本時代においても、民族の独立を達成するためのわれわれの努力は休むことがなかった。日本時代に、われわれが彼らに依存したのは、単なる外見に過ぎない。むしろ、常にわれわれはその力を養成し、常にわれわれはその能力を信じていたのが事実である。」

降伏したとはいえ、まだ無傷の大量の軍隊を保持し、かつ連合軍命令によって治安維持（主として独立運動の抑圧）を命じられていた日本軍を前にしながらも、スカルノは対日依存・協力は表向きのものであり、実際には自力養成のために、日本との協力を選んだのが真意であり、その独立は、日本から恵与されたものではないことを、いち早く宣言したのだった。

一九四六年八月一七日、独立一周年記念演説においてスカルノは、再植民地化を企図して上陸したオランダとの独立戦争のさ中にあって、推進すべき「建国努力」に言及する。

スカルノは、経済政策面における最大の壁が、日本占領と現下の独立戦争によって疲弊し、混乱した「国民経済の建て直し」であると強調した。中でも「最初にして最大の課題」(同書：二五)は、国民経済を破壊した元凶である「日本軍の置土産である何十億という日本軍票」の処理であると強調する。ここからも、モノの裏付けのない大量に乱発された軍票が、先に紹介した統計(図表4-6〈208頁〉参照)からもうかがえるように、占領期のみならず、独立後もインドネシアの経済的混乱に拍車をかけていたことが読み取れる。

一九四九年八月は、対蘭独立戦争が最終段階にさしかかっていた時期であり、国際世論とりわけインドを先頭とする新興独立諸国、さらにはアメリカ政府の後押しもあって、インドネシアに有利な国際環境が整いつつあった時期である。そうした中スカルノは、独立宣言当時を振り返りつつ、「当時なお駐留していた日本軍の鉄砲の脅威下でわれわれは独立を宣言したのだ」と強調した。この発言からは、連合軍命令に縛られた日本は、決して独立の支援者などではなく、一歩間違えれば自分たちの独立の灯を消そうとしていた、と見るスカルノの切羽つまった思いを汲み取ることができる。

一九四九年一二月、インドネシアは独立戦争に勝利し、オランダからの主権移譲をハーグ条約によって実現させた。国連加盟も果たし、サンフランシスコ対日講和会議にも、新生国家として参加したインドネシアであったが、講和条約に調印はしたものの、対日政策をめぐる閣内不一致や複雑な国内政情もあり、批准には至らなかった(最終的には一九五八年一月の二国間平和条約により国交樹立、ついで賠償協定調印)。そうした中での、一九五二年の第七回独立記念日であった。前年春に東京で対日賠償交渉が始まっていたことも考慮すべき要因であるが、スカルノは、これまで以上に日本軍政にきびしい目を向け、大統領宮殿の前庭を埋めつくした聴衆に、こう訴えたのだった(同書：一二七、一四二)。

「(独立宣言は)日本軍のインドネシア占領の結果として生じた非常な苦難に、当時のインドネシア社会全体の人々が肉体的にも耐え忍んできた時に発布せられた。肉体的には非常な苦難であったが、独立精神は燃え立っていた…日本軍の占領当時を見るがよい。最近のわが歴史上のある時機に、わが国の経済が、日本軍占領当時と比較して混乱し、乱雑になり、紊乱していたであろうか。日本軍政当時、幾千人の人達が餓死し、栄養失調で死に、経済にたずさわっていた幾百万の人達が丸裸にさせられたのである。」

ここまでの独立記念日演説という公式舞台での一連のスカルノ演説からは、軍事力を背景とした日本の抑圧的統治、その下でもたらされた民衆の社会経済的な苦境が何よりも強調され、またそうした困難を克服した自民族の力への信頼が、日本占領期回顧の核となっていることがうかがえる。

翌一九五三年の第八回独立記念日においても、スカルノは独立革命初期を、こう振り返る（同書：一四九）。

「一九四五年九月一九日に想いをいたすがよい。この前方のイカダ広場［現ムルデカ広場］に集合した数十万の民衆は、日本軍のおびただしい銃剣と数十の機関銃やタンクがはばもうとする中で、独立宣言を守護したのだ。」

この九月一九日の大民衆集会とスカルノの関係については、若干補足しておきたい。当日独立推進派の急進的な諸青年グループは、集会を禁止しようとする連合軍当局と、その意を受け「現状維持」を迫られていた日本軍、そして彼らの命を受け青年指導者を説得しようとしたスカルノ、ハッタ正副大統領の反対を押し切って、大集会を開き気勢をあげたのだった。

板ばさみ状態に置かれたスカルノは、結局青年グループに気圧される形で、大集会の場に姿を現わし、一〇分ほどの簡潔な激励スピーチを行ない、会場を後にしたのだった（増田与 一九七一：一九六−一九八）。

この初期独立運動史上、需要な象徴的意味を持った大民衆集会の翌九月二〇日、連合軍側から「治安維持」を強く命じられた日本軍は、インドネシア民族主義者の集会と紅白民族旗の使用を禁止し、さらに大集会の推進役であったアイディット（後共産党議長）、アダム・マリク（後外相、国連総会議長）ら青年指導者の逮捕に踏み切った。

独立記念日演説の中で、スカルノが次に日本に言及するのは、一九五五年の第一〇周年記念日である。同年春、スカルノは「世界史上最初の有色諸民族による国際会議」と謳われたバンドン会議（第一回アジア・アフリカ会議）の主唱者の一人として、自国を舞台にしての会議を成功に導き、第三世界を代表する指導者の一人としての名声を手に入れていた。

そうした高揚感あふれる時期の演説において、スカルノは、「（二〇世紀初めからの民族主義運動時代）さらには日本占領時代、そして独立宣言のその瞬間まで、そして現在のこの瞬間まで、数十年にわたる汗と犠牲による闘争の結果、われわれが成就したのは何であったのであろうか」と問いかけた。

一見消極的な問いかけに見えるが、実際は独立後の一〇年間で達成した諸成果を踏まえ、今後のインドネシアがとるべき基本構想を提起したものであった（同書：一九〇）。

スカルノが独立記念日演説で、最後に日本に言及したのは、一九六四年のことであった。当時インドネシアは、終身大統領の称号を得たスカルノの下で、国軍（とりわけ陸軍）と共産党の右左二大勢力がことあるごとに対峙し、対外的には冷戦体制下、急速に反英米の左傾路線を突き進んでいた。そうした緊迫感に満ちた中でのスカルノ演説であり、日本への言及であった（同書：四五一）。

「その他の地でも、全ての帝国主義者は祖国を護る国民の抵抗にあっている、さらに彼らは水牛のような不退転の精神を持つ一億三〇〇〇万のインドネシアと、また東南アジアで最強の海陸空軍さらに日本軍、英国軍、オランダ軍を追いはらった国民と、さらにダルル・イスラム軍［イスラム国家樹立を掲げた反政府運動］や反革命軍［米英の支援を受けた反共的反政府運動］を鎮圧したインドネシアと対立して抵抗を受けないということがあり得ようか。

諸君、われわれはいま包囲されつつある。しかし、全インドネシア民族に対して、祖国愛の剣を磨け、警戒の斧をとげ、そして統一のつちを鍛えよ、と私は命令する。」

この一種悲壮感と闘争心をみなぎらせた独立記念日演説から一年一ヵ月後、インドネシアでは独立後最大の政治的危機＝左右激突の「九月三〇日事件」が発生、それが引き起こしたさかまく反スカルノ、反共産党の激流に、スカルノは巻き込まれ、政治的生命を断たれ、さらに一九七〇年にはその生涯を閉じることになった。

この間、一九回を数えた大統領としての独立記念日演説の場において、スカルノは七回にわたり日本（軍）の名に言及している。いずれも細部には立ち入っていないものの、その使われ方には、ある共通点が見出される。

端的に言えば、それは日本の存在を、インドネシアの前に立ちはだかる巨大な壁としてたとえていることである。この巨壁にぶつかり、はね返されを繰り返しつつ、自分たちは強靭さを身につけていったのだ、という理解方法とでも集約できよう。

他方、留意しておきたい点は、これまで紹介した日本への言及と平仄（ひょうそく）が合わない印象を与えるようにも見えるが、スカルノは個人的には「日本びいき」という一面を強く持っていた、ということである。次に取り上げるシンガポールのリー・クアンユーと異なり、日本軍政によって初めて政治の表舞台に立つ機会を与えられ、また初めての外国訪問の地が戦時日本（一九四三年一一月。天皇面会、この折勲二等瑞宝章を受く）であったことも、一因と思われる（後には第三夫人として、日本女性根本七保子＝ラトゥナ・サリ・デヴィと結婚）。

『昭和天皇実録』の関係各巻をひもとくと、スカルノは外国人元首としてはもっとも多く九回（内四回は非公式訪日）にわたり、天皇・皇后に「拝謁」している。同時に、皇室はじめ日本側の接遇の仕方からも、スカルノに対するある種の「親愛の情」がうかがわれる記述となっている（たとえば一九五九年六月六日の来日時には、天皇自ら「東京国際空港に行幸」し、「搭乗機タラップ下」でスカルノを迎えた。八日には宮中晩餐会に続き宮中夜会、一〇日夜には高輪光輪閣でのスカルノ主催の晩餐会等と多彩な日程が組まれた。この訪日を機に、天皇からは、毎年インドネシア独立記念日には、祝電が送られることになる。宮内庁 二〇一七：六三八－六四二）。もちろんその背景には、政治的にも経済的にも、東南アジアの大国としてのインドネシアとの関係を重視する、日本政府側の思惑もあった。

(2)シンガポール・リー・クアンユー首相回顧録から

スカルノはインドネシア「建国の父」と称されるが、彼より二二歳年少のシンガポール（一九六五年独立）初代首相リー・クアンユー（一九二三〜二〇一五年）も、同じ尊称で呼ばれる政治指導者である。

日本軍がシンガポールを占領した当時、リー・クアンユーは名門ラッフルズ・カレッジに在学中であった。日本軍によりカレッジが閉鎖されると、彼は医療補助隊に志願し負傷兵の救助にあたる。そして戦闘が一段落すると、公募で採用された日本軍報道部に務める。得意の英語力を活かし、連合軍側が流す英語ニュースを傍受し、日本側に報告する職務であった。そこを辞した後、彼は貴金属のブローカーをしたり、不足していたゴムのりをタピオカから製造したりなど、経営の才を発揮していた。

日本敗戦後、リー・クアンユーはケンブリッジ大学留学を終え帰国後、政界入りし、人民党指導者として約三〇年間にわたり、さまざまな毀誉褒貶を受けながらも、今日のシンガポールの基礎を築いたことは、周知のとおりである（本節はリー・クアンユー 二〇〇〇 に依拠）。

全四三〇頁の、浩瀚にして密度の高い回顧録の中で、リー・クアンユーは、日本について、第三章日本の侵略、第三一章日本の奇跡、第三二章日本の教訓と、三章を費やし自らの日本論を展開している。二〇歳前後期の多感な青年時代を日本軍占領下で送ったことは、その後の政治家としての彼の政治行動、統治方法、国家観等に大きな影響を与えることになる。

リー・クアンユー自身は、その日本時代を「私の人生にとり最も大切な時期」（同書：五三）であり、その時代の日本支配は、白人絶対優位の「白人神話」を打ち砕いたものの、「我々に対しても征服者として君臨し、英国よりも残忍で常軌を逸し、悪意に満ちている」（同書：三五）と形容する。

リー・クアンユーが、「最も大切な時期」と定義する日本占領期を回顧する中で、最初の衝撃的な出来事は、一八歳から五〇歳までのすべての華人男性が出頭を命じられた「検証」であった。当時一九歳の青年リーも、当然ながら尋問を受けたが、運良く「審査済み」の証明を手に入れ、辛うじて憲兵隊による「反逆者一掃作戦」（「粛清」）から免れている。「検証」によりクロと認定され、「粛清」の対象となった華人は、先にも触れたように日本側は六〇〇〇人としているが、リー・クアンユーはシンガポール商工会議所推定の五万人から一〇万人という被害者数が、シンガポールで広く受容されている数字としてあげている（同書：三九）。

当時シンガポールで、憲兵分隊長として一連の事件を指揮した大西覚は、前述のように、これを作戦遂行中の処分として正当化したが、この点につき「リー回顧録」は、すべては日本軍の作戦が終了し、シンガポールが降伏した後の事件であり、「完全な報復措置［戦前の反日運動に対する］」であったと断言してやまない。

華人に対する「検証・粛清」に象徴される日本軍の強権的政策は、青年リー・クアンユーにとって大きなトラウマとなり、その後の対日観形成の原点となった。他方、少年時代の彼がシンガポールで目にした戦前の日本人は、「丁寧で礼儀正しい販売員〔個人商店主、店員〕であり歯科医師」であり、「彼らはきれい好きで、規律のあるコミュニティーを仲間内で作って生活していた」（同書：四三〇）、と好意的な眼を向けている。

そうした日本人像が刻まれていたために、彼が日本軍統治下で日常的に目撃することになった日本人の蛮行の数々は、「同じアジア人として」（同書：三三）彼の心を突き刺したのだった。そしてその思いは、次のような日本像につながっていく（同書：四一）

「ジンギスカンとその大軍もこれ以上に無慈悲にはなれなかったろう。私は、広島や長崎への原爆投下が必要だったとする点では疑問を持っていない。原爆がなければ数十万人のマラヤやシンガポールの人々、そして数百万人の日本人も死んだろう。」

この点とも関連するが、「リー回顧録」は、日本軍政下で物資欠乏が急激に進み、戦争末期の飢餓状況の中でも、犯罪はごく稀にしか発生しなかったことを特記する。この「評価」は、無論手放しの讃辞ではなく、逆に日本軍の徹底した厳罰主義に対する恐怖感よるものだとして、こう指摘する（同書：五四）。

「私は、刑罰では犯罪は減らせない、という柔軟な考えを主張する人は信じない。これは戦前のシンガポールではなく、日本の占領下とその後の経験で得た信念である。」

このさりげない一文は、リー・クアンユーが首相時代に推進した「高度管理社会」下における、社会生活全般にわたる厳罰主義を想起させるものであり、いわば日本軍政を反面教師として、シンガポール型抑圧体制が構築されたとも言えよう。

右に略述したような、一介の無名の華人青年リー・クアンユーの日本占領期の体験は、多くの同時代人の体験と重なるものと言ってよいであろう。そうした原体験が、一九五〇年代末以降、とりわけシンガポールの自治政府発足（一九五九年、英連邦内の自治領）後の、同国政治の中枢に座したリー・クアンユーの、日本を見つめる視線の核をなしていた。繰り返しの指摘になるが、戦時期日本の中枢が、「昭南」の語に託した「理念」は、リー・クアンユーにはまったく了解不能の妄言に過ぎないものであったろう。

その点の延長で、また次節で述べる日本側の歴史認識との関連で、リー・クアンユーはその「回顧録」の中で、彼が接してきた日本の歴代首相の歴史観をどう評価してきたのかを概観してみたい（同書：四三二―四四七）。

リー・クアンユーは、首相として一九六〇年代初めの池田勇人から九〇年の宮沢喜一まで、約三〇年にわたり歴代の日本国首相と公的な接触を持った。

シンガポールでの華人虐殺事件が初めて明るみに出たのは、一九六二年池田内閣の時であり、池田は、リー・クアンユーに対し、戦中の事件に「心から遺憾の意」を表した。しかしながら、補償問題を協議した際、同様の問題に起因して他国から補償要求が相次ぐ事態となるのを恐れた池田ら日本政府側は、結論を下すことをためった、とリーは指摘する。そして四年後の一九六六年一〇月に、ようやく円借款・無償供与半々の五〇万ドルの補償金が決定されたが、リー・クアンユーは、歴史問題に対する日本側の優柔不断で、後向きの対応を暗に批判したのであった。

池田の後任で、「威厳があり真面目そのものの風貌」を持つ佐藤栄作首相について、リーは、自分の東京訪問時の会談で佐藤は、唯一回だけ戦時占領に触れたが、それは「アジアの歴史の中で多くの不幸な出来事を経験した時代があった」という、「とてつもない控え目な表現」であったと辛らつな皮肉をこめて書き留めている。

首相としての公式訪日時、リー・クアンユー夫妻は皇居で天皇皇后主催の午餐会に三回招かれた（『昭和天皇実録』索引より）。日本軍占領下のシンガポールで、リーは「神として崇られた」天皇に敬意を払うため、宮城遥拝を強いられた不快な印象を想起しつつ、「いまその人物が私と妻の前にいる」ことに複雑な感情がよぎった。

一九六八年一〇月一五日、国賓として招かれた最初の訪日時と思われるが、その日本国天皇は、リーによれば、会食中突然に「戦争中シンガポール国民の味わった苦難に対して遺憾の意」を表したことに、リーは不意を打たれた（「日本占領時期死難人民記念碑」除幕はその前年六七年二月一七日のことであった）。リーは「黙って頷いた」が、それは「心の準備ができていなかったのだ。沈黙を保つのが一番いいと思った」のだと述懐するのであった（同書：四三三―四三四）。

戦時東南アジア支配に対する天皇の「遺憾の意」の表

明は、その源流として一九五九年六月のスカルノ訪日時の、次のような天皇発言に求められよう。「古来から太平洋における隣人として友好的接触を続けてきた両国の関係が、過去数年間中絶したことを遺憾に思う」(宮内庁 二〇一七：六四〇)。

こうした東南アジアの首脳に対する一連の天皇の「お言葉」は、中国や韓国に対する発言とは、大きく異なることはいうまでもない。たとえば一九九二年一〇月、中国初訪問時の楊尚昆国家主席主催の晩餐会で、天皇はこう述べたのであった(『近代日本総合年表』)。「わが国が中国国民に多大の苦難を与えたことは私の深く悲しみとするところ…。」ここには謝罪の表明はないものの、「遺憾」よりは、はるかに立ち入った表現が用いられている。

その後の日本の首相に対するリー・クアンユーの論評にも興味深いものがあるが、歴史問題との関連で次に取り上げられたのは海部俊樹である。一九九〇年五月のシンガポール訪問時、海部は歴代首相として「初めて正面きって戦争問題」に言及したことに、リーは一定の評価を与える。

海部は「アジア太平洋地域の多くの人々に耐え難い苦難と苦しみを与えた過去の日本の行為に対して心からの悔恨の意」を表し、二度と同じことを繰り返さないとの決意を披瀝したことを、リーは「この言葉はあと少しで謝罪になるものだった」と評価する(同書：四四三)。

リー・クアンユーは、自分より若い最初の日本の首相海部(一九三一年生)に対し、敗戦後のドイツを事例に「同じ誤ちを繰り返さないための次世代に対する歴史教育」の必要性を説いたところ、「明るく社交的」な海部はそれに賛意を表してくれたが、それが政策として実行に移される前に辞職に至ったことを残念がるのであった。

後任の宮沢喜一との会見で、宮沢から前年のシンガポールでの海部発言(「悔恨」)をどう感じたかと尋ねられたので、リーは率直に「それは望ましい一歩だが謝罪ではない」と応じた。

宮沢は、一九九二年一月の施政方針演説で、戦時期に「耐え難い苦しみと悲しみ」を与えたアジア太平洋地域の人々に、「深い反省と遺憾の意」を表明したものの、翌年六月、短期間で内閣総辞職に追い込まれた。海部俊樹・宮沢喜一と自民党内ハト派の戦争認識が、党内の厚い壁にはね返され多数派意見となり得なかった日本の現実に、リー・クアンユーはドイツとの比較を念頭に、ある種のもどかしさと不満をにじませるのであった。

ついで、一九九三年六月から九六年一月にかけての非自民連立内閣の細川護熙、社会党委員長村山富市に率いられた内閣は、周知のように細川の「侵略事実」の認定、村山の一連の謝罪発言と、一歩踏み込んだ変化が見られた（同時にそのことは、爾後の政界における歴史修正主義の台頭を促す触媒ともなった、後述）。また村山富市についてリー・クアンユー（一九九〇年一一月、首相退任後も閣内にとどまり影響力を行使）は、日本の首相として初めてシンガポールの「日本占領時期死難人民記念碑」（「血債の塔」）に献花した事実を特記している。

このように、日本政府の戦争認識の変化に好意的な目を向けたリー・クアンユーであったが、一九九六年一月、自民党総裁橋本龍太郎が連立内閣首相となるや、七月の自分の誕生日に私人の資格で靖国神社に非公式参拝を行なったことを、きわめて重視し、きびしい筆致でこう述べるのであった（同書：四四六）。

「ドイツ人と違って日本人は精神の浄化ができておらず、自分たちのシステムから毒を取り去っていない。若い世代にみずからが犯した悪行も教えていない…日本人がなぜ過ちを認め、それを謝罪し、前進することに消極的なのか私には理解できない。謝らない理由があるにちがいない。」

このように東南アジアの戦中世代を代表する政治指導者リー・クアンユーは、日本がアジア太平洋地域において「歴史問題」を解決することが、アジア諸国から「より大きな信頼と信用」をかち得るための不可欠な前提条件であることを、再三再四にわたり強調するのであった。

「歴史問題」に強いこだわりを見せるリー・クアンユーは、他方で一九七九年から「日本に学べ運動」を提唱し、日本をシンガポールの経済発展のモデルとすべきことを強調するようになった。彼の回顧録は、それからちょうど一〇年後の一九八九年に公刊されたが、この間の事情を第三二章「日本の教訓」の中で、こう述べていることも留意しておきたい（同書：四五四−四五五）。

「旧日本軍占領時代のつらい体験を持ち、日本人の特質に潜む恐ろしい一面を知りながら、それでもいま私は日本人を尊敬し、立派だと思う。日本人の持つ集団の結束心や規律正しさ、知性、勤勉さ、国のために進んで犠牲になろうとする気持ち。それらすべてが並はずれて生産性の高い日本の力のもととなっている。国の資源の乏しさを認識している日本人は今後も格別の努力を続け、達成困難なことを成し遂げていくにちがいない。」

3 世論に見る東南アジアの日本観

日本軍による戦時支配から八〇年を経た今日、東南アジアの国々で日本占領の爪跡が表面化することは、きわめて稀である。二〇歳前後の青年として当時の空気を直接体感し、その実態を記憶する世代は、ほとんどが歴史の表舞台から去っている。また彼ら戦中世代の親や教師らから個人的体験を直接聞いて育った世代も、今では社会の第一線から退きつつある。今日の独立後第三代、第四代と言うべき世代に属する人たちは、過去の日本が残した負の歴史関係よりも、文化や経済分野での将来的関係に、より大きな関心を寄せているのが現状である。

このような一般的傾向は、たとえば日本の外務省が二〇一九年に東南アジア一〇ヵ国（東ティモールは含まれず）で実施した、対日観についてのアンケート調査からも明瞭にうかがわれる（https://www.mofa.go.jp/mofaj/files/100023100.pdf に依拠）。各国で三〇〇人を対象に、計四四の設問に回答を求めたこの調査には、日本との「歴史問題」を直接問うた質問はないものの、それでも何点かの興味深い、示唆に富む日本イメージが浮かんでくる。

対象一〇ヵ国すべてにおいて、現在の日本との関係を重視し、日本語・日本の大衆文化への関心の高さを含め、日本との経済や文化面の密接な関係を積極的に評価していることが判明する。以下では、この点と関わる設問への回答を見ておこう。

第一は、「戦後七〇年の日本の平和国家としての歩み」を、どう評価するかについての質問（第一一項目）である。この質問に対し、「大いに／ある程度評価する」と答えたのは、七〇％台一ヵ国（ラオス、七九％）、八〇％台三ヵ国（ブルネイ、マレーシア、シンガポール）、九〇％台六ヵ国（カンボジア、インドネシア、ミャンマー、フィリピン、タイ、ベトナム）となっている。

他方、その質問に対し、「あまり／全く評価しない」の比率（一〇ヵ国の平均は六％）が高い上位二ヵ国は、マレーシア一三％、シンガポール一二％と、華人人口の多い旧イギリス植民地となっている。なおラオスは「わからない」との回答が、一四％と一〇ヵ国中最高値を示している（これもラオスの国民性の表れであろうか）。

第二は、右とも関連するが、日本政府の「積極的平和主義」、特に自衛隊は東南アジアにおいて積極的役割を果たすべきか否か、についての設問である（第一六項目）。

これについては、「あまり／全くそう思わない」への回答（全体平均は五％）中、シンガポール、インドネシアの否定的回答がきわだっている。両国とも、全体的には日本との「友好」を重視し、政治的・経済的に密接な関係があるとはいえ、それぞれ一二％、八％を占めている。

この回答の背景には、シンガポールにおけるかつての「昭南」時代の残影、あるいは独立後一貫して自由・積極外交の国是を掲げ、日本軍占領以降、一度たりとも外国軍隊の駐留を認めてこなかったという、インドネシアの安全保障観を反映したものと言えよう（そのインドネシアが、一九七六年から約四半世紀、今日の東ティモールを軍事支配したことは、理由は何であれ、同国にとって大きな汚点であった）。

以上の外務省が実施した東南アジア諸国のマクロ的に見た日本観を念頭に置きつつ、本節の最後にインドネシアの事例を引きながら、二人の日本人研究者が観察した同国の対日歴史認識の一端を紹介しておきたい。

一九九〇年代初め、国際交流基金のスタッフとしてジャカルタに駐在した小川忠は、一九九二年が日本軍の「ジャワ侵攻」五〇周年ということで、各有力紙は多くの関連記事を掲げたが、一般国民の受け止め方はきわめて平静であったと指摘する。

しかしながら、モスクワ留学体験を持つ高名な社会派映画監督シュマンジャヤの、日本占領期を舞台とした作品「ロームシャ」の公開中止をめぐり、世論が沸騰した。当時、筆者もジャカルタ滞在中であったが、このポレミカルな映画の公開中止は、対日関係の悪化を警戒するスハルト政権側からの介入、あるいは現地日本大使館や日本人会（ジャパン・クラブ）からの上映中止要請があったなど、さまざまな憶測が流れた。

日本支配五〇周年に際し、こうした社会性の強い映画が作られた背景について、小川忠は、こう指摘する（小川忠 一九九三：一〇九）。「過去、そして現在の日本に対するわりきれない感情、警戒心が、この国の人々の胸の内に巨大な水脈のように流れていることを理解しなければならない」。こう述べるとともに、小川は、日本の世論の中に連綿として受け継がれてきた「日本軍政はインドネシアの独立に貢献したのだから、彼らはわれわれに感謝している」といった、安易な解放戦争史観にきびしい警鐘を鳴らすのであった。

この小川忠の発言からほぼ二〇年後、長年にわたりインドネシアで定点観測を続ける倉沢愛子は、小川の提起したインドネシア人の「わりきれない感情、警戒心」の存在と、同質の問題意識を共有しつつ、こう指摘する（倉沢愛子 二〇一一：三五五）。

「インドネシアの人たちがしばしば批判し、また苛立ちを感じるのは、日本人の考え方のなかにいまだに日本のインドネシア占領を肯定的に捉えようとする傾向があること、少なくともインドネシアの独立に結果的に貢献したのだから悪いことばかりしたわけではないという見方をする人が多いことに対してである。」

研究者であると同時に、インドネシアに関わるすぐれた同時代観察者である小川忠や倉沢愛子の所見は、後述する知日派インドネシア人外交官アブドゥル・イルサンの日本観と、文字通り表裏一体をなすものである。

さらに時代が下り、二〇一六年になると小川忠は、一九八〇年代までは歴史問題に起因するきびしい反日的気運が表面化したものの、今日のインドネシアは「世界で最も親日感情が強い国の一つ」となっていると指摘しつつも、日本占領期のインドネシア人の歴史の記憶は容易に抹消されるものではなく、今なお依然としてその根跡をとどめていることを強調する（小川忠 二〇一六：二〇九）。

その具体的な事例として小川は、二〇一三年に激発した日系企業を標的とした労働者のデモ行進の中で、「〝ロームシャ〟のように扱われています」との横断幕が掲げられた事件を紹介する。そして、一見良好に見える両国関係も、「ひとたび摩擦が生じれば、消え去ったかと思われた過去の記憶が、新しい文脈のもとによみがえる可能性があること」を指摘してやまない。

こうしてみると、日本社会の中で「大東亜共栄圏」時代の日本支配は、東南アジアの独立に貢献した、あるいは積極的な変化の触媒役を果たしたという、解放戦争史観と結びついた「愛国心」や「誇り」が高まれば高まるほど、かつそれがアジア各地に伝播すればするほど、東南アジアの人々の中の無意識下の、歴史に根ざす「反日感情」を呼び起こす可能性を、否定することはできない。

日本の東南アジア占領認識

1 一九九三年細川首相発言と「歴史認識問題」

今日の東南アジア諸国では、中国や韓国等東アジアの国々と比べ、日本との「歴史（認識）問題」が現実の政治・外交問題化することは稀である。しかしながら、前述したリー・クアンユー首相の一連の発言、あるいは歴年のスカルノ大統領の言説に見るように、日本との間の歴史問題は、東南アジアの人々にとって、決して忘却された過去の問題ではない。

かつて天皇が初めて東南アジア三国を訪問した際、インドネシアの有力紙『スアラ・プンバルアン』（「改革の声」の意、一九九一年一〇月三〇日）の社説が、「傷は癒えたが傷跡は残っている」と題したように、戦時期日本支配は、潜在的にはきわめてデリケートな、何かをきっかけとして事件化する可能性を持った問題として、東南アジアの人々の間で認識されてきた。そのことは、前述の東南アジア諸国の歴史教科書の記述からもうかがえる通りである。

他方、もう一方の当事者であり、戦時期の加害国（サンフランシスコ対日講和条約で、日本政府はこの点を明確に認定）である日本では、この問題をどう認識し、またどう対処してきたのであろうか。前節でも触れたように、日本の歴代首相の間で、対東南アジア歴史問題が強く意識されるようになったのは、開戦五〇周年を前にした、そして天皇の東南アジア訪問も日程に上っていた一九九〇年代初めのことであった（「従軍慰安婦問題」が政治・外交・社会問題化したのも同時期。それから三〇年を経た二〇二一年九月、退陣を前にした菅義偉内閣は、次年度より教科書記述から「従軍」の語を削除することを決定した）。

とりわけ自民党単独政権の崩壊により、一九九三年八月に発足した非自民・非共産八党派による連立内閣の首相細川護熙が、就任直後の記者会見（八月一〇日）で、「私は先の大戦を侵略戦争、間違った戦争だと認識しています」と明言したことは、内外で驚きとともに肯定的に受け止められた。ただし細川新首相は、同月二三日の国会での所信表明では「侵略戦争」の語を繰り返さず、「侵略的行為」があったことを認め、「深い反省とお詫び」を表明する、と言い廻しをトーン・ダウンさせていた。

それでも世論調査では、若年世代を中心に、細川発言は七二％の高支持率を得たのだった（『朝日年鑑データブック』一九九四：二八三）。ただその調査では、アジア諸国から「お詫び」表明の後に出されるであろう「戦後補償」については、「既に結着ずみ〔賠償協定等で〕不必要」が三四％を占め、「事柄によって要求に対応すべき」の五一％とあわせると、謝罪イコール補償論には否定的な結果が示された。ちなみに「従軍慰安婦」に対する政府補償については、補償すべきが五四％、その必要なしが三三％の回答であった。

細川首相発言を重要なきっかけとして、「歴史認識問題」は、国内的にも対外的にも、新たな政治課題として急浮上した。国際的には冷戦体制が崩壊し、イデオロギー対立が稀薄化したことも、対アジア関係において歴史問題へ目を向けさせる誘因となっていた。

それだけに、日本国内では歴史問題をめぐり百家争鳴的な議論が噴出し、いわば細川発言は、歴史問題について「パンドラの箱」をあける形となった。とりわけ自民党右派に代表されるグループやその支持層は、いち早く対抗姿勢を明白にした。細川首相が半月足らずのうちに、「侵略戦争」から「侵略的行為」へとトーン・ダウンさせたのも、こうしたメディアを含む右派の激しい反発と無関係ではないと思われる。

細川内閣を誕生（八月九日）させた直接の要因となった同年七月の総選挙では、自民党が敗れ「五五年体制」が終わりを告げることになった。他方、その総選挙を通じ爾後の自民党右派の巻き返しの中核となっていく、新世代の安倍晋三、高市早苗ら保守係議員が政界入りした。そのことも、一九九三年と歴史問題の因縁性を象徴する出来事であった。「パンドラの箱」から飛び出てきた一つが、後に歴史修正主義派と呼ばれるようになる勢力であったと言えよう。

今日まで続く歴史認識をめぐる対立関係の起点となった、一九九三年の細川政権発足前後の主だった動きを、改めて時系列的に概観しておこう。新内閣成立の直前八月四日、宮沢内閣の官房長官河野洋平は、朝鮮半島出身の「従軍慰安婦」についての政府の調査結果を発表、日本政府として初めて「強制」性を認め、謝罪を表明した（いわゆる「河野官房長官談話」）。「侵略戦争」だとの認識を表明した細川新内閣の最初の公式行事となった八月一五日の、政府主催の全国戦没者追悼式においても、首相はその式辞の中で、初めてアジア近隣諸国の犠牲者に対しても、哀悼の意を表明したのだった。

こうした一連の動きに対し、細川首相の国会での所信表明がなされた八月二三日、危機感を露にした自民党内保守派の靖国関係三協議会は、首相の「侵略戦争」発言や連立政権の「戦争責任の謝罪表明」等は、「戦争反対の名のもとになされた一方的な自虐史観の横行であり看過できない」と難じつつ、「われわれは、公正な史実に基づく日本人自身の歴史観の確立」を謳った「歴史・検討委員会」（会長山中貞則）を発足させた（歴史・検討委員会編 一九九五 参照）。今日、右派論壇を中心に、彼らの対抗史観を非難する際の常套用語となった、「自虐史観」のルーツとも言える言説である。

細川発言で点火された歴史認識をめぐる国政レベルでの論争は、翌一九九四年六月、社会党委員長村山富市を首班とする、自民党を含む三党連立内閣が発足し、その政策合意の一つとして、「戦後五〇年」を機に、国会での「不戦決議」の採択（紆余曲折の末、九五年六月九日）を決定したことでより加速化する。

この「不戦決議」については、与党の一員である自民党や同根の新生党双方で、反対のための議員連盟が組織され、互いに連携しながら民間を巻き込みつつ反対運動を展開した。自民党内右派の象徴的存在であった奥野誠亮衆議院議員を代表とする、「終戦五十周年国会議員連盟」の結成趣意書は、今日の歴史修正主義の基本的な考え方を先取りした、以下のような内容となっている（この連盟は安倍晋三、中川昭一らを含む衆参両院の自民党議員の約三分の二を擁していた）。

①「過去の戦争処理」は、サンフランシスコ平和条約等の一連の条約で解決済みである。

②「今日の平和と繁栄」は、「日本の自存自衛とアジアの平和」〔「対米英宣戦の詔勅」〕に殉じた「二百余万の戦没者のいしずえ」があってのことであり、戦没者への心からなる追悼と感謝の念」を表する（こうした「英霊史観」では、日本人犠牲者の数倍に達するアジア諸国の犠牲者は考慮されていない。また「日本人」として徴用され戦病死、あるいは刑死した台湾・朝鮮人の存在も黙殺されている）。

③日本は先進国の一員として、また「アジアのリーダ

ー」として「国際社会に貢献する応分の責任とリーダーシップ」が期待されており、アジア諸国からは「過去への謝罪」よりも、「より建設的な外交の樹立」を求める声が大きい（前節で論じたリー・クアンユー首相の発言が、換骨奪胎された形で援用された感がある）。

④それ故、「国際社会の中で後世に歴史的禍根を残すような国会決議」は「決して容認」できないし、また特定の「歴史観を断定」することは、立法府としての「権限の逸脱」である。

こうした動きと関連し、先の「議員連盟」会長で戦前の内務官僚出身の奥野誠亮の戦争認識に触れておきたい。「アジア解放戦としての大東亜戦争」と題した奥野論文（『民族と政治』一九八九年三月号、所収）の、次の一節にその点が明瞭に示されている（一八頁）。

「私はこの戦争がアジアを植民地としている白人からアジア人を解放する東亜の解放戦争であり、侵略戦争でないことは詔書［「戦争終結の詔書」を指す］に仰せられている通りだと存じます。…［東南アジア諸国の］大勢の方々が東南アジアが独立したのは大東亜戦争のおかげであると言っているではありませんか。それなのに、なぜ日本人が大東亜戦争とアジアの解放は関係ないというのでしょうか。私はこれらの人々は敵の眼鏡で物を見ている、白人の日本を批判する眼鏡で見ていると思うのです。」

政治レベルにおけるこうした復古的な運動と深く連動しつつ、一九九〇年代後半に入ると言論・教育界、それを支える形で経済界の一部が中心となって、歴史認識「改正」の切り札として、中高等学校の歴史・公民教育の教科書に焦点があてられるようになった。

それ以前から保守派の間には、歴史教科書の「偏向」を批判する運動が強かったが、そうした各方面での運動が一本化する形で、一九九六年一二月に今日広く知られている「新しい歴史教科書をつくる会」（以下、つくる会）が結成された。

その母体となったのが、一見中立的な響きを持つ「自由主義史観研究会」（会長藤岡信勝）という名の運動体であり、現行教科書を「自虐史観」「東京裁判史観」の視点から執筆されたものだと非難しつつ、右派論壇に華々しく名乗りをあげた。

「つくる会」は、二〇〇〇年四月に歴史・公民両分野の教科書を文部科学省に検定申請し、相当数の修正意見を付された後、二〇〇一年四月に『新編新しい歴史教科書』として合格となった。その教科書にこめられた歴史観の一端は後述するが、与党右派による採択に向けての強力な働きかけにもかかわらず、全学校区での採択率は、「つくる会」が目標とした初年度一〇%とはかけ離れ、歴史教科書では〇・〇五%、公民では〇・〇六%に終わった。こうした教科書の登場も、細川首相発言が開けた「パンドラの箱」から飛び出した産物の一つであった(つくる会編の教科書、その前史にっては小森陽一・坂本義和・安丸良夫編 二〇〇一、藤岡信勝 一九九六 等を参照)。

2教科書記述に見る東南アジア占領

冷戦体制終結後の一九九〇年代の、政治レベルにおける「歴史問題」論議を踏まえ、ここでは前節で紹介した東南アジア諸国の歴史教科書との比較を念頭に置きつつ、近年の日本の歴史教科書で、戦時東南アジア占領がどのように記述されているかを見てみたい。

「学校で学んだこと」(あるいは学ばなかったこと)が、日本人特に若い世代の東南アジア観、歴史・戦争認識の初期形成に、一定の意味を持つと考えるからである。ここでは筆者の手元にある、傾向の異なる二種類の「教科書」を参考にしてみたい。

その一つは、歴史分野に定評のある山川出版社版の高等学校教科書『日本の歴史(改訂版)』をベースに、一般読者向けに再編集された五味文彦・鳥海靖編『新もういちど読む山川日本史』(二〇一七年)である。副読本的な性格を持つが、教科書の本文をより深めた記述と謳われており、同社の歴史教科書の傾向性を知る上で、有益と思われる資料である。

もう一点は、上述の「新しい歴史教科書をつくる会」系の、日本人の歴史教科書編集委員会(代表藤岡信勝)編『新編新しい歴史教科書』(自由社、二〇〇九年)である(同会の教科書が検定合格後、初めて使用されたのは、二〇〇二年度)。

前者の山川出版社版は、全四部・一五章(総頁三七九頁)からなるが、戦時期東南アジアについては、第四部「近代・現代」第十四「軍部の台頭と第二次世界大戦」の四節「太平洋戦争の勃発」の中で、二頁ほどが費されている。

そこでは、日本は欧米植民地支配から東南アジアを解放し、共存共栄の大東亜共栄圏をつくるという戦争目的を掲げたものの、実際には日本軍が実権を握って支配を続けたため、占領地域では次第に反日気運が高まった、という基本的事実がごく手短に述べられている。

また大きな特徴として、半頁ほどの「日本占領下の東南アジア」と題されたコラムが設けられている。

そこでは、①日本軍は現地住民の民族運動を支援し、ビルマ・フィリピンの独立を認めた、②しかし最優先されたのは、日本軍の軍事作戦を支援することであり、その占領目的は、石油・ゴム・ボーキサイト等重要軍需物資の獲得であった、③そのため現地経済を混乱させただけでなく、神社参拝や天皇崇拝の強制、強制就労〔ロームシャ徴発〕や集会禁止などを命じ、住民の反発を招いた、④シンガポール華人やフィリピン住民に対する残虐行為への反発に起因し、各地で抵抗運動が展開され、日本軍はそれに「なやまされ」たことなどが、やや平板気味に淡々と記述されている。

東南アジア諸国の教科書と比較すると、この定評ある山川出版社版「歴史教科書」においても——他の日本側教科書はもちろん——戦時東南アジアについては、量的にはるかに劣るだけでなく、叙述の方法においても、具体的な固有名詞がごくわずか数点しか登場しない。しかもそのうちの二つが、インド国民軍・自由インド仮政府ということは、「日本占領下の東南アジア」と題したコラムとしては、きわめて不十分かつ不適当であると言わざるを得ない。

一方、『新編新しい歴史教科書』（全二四〇頁）において、日本占領期の東南アジアに触れているのは、第五章「世界大戦の歴史」中の第七六項「大東亜会議とアジアの国々」と題された二頁である。内容は、日本統治の結果多くの犠牲が出たことや、民衆の苦難等に言及されるものの、全体的な基調としては、日本占領下の諸施策の結果、東南アジアの民族意識が高まったことが強調される。

タイトルに掲げられた大東亜会議（一九四三年一一月）は、「つくる会」の最初の教科書から最重要視されており、特にそこで採択された「大東亜共同宣言」は、一九六〇年の国連総会が決議した「植民地独立宣言」の源流であるかのような、いささか牽強附会的な評価を与えている。

もう一つの同教科書の特徴は、写真を除く活字部分の約四分の一が、「日本を解放軍として迎えたインドネシアの人々」と題したコラムとなっている点である。そのタイトル、記述の内容ともに、これがインドネシア語に翻訳された場合、あるいは留学生はじめ日本語能力を持つインドネシア人の目に触れた場合、いかなる反応が示されるか、きわめて気になるところである。

先にも述べたように、この『新編新しい歴史教科書』を編纂した「つくる会」の基本方針は、一九九〇年代後半に入って強まった歴史修正主義的な思想運動が唱えた、「自虐史観」からの脱却、それによる「国民の誇り」を取り戻すということであった。その観点からも、日本軍による東南アジア占領は断じて侵略戦争ではなく、解放戦争であり、その地の人々から感謝されているとの歴史認識に立って編まれたものであった。

この「解放史観」に立った東南アジア占領理解との関連で、「新しい歴史教科書をつくる会」に共鳴する立場から作成され、二〇〇〇年に全国東映系映画館で封切られた歴史映画「ムルデカ・17805」（インドネシア語で独立、自由の意）を紹介しておこう。

タイトルが象徴するように（この映画のパンフレットによれば、独立宣言の日付が〇五年八月一七日と皇紀を用いていることとは、インドネシア側の「日本への感謝を表し」たものであり、このことは「いまもインドネシア国民に記憶されている事実」だと紹介される）、この映画（監督藤由紀夫、前作に東条英機を描いた『プライド』等）では、日本軍は解放軍としてインドネシアからオランダを追放し、その独立に多大な貢献を行なったことが強調される。そしてその主人公として、敗戦後インドネシア独立軍に身を投じ、オランダ軍との戦闘の中で戦死した、日本人青年将校が登場する。

「ムルデカ」の試写会に招かれた、当時の駐日インドネシア大使アブドゥル・イルサンは、その回顧録『インドネシア人外交官の目から見た日本』（アブドゥル・イルサン 二〇〇六：二一五）の中で、次のような感想を記している。この所感からは、先の『新編新しい歴史教科書』の該当箇所が、英語なりインドネシア語に訳出された場合に起こり得るであろう、多くのインドネシア人の反応を予知できると言えよう。

「日本人の間では、インドネシアの独立宣言は、インドネシアの民族闘争者らにチャンスを与えた日本政府の指導と尽力があったからこそ達成できたのだとする意見が多い。日本民族こそがインドネシアをオランダ植民地支配から解放し、日本の参入がインドネシア社会に積極的に歓迎されたと結論付ける日本側の考えは、二〇〇〇年に日本で公開された『ムルデカ』というタイトルの日本映画に描き出されている。この映画は全くもってインドネシア人の感情を害した。なぜならば、インドネシアの民族に対し独立を贈った日本民族の偉大さが描かれていたのである。これは、当然のことながら、誤った、恥辱的な情報の提供という点で国際世論に影響を与え得る。」

『新編新しい歴史教科書』、あるいは映画『ムルデカ』が象徴するような、日本軍政は東南アジアに積極的な影響を与え、またそのことは、今日でも東南アジア各地で評価され、感謝されている、との歴史修正主義の立場からの心地よい「解放」論は、この史観が最大の拠り所とするインドネシアにおいても、きびしい批判を受けているのが現実である。この知日派の駐日大使の著作の中の、「インドネシア」を「ビルマ」、あるいは「フィリピン」等に置き換えても、まったく同様である、否、より激しい批判を浴びることになろう。

それでは一九九〇年代以降、新たな装いのもとで復活してきたこうした「東南アジア解放史観」を、日本人としてどのように受け止め、そして乗り越えていくべきなのであろうか。この問題を考えるに先立ち、改めて一九九五年の「終戦」五〇周年当時の、保守派論壇の代表的な議論を二点ほど見ておきたい。

一つは、終戦五〇周年国民委員会（会長加瀬俊一）の発言である。その中心組織である日本を守る国民会議編（一九九四：二一–三）は、「昭和史にかかわる自虐的、断罪史観はますます色濃くなっている」と日本の歴史認識の現状を批判した上で、この流れは「国家の危機に尊い生命をささげた三〇〇万戦没者に対する許しがたい冒瀆」であり、かつ「侵略戦争」だったとして諸外国に謝罪することは、「すでに決着している戦時賠償責任」を再燃させ、「かえって今日まで築かれてた友好関係」を傷つけることになる、と「英霊史観」と「賠償決着論」に立った「解放史観」を強調する。

もう一点は、奥村房夫編『大東亜戦争の本質』（一九九六）に収められた、元大本営参謀瀬島龍三による序である。瀬島は、「いつまでも、半世紀前の［GHQ］占領政策にコントロールされて、誇りと自信を喪失し、自虐的になって、謝罪の言葉を連発しているような姿を、アジアの真の友は悲しいと思っているのです」と述べた上で、「大東亜戦争」が及ぼした影響について、「戦後なぜアジアの諸国は独立を果たし、今世界で最も繁栄する地域に躍進しつつあるのでしょうか」と提起している。

歴史修正主義派の代表的な戦争観の一端を垣間見てみたが、ここには「三〇〇万人」の日本人戦没者＝「英霊」には言及があるが、東南アジア諸国をはじめアジア各地の戦争犠牲者については、一顧だにされていない。

日本占領期の東南アジアの人々の戦死者数についての正確なデータは把握困難であるが、最多の日本人（軍人・軍属・一般邦人）戦死者五一万八〇〇〇人を出したフィリピンでは、一一一万という住民の戦死者数が、同国政府によって公表されている（早瀬晋三 二〇一八：三）。

この早瀬著作は、「…アセアン各国は、近年さかんにいわれるように親日的であり、日本とのあいだに中国や韓国のような歴史問題は存在しない、と楽観視していいのだろうか」との問題意識から書かれた労作である。その中で著者は、現時点での千鳥ヶ淵戦没者墓苑の「先の大戦における海外主要戦域別戦没者数一覧図」のデータを紹介している。

それによると、日本人の全海外戦没者は約二四〇万人であるが、そのうち東南アジアについては、上述のフィリピンに加え、インド・ミャンマー（ビルマ）一六万七〇〇〇人、パプア州（旧西イリアン）五万三〇〇〇人、インドネシア二万五四〇〇人、タイ・マレーシア・シンガポール二万一〇〇〇人、ボルネオ島一万八〇〇〇人、ベトナム・ラオス・カンボジア（旧仏印）一万二四〇〇人となっている。

東南アジア全体では八一万四八〇〇人（海外戦没者全体の約三四％）に達するが、その内日本から「独立」を供与されたフィリピン、ビルマ両国のみで六八万五〇〇〇人に達し、東南アジア全体での日本人戦没者の実に八四％を占めている（参考までに靖国神社が公表している戦争別「合祀祭神数」によれば「支那事変」一九万一二五〇柱、「大東亜戦争」二一三万三九一五柱となっており、この数字だけで「明治維新」以降の全戦争・事変の「祭神」二四六万六五三二柱の九四・二％を占めている）。

やや回り道をしたが、本章を閉じるにあたり、先に提起した「解放史観」を乗り越えるために必要と思われる作業を、筆者なりに整理しておきたい。

その第一は、東南アジア諸国の独立を、三年半の日本占領との関連を中心に論じるのではなく、少なくとも二〇世紀初頭にまで遡りうる、近代民族主義運動の蓄積や到達点、さらには土着的な抵抗運動、思想・宗教伝統等との関連で捉えることの必要性である。その点を捨象して、日本軍政の「衝撃」を重視し、それによって独立に向けての東南アジアのナショナリズムが高揚したとの見方は、まさに日本の文化的優越感、いわば日本版オリエンタリズムの所産にすぎない。

第二は、開戦に先立ち、東南アジアを日本軍支配下に置くことを想定して策定された一連の占領政策の基本方針、特に「南方占領地行政実施要領」の内実を再検討することである。当時の慣用語であった文化的優越観に裏打ちされた「原住民」・「土人」等の語が、当然のごとく用いられ、しかも本文で詳述したように、「其独立運動ハ過早ニ誘発セシムルコトヲ避クルモノトス」と謳い、独立とは真逆の方針が明記されているのである。またこの「実施要領」では、何よりも東南アジアに求めるものは、戦争遂行のために必要な重要資源と労働力の確保であることが強調されていることも、看過すべきではない。

第三の問題として、東南アジア各地の軍政当局を含む日本政府・軍部が、実際に行なった「独立」問題への対処を精査することである。たとえば開戦直後から、日本は政略的観点からビルマ、フィリピンに対する「独立」供与を示唆し、一九四三年にはそれを具体化する。しかしながら、その独立とは前述したように、西欧的な「絶対主権」の原理を否定した上での、日本の「指導媒体」を前提にしての「独立」であった。

それ以上に重要な点は、今日の東南アジア解放史観が、その最大の根拠とするインドネシアに対する当時の基本姿勢である。第2部でしばしば取り上げた、一九四三年五月の御前会議決定「大東亜政略指導大綱」において、今日のインドネシア、マレーシア、シンガポール、ブルネイ等は、「帝国ノ永久確保」すべき地、即ち植民地とする方針が、秘匿を前提に決められたのだった。その後戦局の悪化により、民心確保の観点から、要衝の地インドネシアのみには、「独立供与」の約束（「小磯首相声明」）

がなされたが、仮にそれが実現したとしても、ビルマ、フィリピンと同じく日本の「指導媒介」による半独立となったであろう。

第四は、敗戦後の日本が、東南アジアの独立問題に対してとった態度を検討することである。インドネシア、ベトナム等の日本占領軍は、ほとんど無傷のままに連合軍の監督下に置かれ、その連合軍による「現状維持命令」に従って、現地独立運動を武力によって封じ、また鎮圧するという、「解放」とは真逆の役割を担わされた。またそのことに関連し、連合軍命令に服従した「国家」の方針に反し、種々の理由から個人のレベルで、現地独立運動に身を投じた多くの下級兵士・軍属・一般邦人に対し、日本国は、「逃亡者は天皇に対する反逆者」（「南『スマトラ』――状況・昭和十八年三月――二十三年十一月」一九四七年、防衛省戦史室所蔵）と絡印し、戦後半世紀近く一九九一年まで「現地逃亡脱走兵」の汚名を消除しなかった、という問題をどう解釈すべきであろうか（戦争にからむ「人」の問題として「中国残留孤児」問題については社会的認知も深まっているが、東南アジアにおいても、旧植民地出身の「日本人」に対する処遇を含め、類似の問題が未解決のまま残されていることも留意すべき点である。このアポリアについては次の作品が示唆を与えてくれる。内海愛子 二〇〇八、小松みゆき 二〇二〇、河合弘之・猪俣典弘 二〇二〇）。

そして最後に、第五として、日本中心主義的な歴史観・東南アジア観を通して日本占領期を理解するのではなく、なによりもこの時代は、当事者の一方である東南アジア諸国においては、今日どのように思想化され歴史化されてきたのか、その声に謙虚に耳を傾けることである（この点との関連で本書脱稿後に刊行された早瀬晋三 二〇二二を参照されたい）。

象徴的に言うならば、今日の日本で、昭南（島）の名称自体、そしてその由来を知る人はほとんどいないのに対し、当のシンガポールでは、その名とその下での日本の行動を知らない人は皆無に近い、という非対称性が厳として存在している。

本書の冒頭、そして本章第一節で紹介したような、昭南（シンガポール）を起点に、東南アジア全域に「何ら差別なく太陽［日本］の光りと恵みをあまねく及ぼしたい」との、八〇年前、大日本帝国が描いた願望は、夢か幻に過ぎなかったのである。

6 「殺身成仁」史観を超えて
——真の「未来志向」の関係とは

「解放される側」「解放される側」のはずであった東南アジアにおいて、「解放する側」の日本の、ほぼ一〇倍にあたる、直接間接の戦争関連の死者を出していることになる。そうした現実を前にしながらも、今なお日本社会の中には、日本は東南アジアに対して「身を殺して仁を為した」という思考法が、無意識裡に残されていないか。

半世紀以上にわたり筆者が愛用している大机の脇の小卓に、総合年表、地図帳、広辞苑の私的〝三種の神器〟と並んで、各種の基礎資料が無造作に並んでいる。その一つに『日本流行歌史』（戦前編、戦後編）という書物がある（古茂田信男他編　一九八二）。

一〇〇〇頁近いこの二冊本には、明治初めから一九七九（昭和五四）年までの、いわゆる流行歌の歌詞が年表、その他の資料とともに収められている。その歌詞を拾い読みしていくだけでも、各時代特有の社会の空気、人びとの喜怒哀楽の一端が伝わってくるかのようである。

「大東亜戦争」勃発の一九四一年の項を見ると、真珠湾奇襲攻撃の直後に「ハワイ大海戦」（北原白秋作詞、海軍軍楽隊作曲）が世に出る。緒戦の戦勝報道に湧く国民の高揚感を背景に、電波に乗って全国津々浦々に流れたその歌の一番はこう謳う。

「天に二つの　日は照らず　しのぐは何んぞ　星条旗
大詔下る　時まさに　この一戦と　衝き進む　疾風万里　太平洋　目指すは　ハワイ真珠湾」

いうまでもなく、当時は「鬼畜米英」が国家的標語であり、英語は敵性言語として排斥されていく時代であった。その中で「ハワイ大海戦」は、戦意高揚のための象徴的な歌として広まった。

それから七年、日本敗戦からまもない一九四八（昭和二三）年になると、米軍による激しい空爆の跡が各地に生々しく残る中、明かるく屈託のない軽快なメロディが人々の心をわしづかみにしていた。「憧れのハワイ航路」（石本美由紀作詞、江口夜詩作曲）と題した、灰田勝彦によるこの歌は、こう誘う（一番）。

「晴れた空　そよぐ風　港出船の　ドラの音愉し　別れテープを　笑顔で切れば　希望はてない　遙かな潮路、ああ　あこがれの　ハワイ航路」

わずか七年前には、最大の攻撃標的であった敵地ハワイが、一転して憧れの地へと昇華されていった。他方、アメリカ国民の間では、真珠湾爆撃は、〝リメンバー・パールハーバー〟の言葉とともに、建国史上最大の屈辱として、対日戦争認識の奥深くに刻み込まれていた。その米国民の被害者意識のシンボルが、かつての敵国民の「憧れの島」となったのだった。

ちなみに、この歌が愛唱された一九四八年は、開戦時の内閣総理大臣・陸軍大臣の東条英機陸軍大将ら七名が、アメリカ主導による東京裁判判決により、極刑に処された年であった。飛躍を恐れずに言えば、戦時最高指導者が地上から抹殺され、一方で天皇制が温存されたことで、多くの国民は、ある種の免罪符を与えられ、戦争の重苦しさから解き放たれた感を覚えたものと思われる。

「憧れのハワイ航路」を端緒として始まった、戦後版大衆アメリカニズムとも言い得る社会現象の中で、一九五〇年の「桑港のチャイナタウン」、五一年の「ミネソタの卵売り」、五二年の「テネシーワルツ」等アメリカ各地の地名を折り込んだ流行歌により、一般国民のアメリカへの素朴な親近感が醸成されていった。

最大の旧敵国であり、またヒロシマ、ナガサキへの二個の原爆投下、主要大都市への無差別空爆で甚大な人的・物的損害をもたらした、アメリカに対するこうした国民感情の移ろいと、対米歴史認識とはどう切り結んでいるのだろうか。少なくとも「ハワイ」をめぐる日米両国の、戦争に起因する歴史認識には、長い間対照的なものがあった。

日本人の対米歴史理解に、断絶あるいは健忘症とも呼びうるものを見出すとすれば、それでは戦後日本人が抱く、かつての軍事占領地、東南アジアに対する理解とは、どのようなものなのであろうか。その疑問を考察することが、本書第2部、第3部の基本的なテーマの一つであった。

昨年（二〇二一年）は、日本が「自存自衛」そして「アジア解放」を掲げ、「大東亜戦争」と呼称した戦争に突入してから、八〇周年にあたった。そして本二〇二二年は、東南アジア史上、はじめて地域全体が日本という単一の域外大国の支配下に組み込まれてから、八〇周年の節目の年となる。

その八〇年前、日本は「大東亜共栄圏」構築を目的に掲げ、膨大な数の「日本国民」を動員し、アジア各地に送り込んだ（図表6-1参照）。

戦争末期のこうした在外日本人の総数（軍人・軍属・徴用民間人を含め）は、実に六八三万人余に達した（以下の数字は終戦連絡中央事務局交通部海運課「在外邦人帰還状況一覧表」一九四六年七月末現在、防衛省戦史室所蔵）。ちなみに、一九四五年当時の日本の総人口は約八〇〇〇万人であった。

ひるがえって、二〇二〇年の日本の総人口は、約一億

図表 6-1　終戦前後期「大東亜共栄圏」在住邦人数

地域	終戦前在留邦人数	1946年7月末現在残留要員
千島・樺太	37万8034	37万8034
朝鮮	97万7973	15万5678
沖縄	6万1734	1万1459
小笠原諸島	2万1830	0
中部太平洋	14万5924	1万1977
台湾	59万8630	3万2122
中国（含「満州」）	357万2502	152万0050
フィリピン	13万9589	6万6030
仏印	10万5228	1237
タイ	12万2843	6万4387
ビルマ	7万4419	
マラヤ（含アンダマン・ニコバル諸島）	15万1134	8万0511
スマトラ	7万0707	
ジャワ	7万2152	4万5629
ボルネオ	4万6569	2109
セレベス	2万9223	461
小スンダ列島	2万3517	3833
豪北地区・ニューギニア	11万2560	1万7351
ラボール	10万8403	2112
ブーゲンヒル	2万0258	0
合計	683万3228	239万3169

（出所）終戦連絡中央事務局交通部海運課「在外邦人帰還状況一覧表」1946年7月末現在、に基づき筆者編集。ゴシックは東南アジアを示す。なお中国の内、最大は「満州」（中国東北地方）で終戦前は193万3100人、1946年7月末では151万0611人を数えた。

二〇〇〇万人であるが、海外在留者は戦後最大を数えるというものの、約二〇〇万人に過ぎなかった。ここからも、戦時総動員体制の規模と強制力が、いかなるものであったのか明白である。戦後世界におけるもっとも泥沼化した戦争、ベトナム戦争（同国から見れば民族解放戦）のピーク時、一九六〇年代末に、アメリカが海外に派遣した兵力は、最大でも一二〇万人であった（信夫隆司 二〇二一：五）。

この戦争最終段階における在外日本人六八三万人の内、東南アジアには全体の一二・二%にあたる八三万五三八一人が配置されていた。これを今日の国名別に見ると、インドネシア二四万二一六八人、マレーシア（含アンダマン・ニコバル諸島）一五万一一三四人、フィリピン一三万九五八九人、タイ一二万二八四三名、ビルマ七万四四一九人となっている。

敗戦後数年足らずにして、この八三万人余の人たちは、主として連合軍側諸国が手配した船舶により帰還するが、一九四六年七月段階で未だ残留を余儀なくされた人は、一九万八二〇七人に達した（東南アジアからの帰還率は二三・七%）。ただ残留者の比率は地域差が大きく、たとえばインドネシア一国を見ても、陸軍支配下のジャワ、スマトラはそれぞれ六二・二%、三六・三%であったのに対し、両島以外の海軍支配諸地域は、セレベス一・六％、ボルネオ四・五％で、大半が早い段階で帰国している。

戦前期の東南アジア在住の日本人が、最盛期でも一〇万人に満たなかったことを想起するならば、「大東亜共栄圏」時代には、その一〇倍近い数の人々が、東南アジア社会と接触を持ったことになる。こうした集団的な異文化体験——より正確には支配者としての——が、戦後日本の東南アジア理解・認識とどう関わってきたのか、こなかったのかは、今後の関係史研究の面からも興味深い主題の一つである（この点については、近年の中野聡 二〇一二、河西晃祐 二〇一六 等を参照）。

以上の全体的数字を念頭に置きつつ、本書の主題との関連で看過してはならない、もう一つの重要なデータを記しておきたい。それは「大東亜戦争」で死者となった「日本人」、そして東南アジアの人たちの存在である。東京千代田区にある千鳥ヶ淵戦没者墓苑が公開している数字によれば、日本の戦没者数は、5東南アジア諸国の対日歴史認識の比較 でも紹介したように、非戦闘員を含め約二四〇万人であり、その内東南アジア各地での戦没者は、全体の約三四％にあたる八一万四八〇〇名であった。

この八〇万強の戦没者の中には、「日本人」として召集・徴用された台湾・朝鮮半島出身者も含まれ、彼らは、靖国神社の論理によって、死後否応なしに「英霊」として祀られることになる。

「大東亜共栄圏」の全体像を見る上で、とりわけその中での人の流れを見る上で、この植民地朝鮮・台湾の存在を無視することはできない。その実態を考える上で、近年公刊された菊池英昭編著『旧日本軍朝鮮半島出身軍人・軍属死者名簿』と題した膨大な資料は、きわめて重要な意味を日本（人）に投げかけている。

この資料は、一九七一年一月、韓国政府（朴正熙大統領時代）が日本政府（佐藤栄作首相）に対し、かつて朝鮮全土で軍人・軍属として日本軍に召集、徴用され、死亡した韓国人の名簿の交付・返還を申請したことが端緒となっている。この申請を受理した日本政府側は、同年九月、陸海軍別に各々五冊に手書きで記載された合計二万一七一〇名の死者名簿を、韓国政府に手渡した。

植民地下朝鮮半島において、朝鮮軍常設師団の各地歩兵連隊司令部が作成した原史料であり、そこには全死亡者の原籍番号、所属、死亡場所・事由、死亡年月日・生年月日、創氏名・出生名　親権者、階級等が、具体的に記入されている（菊池英昭編著 二〇一七）。

編著者菊池英昭は、韓国の政府記録保存所で公開された同資料群をデータ化し、詳細な分析を付して刊行にこぎつけたのだった（なお日本側は同資料を封印中、また台湾では、同様の史料は管見の限り公開されていない）。

ここではこの「死亡者名簿」から判明する、「日本人」として戦病死等で落命した朝鮮人青年の死亡場所を見ることで、「大東亜共栄圏」下の東南アジア（広くは南方全般）の日本占領に関わった、もう一方の「日本人」の置かれた状況を見てみたい。

編著者の考察を参考にしつつ、植民地朝鮮出身の「日本人」犠牲者数の大きかった地域を、多い順に列記しておく。①旧南洋群島三九七〇人（そのうち最多はサイパンの一四三二人）、②ニューギニア三一九八人、③船舶事故死二七八八人、④フィリピン二五〇二人、⑤北太平洋一六一二人、⑥ギルバート諸島一〇九六人。この上位六地域での死者合計は、一万五一六六人を数え、二〇歳前後の朝鮮出身「日本人」の犠牲者のほぼ七割に相当する。

またフィリピン以外の東南アジアでの彼らの死亡は、統計上「ビルマ・ボルネオ・スマトラ」と一括され、四六二人という数字があげられている。両者を合わせた二九六四人が、この名簿に記載された朝鮮半島出身「日本人」の、東南アジアでの死者数ということになる。

なお、死者の大部分（自殺者、刑死者等を除く）は、「戦死した時点では日本人であった」という理由で、靖国神社に「護国の英雄」として祀られる。他方、旧植民地に出自を持つ彼ら「日本人」は、戦後、日本人でなくなったことを根拠に（それもサンフランシスコ平和条約発効直後の一片の法務府民事局長通達によって）、多くの場合、日本政府による各種補償の適用対象外に置かれることになった。まさに「遺骨のレベルでももはや『日本人』ではなく、魂のレベルでいまだ『日本人』にとどめられている」（北村毅 二〇〇九：二六一二七）不条理を、声なき死者、その家族・遺族は、今回なお強いられている。

一方、日本（軍）による「大東亜戦争」によって、「解放」されるべき対象とされた東南アジアでは、戦時期の死者数について、どのような記録が残されているのであろうか。その多くが、戦禍と戦後の混乱の中から独立を手に入れた東南アジア諸国では、政府当局や宗教組織等による、系統的な調査に基づく正確な統計は存在しないのが実情である。ただ各国政府が断片的に公表する数字や、一九五〇年代の対日賠償交渉期に日本側に提示されたデータ等が、利用できるのみである。

たとえば中野聡は、これらの資料を踏まえつつ、概数としてフィリピン一〇〇万人余、ベトナム約二〇〇万人、インドネシア三〇〇～四〇〇万人、等、総計六五〇万～九五〇万人を、東南アジアにおける戦時期死者数と推定している（中野聡 二〇一二：二二）。

この日本、東南アジア双方の死者数を突き合わすならば、「解放される側」のはずであった東南アジア全体において、「解放する側」の日本の、ほぼ一〇倍にあたる、直接間接の戦争関連の死者を出していることになる。

そうした現実を前にしながらも、前章でも触れたように、今なお日本社会の中には、日本は東南アジアに対して「身を殺して仁を為した」（『論語』衛霊公篇の「有殺身以成仁」に由来）という思考法が、無意識の裡に受容されていないか、との疑問を筆者はぬぐいきれないでいる。

前章の議論とも重なるが、改めて整理すると、その思考法とは、①日本は植民地解放を目的として、軍事力を東南アジアに展開し、その結果八〇万人余が「英霊」となった、②しかしながら、あるいはそれ故に、日本の敗戦後、東南アジアでは独立を希求するナショナリズムが澎湃として高まり、その波はやがて他のアジア・アフリカ諸国まで及ぶこととなった、③この「事実」は、多大な犠牲を払いながらも、日本が東南アジア占領を通じ、その地にもたらした積極的、かつ誇るべき遺産である、と約言できよう。

以上の議論を念頭に置きつつ、最後にもう一点、それとの関連で、現在の東南アジア諸国の主な記念日に、日本との歴史関係はどう関わっているのかを紹介し、本論を閉じることにしたい。

便宜上、①日本によって一九四三年、「独立」を付与されたビルマ、フィリピン、②「同盟」国タイ、そして③戦後、独立を武力で手に入れたインドネシア、ベトナムに分けて見てみよう。

①戦後政治史の中で、軍部支配の自己正当化にしばしば利用されてきた観があるが、ミャンマー（ビルマ）では、一九四五年、国軍も深く関わった抗日武装蜂起が始

まった三月二七日を、「軍事記念日」と制定している。

フィリピンでは、対日戦におけるバターン死の行進（一九四二年）の犠牲者を悼み、四月九日（米極東軍の降伏日）を「武勇の日」と定めている。

②タイでは、開戦直後、日本・タイ同盟条約下で宣言した対米英宣戦布告は、日本に強圧的に押しつけられたものであり、それは今や無効であると内外に公表した（一九四五年）八月一六日を、「平和の日」と定めている。

③日本の敗戦とともに、各々オランダ、フランスという旧宗主国との独立戦争に突入したインドネシア、ベトナムは、日本が設定した独立路線とは切断された形で、それぞれの独立を内外に宣言した八月一七日、九月二日を「独立記念日」と定め、もっとも重要な国民的記念日としている（『東京新聞』二〇一〇年八月八日 参照）。

これらの事実が内包する意味、そしてその歴史的背景を、謙虚に、虚心坦懐に見つめることが、本当の意味での「未来志向」の日本・東南アジア関係を構築するための、第一歩であることを肝銘しつつ、筆をおきたい。

「過去を支配する者は、
未来を支配する。
今を支配する者は、
過去を支配する。」（ジョージ・オーウェル『1984』）

日本そして世界が、そういう時代にならぬことを願いつつ…

あとがき

本書を書き綴る中での、めこんの桑原晨さんとの何回かの話し合いの中で、いつも話題となったのは、現在の日本人、特に若い世代の人たちは、アジア太平洋戦争期の日本と東南アジアの関係をどの程度理解し、また関心を持っているのだろうか、ということであった。折しも本二〇二二年は、今では半ば死語となりつつある「大東亜共栄圏」樹立を掲げ、日本が東南アジアのほぼ全域を支配下に置いてから八〇周年の節目の年にあたる。

桑原さんとのこうした共通の問題関心を踏まえつつ、本書の執筆に着手したが、その際桑原さんからは、次のような宿題をいただいた。第一は、東南アジアの普通の人々の視点をできるだけ盛り込むこと、第二は、東南アジアだけでなく、東アジアをはじめ関係諸地域とのつながりについても目配りすること、そして第三は、筆者が主として研究対象としてきたインドネシアだけでなく、他の国々についても十分な言及をしてほしいこと、の三点であった。また専門学術書とは趣きを異にするシリーズ「アジアの基礎知識」の一冊として、一般読者が前大戦中の日本と東南アジアの関係を——その背景も含め——理解するためのリーダブルな内容にしてほしい、ということも付言された。

いずれも至極もっともで的確なご指摘であったが、定年退職後久しい老書生にとって、どこまでそれが可能であるか、ハードルの高さにおののきつつ書き始め、とにもかくにも脱稿にこぎつけたというのが実情である。

この間、今は亡き先学・同学の士や、第一線の特に中堅・若手研究者の近年の研究成果から、多くのことを学ばせていただいた。同時に数々の貴重な写真や資料・情報の提供を受けた。これらの方々の、長年にわたるお力添えなしには、この小著が世に出ることはなかったであろう。

心からの謝意をこめて、そして肩書・敬称等なしではあるが、その方々のお名前のみ、以下に記させていただきたい。

（故）明石陽至氏、石井良則氏、内海愛子氏、遠藤聡氏、大里知子氏、太田淳氏、小川忠氏、小高泰氏、河西晃祐氏、菊池陽子氏、倉沢愛子氏、ポール・クラトスカ氏、高地薫氏、小座野八光氏、小林英夫氏、小林寧子氏、シナン・レヴェント氏、白石昌也氏、菅野敦志氏、（故）ストポ・スタント氏、長洋弘氏、中島三千男氏、中原道子氏、中村義明氏、（故）西川潤氏、馬場公彦氏、早瀬晋三氏、姫本由美子氏、舟田京子氏、（故）エディ・ヘルマワン氏、ブラッド・ホートン氏、ピーター・ポスト氏、洪玧伸氏、イースン・マーク氏、舛谷鋭氏、松園尚子氏、（故）村井吉敬氏、村嶋英治氏、山岡道男氏、山﨑功氏、山本まゆみ氏、湯山英子氏、吉野文雄氏、羅京洙氏、リー・エントアン氏、ウィレム・レムリンク氏（とりわけ内海愛子氏、白石昌也氏、菊池陽子氏、山﨑功氏、吉野文雄氏からは、再三再四にわたり貴重なご教示をいただいた）。

最初の企画の段階から刊行に至るまで、北陸・加賀人らしく粘り強い、そしてメコンの流れのように悠とした桑原さんには大変お世話になった。ここに、改めて御礼を申し上げたい。またパソコンに弱い筆者の乱筆乱文の万年筆書き原稿を、丁寧に入力して下さった太平印刷社のスタッフには、長きにわたりご迷惑をおかけしたことを、この場を借りてお詫びしたい。

二〇二三年一月二二日

「学徒出陣」のありし年に、生を享けた筆者　識

		軍結成（10月） (M) 北ボルネオ・アピ抗日事件（10月） (I) スカルノ、ハッタ、ハディクスモ日本招待（11月）		東条首相東南アジア歴訪（7月） 大東亜会議開催（11月）
1944	(T) 自由タイ地下活動家のタイ潜入始まる（3月） (B) インパール作戦開始（3月、7月中止） (T) ピブーン首相辞職（7月） (B) 反ファシスト人民自由連盟（AFPFL）結成（8月） (V) 年末から翌年にかけ大飢饉拡大	(I) シンガパルナ反日農民蜂起（2月） (I) 小磯首相声明「将来の独立」示唆（9月） (P) 米軍、レイテ島上陸（10月） (L) ポンティアナック事件（11月）	サイパン島「陥落」（7月）	東条内閣総辞職（7月）
1945	(V, L, C) 日本軍、「仏印処理」、アンナン、ラオス、カンボジアに王国成立（3月） (B) ビルマ国軍・AFPFL一斉抗日蜂起（3月） (T) 摂政プリーディー、対米英宣戦布告の無効を公表（8月） (V) ホー・チミン、ベトナム独立を宣言（9月）	(P) 米軍マニラ占領（2月） (I) ブルタール抗日蜂起（2月） (M) KRIS（インドネシア半島部人民連合）結成 (I) 独立準備委員会発足（8月） (I) スカルノ、ハッタ独立を宣言 (E) 日本軍、ポ領ティモールの主権、行政権を返還（8月） (M, S) 英国の日本軍戦犯・対日協力者の裁判開始（1月）		米軍、沖縄上陸作戦（3月） ポツダム宣言受諾、無条件降伏（8月） GHQ占領（9月） 国際連合成立（10月）
1946	第一次インドシナ戦争勃発（12月）	(P) フィリピン共和国独立（7月）		極東国際軍事裁判開始（5月） 中国全面的内戦へ（7月） 日本国憲法公布(11月)
1947	(B) アウンサン暗殺（7月）		ミクロネシア、米の戦略的信託統治領（4月） 台湾2・28事件(2月)	日本国憲法施行(5月) 朝鮮半島南北分断政府（7～8月）
1948	(B) ビルマ独立（1月）	マラヤ連邦成立（2月） (M, S, Br) 英軍軍政開始（9月）		インド, パキスタン独立（8月）
1951				サンフランシスコ対日講和条約調印（9月）

	(V) 松岡・アンリ協定（8月） (B) 鈴木敬司、ラングーンでアウンサンらと接触（9月） (V) 西原・マルタン協定（北部仏印進駐合意、9月） (T) タイ仏印国境紛争（11月）			
1941	(T) 日本の居中調停でタイ仏印紛争停戦協定（1月） (C, L) タイ・仏印国境紛争停戦委員会視察団来訪（2月、2回目は同月ルアンパバーン視察） (B) 南機関発足（2月） (T) 仏からラオス2州、カンボジア2州の失地回復、日本の調停で（5月） (V) ベトナム独立同盟会（ベトミン）結成（5月） (V) 南部仏印進駐（7月） (T) 日タイ軍事同盟条約調印（12月） (B) ビルマ独立義勇軍結成（12月） (T) 日本軍、タイ各地駐屯（12月）	(I) 蘭印政庁、日本人資金凍結令施行（7月） (P) 米極東軍（ユサフェ）創設（7月） (E) ポルトガル領ティモール・ディリに日本総領事館開設（10月） (E) 日本・ポルトガル航空協定調印（10月） (S) 星州華僑抗敵動員総会（12月） (M) インド国民軍結成（12月）	「南方政策ニ於ケル台湾ノ地位ニ関スル件」閣議決定（3月）	日ソ中立条約調印（4月） 東京でタイ・仏印平和条約調印（5月） 独ソ戦勃発（6月） 「大西洋憲章」発表（8月） 「南方占領地行政実施要綱」策定（11月） 対米英宣戦布告(12月)
1942	(T) 対英米宣戦布告（1月） (C) 抗仏「傘のデモ」、ソン・ゴク・タン日本亡命（7月） (T, B) 泰緬鉄道工事着工（7月、43年10月完成） (T) バーンポーン事件発生（12月）	(P) 日本軍マニラ占領（1月） (S) 日本軍シンガポール占領（2月）、検証・粛清断行 (E) 日本軍ポルトガル領ティモール上陸（2月） (P) バターン「死の行進」（4月） (M) マラヤ抗日人民軍結成（3月） (P) フクバラハップ結成（3月） (M, S) 華僑へ奉納金強要（6月） (P) ミンダナオ島タンバラン抗日事件発生（9月） (E) ポルトガル領ティモール総督、日本軍に保護要請（10月） (I) インドネシア語整備委員会発足（11月）	台湾で陸軍特別志願兵制度実施（7月、43年8月海軍も）	東南アジア全域を支配（前半） ミッドウェー海戦敗北（6月）
1943	(B)「独立」、対米英宣戦（8月） (M, T) マレー北部4州タイへ割譲（8月）	(M) 英136部隊のマラヤ潜入（5月） (P) フィリピン共和国「独立」（10月） (I) ジャワ郷土防衛義勇		南方特別留学生制度開始（2月） 御前会議「大東亜政略指導大綱」策定（5月）

1928	(T) 済南事件に反発し、日貨排斥運動、各地に波及（5月）			
1929				南洋協会、商業実習生制度開始 世界大恐慌はじまる（10月）
1930	(V) ベトナム共産党結成（2月、10月インドシナ共産党改称） (B) サヤー・サン農民反乱勃発（12月）、タキン党結成		霧社事件発生（10月）	
1931		(S) 満州事変後、シンガポールを中心に華僑の抗日運動活発化		満州事変（9月）
1932	(T) 立憲君主革命（6月）			
1933	(T) タイ、国際連盟で日本批判へ棄権票（2月）	(I) M・ハッタ来日（3月） (P) 親日派サクダル党結成 (I) 蘭印政庁、非常時輸入制限令発布（9月）		国際連盟脱退通告（3月） 大亜細亜協会創設（3月）
1934		(I) 第一次日蘭会商（9月）		ワシントン、ロンドン両海軍軍縮条約から離脱（12月）
1935	(B) 英、ビルマ統治法公布（5月、37年4月施行） (B) ウー・ソオ来日（『日本案内』刊）	(I) A・スバルジョ1年間東京で記者生活（9月） (P) フィリピン・コモンウェルス発足（11月）	台湾総督府、「始政四〇周年記念博覧会」（10月）	
1936				「国策ノ基準」策定（8月） 西村竹四郎『在南二十五年』刊
1937		(P) ケソン大統領訪日（2月） (I) 日蘭通商協定調印（4月）		日中戦争勃発（7月）
1938	(B) ラングーンで反インド人暴動	(S) シンガポールで東南アジア各地華僑代表「南僑総会」結成 (P) ケソン大統領再来日（7月）		朝鮮で陸軍特別志願兵制度実施（2月）
1939	(B) ビルマ・ルート（援蒋）開通（1月） (V) ベトナム復国同盟会結成（上海、2月）		新南群島、台湾編入（閣議決定、2月）	海軍、海南島上陸作戦（2月） 米、日米通商航海条約破棄通告（7月） 第2次世界大戦勃発（9月）
1940	(T) 日タイ友好和親条約調印（6月） (V) 仏印国境監視団ハノイ着（6月）	(I) 東京市経済局バタビア出張所開設（3月） (I) 第2回日蘭会商（9月、翌年6月決裂）		三国同盟成立（9月）

1906	(B) 青年仏教徒連盟(YMBA)誕生			
1907	(B) ウー・オウッタマ僧正来日(大谷光瑞支援)	(S) 辰丸事件をきっかけに日貨ボイコット運動		日仏協約調印(6月)
1908		(I) 民族主義団体ブディ・ウトモ発足		日蘭領事条約調印(9月)
1909	(V) クオン・デ侯(06年渡日)日本追放(11月)	(I) バタビア日本領事館開設 (I) 堤林数衛、スマランに南洋商会設立		
1910				日韓併合(8月) 竹越與三郎『南國記』刊
1911				辛亥革命勃発(10月)
1912		(S) シンガポール日本人小学校開校		南洋郵船ジャワ航路開設(10月)
1913	(T) バンコク日本人会発足	(I) バタビア日本人会発足(その後他の主要都市にも)		
1914	(B) ウー・オウッタマ『日本国伝記』刊		海軍南洋群島領有(10月、軍政施行、12月)	第一次世界大戦勃発(9月)
1915	(V) クオン・デ侯再来日	(S) シンガポール日本人会発足		対中二一ヶ条要求提出(1月) 南洋協会設立(1月)
1916		(P) ジョーンズ法成立	パラオでモデクゲイ反日文化運動	
1917		(P) マニラ日本人小学校開校 (M) マレー半島でゴム栽培用地拡大制限令		ロシア革命(10月)
1918		(S) 南洋協会、シンガポールに商品陳列館		
1919		(S, P, I) 各領事館、総領事館に格上げ		三・一万歳運動、五四運動発生 ヴェルサイユ条約調印(6月)
1920	(B) 全ビルマ団体総評議会(GCBA)発足 (B) カルカッタ総領館ラングーン分館開設 (V) 日本領事館開設	(S) 廃娼令(各国にも波及)	台湾議会設置請願提出(1月)	
1921	(B) ビルマ日本領事館開設			
1922			南洋庁設立(3月)	
1924	(T) 日暹修好通商航海条約改正(3月)			孫文、神戸で「大亜細亜主義」講演(11月)
1927		(I) インドネシア国民党成立 (I) 第2回インドネシア青年会議で「青年の誓い」採択(10月)		

関連略年表

	大陸部東南アジア：タイT、ベトナムV、ラオスL、カンボジアC、ビルマBと略記	島嶼部東南アジア：フィリピンP、マレーシアM、ブルネイBr、シンガポールS、インドネシアI、東ティモールEと略記	台湾・南洋群島	日本・その他一般事項
1860		(I) 遣米使節団員玉虫左太夫『航米日録』で詳細なバタビア日誌		
1885	(B) コンバウン王朝滅亡（翌年英領インドの一州に併合）			
1887	(T) 日暹修好宣言書調印（9月） (V, C) フランス領インドシナ連邦形成（10月、Lは99年）			
1888		(Br) ブルネイ、英保護国に		
1889		(S, P) シンガポール、マニラに日本領事館開設		
1891		末広鉄腸『南洋の大波瀾』		
1892		(S) 日本人墓地完成		
1895			台湾日本の領有下（4月）	日清戦争終結（下関条約、4月）
1896	(T) 英仏協約によりタイ（シャム）を緩衝地帯化	(P) フィリピン革命勃発（8月） (M) 30人の移住者ジョホールへ、石原哲之介引率		
1897	(T, L, V) 岩本千綱『暹羅老撾安南三国探検実記』刊	(I) 駐シンガポール領事藤田敏郎、ジャワ邦人調査		
1898	(T) 日暹修好通商航海条約調印（2月）	(P) 独立宣言発布（1月）、米西戦争後、アメリカ植民地に（12月）翌年2月比米戦争		
1899		(I) 蘭印における日本人の法的地位、ヨーロッパ人同等に		
1901	(T) 政尾藤吉、シャム政府司法顧問に (L) ラーオ人の千年王国運動、ラオスから東北タイ一帯（7月）	(P) マニラ日本人会発足（4月）、三井物産マニラ出張所（その後東南アジア主要都市にも）開設		
1902				日英同盟調印（1月）
1903		(P) ベンゲット移民を中心に渡比日本人激増		
1905	(V) ファン・ボイ・チャウ来日、東遊運動を領導			桂・タフト覚書(7月) 日露戦争終結（ポーツマス条約、9月）

Brecher, Puck et.al. eds. 2019. *Defamiliarizing Japan's Asia-Pacific War.* University of Hawaii Press.

Dunn, James. 1983. *Timor, A People Betrayed.* ABC Books.

Frei, Henry P. 1991. *Japan's Southward Advance and Australia: From the Sixteenth Century to World War II.* Melbourne University Press.

Goodman, Grant, K. 1967. *Four Aspects of Phlippine-Japanese Relations, 1930–1940,* Southeast Asian Studies, Yale University.

Hatta, Mohammad. 1976. *Kumpulan Karangan*（『論文集』）. Jakarta: Bulan Bingtang.

———. 1979. *Memoir.* Jakarta: Tintamas. 大谷正彦訳．1993『ハッタ回想録』めこん．

Higuchi, Wakako. 2013. *The Japanese Administration of Guam, 1941-1944: A Study of Occupation and Integration Policies, with Japanese Oral Histories.* McParland.

Kratoska, Paul. 1998. *The Japanese Occupation of Malaya, 1941–1945.* Macmillan Press.

Kwee Kek Beng. 1948. *Doea Poeloe Lima Tahoen sebagai Wartawan*（『新聞記者生活四半世紀』）. Batavia: Kuo.

Mark, Ethan. 2018. *Japan's Occupation of Java in the Second World War*: Bloom'sbury Academic.

Millar, T. B. 1978. *Australia in Peace and War,* Australia National University Press.

The Netherlands East Indies Government. 1942. *Ten Years of Japanese Burrowing in the Netherlands East Indies.* London: His Majesty's Office.

Nevil Meaney, Toervor Matthew. 1988. *Japanese Connection.* Melbourne: Longman Chesire.

Notosusanto, Nugroho. 1979. *The Peta Army during the Japanese Occupation of Indonesia,* Waseda University Press.

Quezon, Manuel. 1964. *The Good Fight.* NY: AMS Press.

Reynolds, Bruce. 1994. *Thailand and Japan's Southern Advance 1940–1945.* St. Martin Press.

Sasagawa, Hideo. 2017. p. 73 "Japan's Involvement in Cambodia during World War II" Masaya Shiraishi, Nguyen Van Khanh & Bruce M. Lockhart eds, *Vietnam-Indochina-Japan Relatons during the Seond World War: Documents and Interpretations.* Waseda Univ. Institute of Asia-Pacific Studies.

Sukarno. 1964. *Dibawah Bendera Revolusi*（『革命の旗の下に』）2. Panitya Penerbit Dibawah Bendera Revolusi.

Stuart-Fox, Martin. 2008. *Historical Dictionary of Laos,* The Scarecrow Press.

矢内原忠雄. 1929.『帝国主義下の台湾』岩波書店.
————. 1935.『南洋群島の研究』岩波書店.
柳原博光. 1964.『石油の波を想う』原書房.
矢野暢編. 1991.『講座・東南アジア学10　東南アジアと日本』弘文堂.
矢野暢. 2009.『「南進」の系譜 日本の南洋史観』千倉書房.
山﨑功. 2017.『佐賀・九州の南方開拓者たち——副島八十六・田中丸善蔵・石橋正二郎』海鳥社.
山田毅一. 1934.『南洋大観』平凡社.
山田紀彦. 2018.『アジアの基礎知識５　ラオスの基礎知識』めこん.
山田満編. 2006.『東ティモールを知るための50章』明石書店.
有終会編. 1933.『海軍要覧』(昭和８年版)
吉川利治編著. 1992.『近現代史のなかの日本と東南アジア』東京書籍.
吉川利治. 1994.『泰緬鉄道機密文書が明かすアジア太平洋戦争』同文舘.
吉川利治. 2010.『同盟国タイと駐屯日本軍』雄山閣.
吉川洋子. 1996.『日比賠償外交交渉の研究』勁草書房.
吉沢南. 1986.『私たちの中のアジアの戦争——仏領インドシナの「日本人」』朝日新聞社.
吉田裕・森茂樹. 2007.『戦争の日本史23 アジア太平洋戦争』吉川弘文館.
ラウレル，ホセ・P（山崎重武訳）. 1986.『ホセ・P・ラウレル博士戦争回顧録』日本教育新聞社.
蘭印経済部中央統計局編. 1941.『蘭印統計書1940年版』国際日本協会.
蘭印事情講習会編. 1940.『蘭領印度叢書（上）』愛国新聞社出版局.
リー・クアンユー（小牧利寿訳）. 2000.『リー・クアンユー回顧録』日本経済新聞社.
リード，アンソニー（太田淳・長田弘之監訳）. 2022『世界史のなかの東南アジア下』名古屋大学出版会.
劉抗（中原道子訳・解説）. 1990『チョプスイ——シンガポールの日本兵たち』めこん.
リンヨン・ティツルウィン（田辺寿夫訳）. 1981.『死の鉄路——泰緬鉄道ビルマ人労働者・記録』毎日新聞社.
歴史・検討委員会. 1995.『大東亜戦争の総括』転展社.
早稲田大学社会科学研究所編. 1959.『インドネシアにおける日本軍政の研究』紀伊國屋書店.
和田春樹他編. 2010.『岩波講座・東アジア近現代通史２　日露戦争と韓国併合　19世紀末―1900年代』岩波書店.
————他編. 2011.『岩波講座・東アジア近現代通史６　アジア太平洋戦争と「大東亜共栄圏」1935-1945年』岩波書店.
渡辺東夫. 1946.『外南洋邦人水産業』海外水産協会.

Anderson, Benedict R.O'G. 1972, *Java in a Time of Revolution, Occupation and Resistance, 1944-1946*. Cornell University Press.
Arifin Omar, 1993. *Bangsa Malaya, Malay Concepts of Democracy and Community, 1945-1950*. Oxford University Press.

が生涯』めこん.
藤岡信勝. 1996.『近現代史教育の改革』明治書院.
藤田敏郎. 1931.『海外在勤四半世紀の回想』教文館.
プラムディヤ・アナンタ・トゥール（押川典昭訳）. 1986.『人間の大地（上)』めこん.
古田元夫. 2017.『アジアの基礎知識4 ベトナムの基礎知識』めこん.
――――. 2021.『東南アジア史10講』岩波新書.
防衛庁防衛研修所戦史室. 1968.『戦史叢書 大本営陸軍部(2)』朝雲新聞社.
――――編. 1967.『戦史叢書 蘭印攻略作戦』朝雲新聞社.
――――編. 1969.『戦史叢書 シッタン・明号作戦』朝雲新聞社.
――――編. 1970.『戦史叢書 南方進攻陸軍航空作戦』朝雲新聞社.
――――編. 1970b.『戦史叢書 大本営陸軍部(3)』朝雲新聞社.
――――編. 1973.『戦史叢書 中国方面海軍作戦(2)』朝雲新聞社.
――――編. 1975.『戦史叢書 大本営海軍部・連合艦隊(1)開戦まで』朝雲新聞社.
――――編. 1976.『戦史叢書 大本営陸軍部・大東亜戦争開戦経緯に関する考察』朝雲新聞社.
防衛庁防衛研究所戦史部編. 1979.『戦史叢書 陸軍軍戦備』朝雲新聞社.
防衛庁防衛研究所戦史部編著. 1985.『史料集 南方の軍政』朝雲新聞社.
ボ・ミンガウン（田辺寿夫訳）. 1990.『アウンサン将軍と三十人の志士――ビルマ独立義勇軍と日本』中公新書.
細谷千博. 1993.『日本外交の軌跡』日本放送出版協会.
細谷千博・本間長世他編. 1993.『太平洋戦争』東京大学出版会.
細谷千博・入江昭他編. 1997.『太平洋戦争の終結――アジア・太平洋の戦後形成』柏書房.
毎日新聞社. 1978.『日本植民地史(3)台湾』
前田透. 1982.『チモール記』蒼土舎.
増田与. 1971.『インドネシア現代史』中央公論社.
松浦正孝. 2010.『「大東亜戦争」はなぜ起きたのか――汎アジア主義の政治経済史』名古屋大学出版会.
松島泰勝. 2007.『ミクロネシア――小さな島々の自立への挑戦』早稲田大学出版部.
松村智雄. 2017.『インドネシア国家と西カリマンタン華人社会――「辺境」からのナショナリズム形成』慶応義塾大学出版会.
満鉄東亜経済調査局. 1940.『蘭領東インドに於ける華僑』.
三宅正樹他編. 1983.『太平洋戦争前夜――昭和史の軍部と政治②』第一法規出版.
溝部竜. 1985.『南方作戦に応ずる陸軍の教育訓練』防衛庁防衛研修所戦史部（所内資料）
三好俊吉郎. 2009.『ジャワ占領軍政回顧録』龍渓書舎.
村井吉敬. 2013.『パプア――森と海と人びと』めこん.
村垣範正. 1977.「航海日記」『万延元年第一遣米使節日記・復刻版』日米協会.
村上重良編. 1963.『近代詔勅集――正文訓読』新人物往来社.
村嶋英治. 1996.『ピブーン――独立タイ王国の立憲革命』岩波書店.

日本インドネシア協会. 1965. 『インドネシア革命の歩み』日本インドネシア協会.
日本近現代史辞典編集委員会. 1978. 『日本近現代史辞典』東洋経済新報社.
日本近代史料研究会編. 1982. 『日本陸海軍の制度・組織・人事』東京大学出版会.
日本国際政治学会編. 1963. 『太平洋戦争への道・第6巻南方進出』朝日新聞社.
日本人の歴史教科書編集委員会. 2009. 『新編新しい歴史教科書』自由社.
日本の英領マラヤ・シンガポール占領期史料調査フォーラム編. 1998. 『インタヴュー記録　日本の英領マラヤ・シンガポール占領（1941-45年）』. 龍溪書舎.
日本のフィリピン占領期に関する史料調査フォーラム編. 1994. 『インタビュー記録 日本のフィリピン占領』龍溪書舎.
日本を守る国民会議編. 1994. 『アジアと日本の大東亜戦争ー終戦五〇周年を迎えてー』
根本敬. 1996. 『アウン・サン――封印された独立ビルマの夢』岩波書店.
―――. 2010. 『抵抗と協力のはざま――近代ビルマ史のなかのイギリスと日本』岩波書店.
能仲文夫. 1941. 『南洋と松江春次』時代社.
野村佳正. 2016. 『「大東亜共栄圏」の形成過程とその構造――陸軍の占領地軍政と軍事作戦の葛藤』錦正社.
バー・モウ（横堀洋一訳）. 1995（1973）. 『ビルマの夜明け』太陽出版.
萩原宜之・後藤乾一編. 1995. 『東南アジア史のなかの近代日本』みすず書房.
波多野澄雄. 1996. 『太平洋戦争とアジア外交』東京大学出版会.
――――編著. 2019. 『日本外交の150年――幕末・維新から平成まで』日本外交協会.
波多野澄雄・戸部良一他著. 2021. 『決定版大東亜戦争』（上下）新潮社.
ハヴェリャーナ, S（阪谷芳直訳）. 1976. 『暁を見ずに』井村文化事業社.
林博史. 2007. 『シンガポール華僑粛清』高文研.
早瀬晋三. 1989. 『「ベンゲット移民」の虚像と実像――近代日本・東南アジア関係史の一考察』同文舘.
――――. 2012. 『フィリピン近現代史のなかの日本人――植民地社会の形成と移民・商品』東京大学出版会.
――――. 2018. 『グローバル化する靖国問題』岩波書店.
――――. 2022. 『すれ違う歴史認識――戦争で歪められた歴史を糺す試み』人文書院.
原不二夫. 1986. 『英領マラヤの日本人』アジア経済研究所.
――――. 2001. 『マラヤ華僑と中国――帰属意識転換過程の研究』龍溪書舎.
――――編. 1993. 『東南アジア華僑と中国』アジア経済研究所.
東ティモール日本占領期史料フォーラム編. 2005. 『日本軍占領下の東ティモール視察復命書――日本・ポルトガル両国当事者の記録』龍溪書舎.
疋田康行編著. 1995. 『南方共栄圏――戦時日本の東南アジア経済支配』.
比律賓協会. 1938. 『比律賓情報』.
ファン・ボイ・チャウ（長岡新次郎・川本邦衛編）. 1966. 『ヴェトナム亡国史他』平凡社.
プーミー・ヴォンヴィチット（平田豊訳）. 2010. 『激動のラオス現代史を生きて――回想のわ

高木惣吉. 1949.『太平洋海戦史』岩波新書.
————. 1969.『私観太平洋戦争』文藝春秋社.
高鳥正編. 1942.『大東亜戦争に直面して——東条英機首相演説集』改造社.
竹越與三郎. 1942.『南國記』(復刻) 日本評論社.
武島良成. 2009.『日本占領とビルマの民族運動——タキン勢力の政治的上昇』龍溪書舎.
武田重三郎編. 1968.『ジャガタラ閑話——蘭印時代邦人の足跡』私家版 (新装版はジャガタラ友の会編として1978年に刊行).
立川京一. 1980.『第二次世界大戦とフランス領インドシナ——「日仏協力」の研究』彩流社.
武富登巳男編. 1987.『ババル島事件関係書類』不二出版.
田中宏編. 1983.『日本軍政とアジアの民族運動』アジア経済研究所.
種村佐孝. 1952.『大本営機密日誌』ダイヤモンド社.
田村慶子. 2016.『アジアの基礎知識 2　シンガポールの基礎知識』めこん.
タン・マラカ (押川典昭訳). 1979, 1981.『牢獄から牢獄へ』(Ⅰ, Ⅱ). 鹿砦社.
長洋弘. 2021.『帰らなかった日本兵——インドネシア残留元日本兵の記録』論創社.
土屋健治. 1982.『インドネシア民族主義研究』創文社.
土井章監修. 1978.『昭和社会経済史料集成第 2 巻』御茶の水書房.
鶴見祐輔. 1917.『南洋遊記』講談社.
東亜研究所. 1945.『第三調査委員会報告書——南洋華僑抗日運動の研究』龍溪書舎復刻, 1978.
東京裁判研究会編. 1948.『東條英機宣誓供述書』洋々社.
ドウス, ピーター・小林英夫編. 1998.『帝国という幻想——「大東亜共栄圏」の思想と現実』青木書店.
東南アジア学会監修. 2009.『東南アジア史研究の展開』山川出版社.
徳富蘇峰. 1917.『公爵桂太郎・乾巻』故桂公爵記念事業会所.
————. 1925.『台湾遊記』民友社.
永積昭・間苧谷栄. 1970.『東南アジアの価値体系・インドネシア』現代アジア出版会.
永積昭編. 1981.『東南アジアの留学生と民族主義運動』厳南堂書店.
中谷武世. 1989.『昭和動乱期の回想・上巻』民族と政治社.
中野聡. 2012.『東南アジア占領と日本人——帝国・日本の解体』岩波書店.
中原茂敏. 1981.『大東亜補給戦』原書房.
中原道子 (文)・上羽修 (写真). 1992.『昭和史の消せない真実』岩波書店.
中村孝志編. 1988.『日本の南方関与と台湾』天理教道友社.
南方圏研究会. 1943.『南方新建設講座』大阪屋號書店.
『南方年鑑』. 1943. 東邦社.
南洋時代社編. 1932.『爪哇の現在と輝く邦人』南洋時代社.
西嶋重忠. 1975.『証言インドネシア独立革命－ある日本人革命家の半生－』新人物往来社.
西村竹四郎. 1936.『在南三十五年』安久社.
日米協会. 1977 (復刻)『万延元年第一遣米使節日記』.

小松みゆき．2020．『動きだした時計――ベトナム残留日本兵とその家族』めこん．

五味文彦・鳥海靖編．2017．『新もういちど読む山川日本史』山川出版社．

古茂田信男他編．1981．『日本流行歌史』（戦前編，戦後編）．社会思想社．

小森陽一・坂本義和・安丸良夫編．2001．『歴史教科書問題 何が問題か――徹底検討 Q&A』岩波書店．

コンスタンティーノ，レナト&レティシア（鶴見良行他訳）．1979．『フィリピン民衆の歴史(4)』井村文化事業社．

佐久間平喜．1984．『ビルマ現代政治史』勁草書房．

笹川秀夫．2006．『アンコールの近代――植民地カンボジアにおける文化と政治』中央公論社．

佐藤賢了．1966．『大東亜戦争回顧録』徳間書店．

参謀本部編．1967．『杉山メモ――大本営・政府連絡会議等筆記』上・下，原書房．

信夫清三郎．1988．『「太平洋戦争」と「もう一つの太平洋戦争」』勁草書房．

信夫隆司．2021．『米兵はなぜ裁かれないのか』みすず書房．

島貫武治．1965．『明治以来の国防方針と用兵の変遷』防衛庁防衛研究所．

清水元編．1986．『両大戦間期日本・東南アジア関係の諸相』アジア経済研究所．

ジャガタラ友の会編．1978．『ジャガタラ閑話――蘭印時代邦人の足跡』非売品．

ジャガタラ友の会編．1987．『写真で綴る蘭印生活半世紀――戦前期インドネシアの日本人社会』非売品．

ジャワ新聞社．1944．『ジャワ年鑑』．

正田健一郎編．1978．『近代日本の東南アジア観』アジア経済研究所．

白石昌也．1993．『ベトナム民族運動と日本・アジア：ファン・ボイ・チャウの革命思想と対外認識』厳南堂書店．

スカルノ（黒田春海訳）1969．『スカルノ自伝――シンディ・アダムスに口述』角川文庫．

杉山伸也・ブラウン，イアン編．1990．『戦間期東南アジアの経済摩擦』同文舘．

鈴木静夫・横山真佳編．1984．『神聖国家日本とアジア――占領下の反日の原像』勁草書房．

スバルジョ，アフマッド（奥源造訳）．1973．『インドネシアの独立と革命』龍溪書舎．

関根郡平．1933．『皇国の危機一九三六年に備へよ』兵書出版．

全国憲友会編．1976．『日本憲兵正史』．

曾澤蛭風．1984．『椰子と南十字星と学徒兵――或る農学徒の大東亜戦参戦回想録』私家版．

袖井林二郎編．1985．『世界史のなかの日本占領』日本評論社．

ソリヴェン，ベラジア・V（後藤優訳）．2007．『スータンを縫いながら――日本占領期を生きたフィリピン女性の回想』段々社．

大東文化大学東洋研究所編．1991．『昭和社会経済史料集成17』厳南堂書店．

大日本航空社史刊行会編．1975．『航空輸送の歩み』日本航空協会．

台湾銀行史編集室．1964．『台湾銀行史』．

台湾総督府編．1935．『台湾と南支・南洋』．

台湾総督府．1939．『始政四十周年記念台湾博覧会誌』非売品．

史と記憶』岩波書店.
神谷忠孝・木村一信編. 1996.『南方徴用作家——戦争と文学』世界思想社.
河西晃祐. 2012.『帝国日本の拡張と崩壊——「大東亜共栄圏」への歴史的展開』法政大学出版局.
————. 2016.『大東亜共栄圏——帝国日本の南方体験』講談社.
河合弘之・猪俣典弘. 2020.『ハポンを取り戻す——フィリピン残留日本人の戦争と国籍回復』ころから.
神崎清編. 1966.『明治文学全集42徳冨蘆花集』筑摩書房.
菊池貴晴. 1966.『中国民族運動の基本構造——対外ボイコットの研究』汲古書院.
菊池英昭編著. 2017.『旧日本軍朝鮮半島出身軍人・軍属死者名簿』新幹社.
木坂順一郎. 1982.『太平洋戦争——大東亜共栄圏の幻想と崩壊』小学館.
北野典夫. 1985.『天草海外発展史(下)』葦書房.
北村毅. 2009.『死者たちの戦後誌——沖縄戦跡をめぐる人びとの記憶』御茶の水書房.
木戸日記研究会・日本近代史料研究会. 1968.『西浦進氏談話速記録(下)』.
許雲樵・蔡史君編(田中宏・福永平和訳). 1986.『日本軍占領下のシンガポール』青木書店.
宮内庁(著作権者). 2016a.『昭和天皇実録第七』東京書籍.
宮内庁(著作権者). 2016b.『昭和天皇実録第八』東京書籍.
宮内庁(著作権者). 2017.『昭和天皇実録第十二』東京書籍.
倉沢愛子編. 1997.『東南アジア史のなかの日本占領』早稲田大学出版部.
倉沢愛子. 1992.『日本占領下のジャワ農村の変容』草思社.
————. 2011.『戦後日本=インドネシア関係史』草思社.
————. 2012.『資源の戦争——「大東亜共栄圏」の人流・物流』岩波書店.
クラトスカ, ポール(今井敬子訳). 2005.『日本占領下のマラヤ——1941-1945』行人社.
グルー, ジョセフ(石川欣一訳). 1948.『滞日十年・上巻』毎日新聞社.
越田稜編. 1995.『アジアの教科書に書かれた日本の戦争——東南アジア編・増補版』梨の木舎.
後藤乾一. 1977.『火の海の墓標——ある〈アジア主義者〉の流転と帰結』時事通信社出版局.
————. 1985.『昭和期日本とインドネシア——「南進」の論理・「日本観」の系譜』勁草書房.
————. 1989.『日本占領期インドネシア研究』龍溪書舎.
————. 1999.『〈東〉ティモール国際関係史 1900-1945』みすず書房.
————. 2013.『東南アジアから見た近現代日本——「南進」・占領・脱植民地化をめぐる歴史認識』岩波書店.
————. 2015.『近代日本の「南進」と沖縄』岩波書店.
————. 2019.『「南進」する人びとの近現代史——小笠原諸島・沖縄・インドネシア』龍溪書舎.
後藤乾一・松浦正孝共編. 2008.『大東亜主義・解説総目録編』龍溪書舎.
後藤乾一・山﨑功. 2006.『スカルノ——インドネシア「建国の父」と日本』吉川弘文館.
小林英夫. 1975.『「大東亜共栄圏」の形成と崩壊』御茶の水書房.
————. 1993.『日本軍政下のアジア』岩波新書.

書舎.
内海愛子. 2008.『キムはなぜ裁かれたのか――朝鮮人BC級戦犯の軌跡』朝日新聞出版.
――――. 2015.『朝鮮人BC級戦犯の記録』岩波現代文庫.
内海愛子・村井吉敬. 1980.『赤道下の朝鮮人反乱』勁草書房.
内海愛子・田辺寿夫編. 1983.『教科書に書かれなかった戦争 Part 2 アジアから見た「大東亜共栄圏」梨の木舎.
内海愛子・村井吉敬. 1987.『シネアスト許泳の「昭和」』凱風社.
大江志乃夫他編. 1992.『岩波講座・近代日本と植民地(1)』岩波書店.
――――他編. 1993a.『岩波講座・近代日本と植民地(3)』岩波書店.
――――他編. 1993b.『岩波講座・近代日本と植民地(6)』岩波書店.
――――他編. 1993c.『岩波講座・近代日本と植民地(7)』岩波書店.
大蔵省管理局編. 1947a（？).『日本人の海外活動に関する歴史的調査（通巻第30冊南方篇第1分冊)』大蔵省.
大蔵省管理局編. 1947b（？)『日本人の海外活動に関する歴史的調査（通巻第33冊南方編第4分冊各論蘭印編)』大蔵省.
太田常蔵. 1967.『ビルマにおける日本軍政史の研究』吉川弘文館.
大鷹正次郎. 1943.『大東亜の歴史と建設』輝文堂書店.
小川忠. 1993.『インドネシア　多民族国家の模索』岩波新書.
――. 2016.『インドネシア イスラーム大国の変貌――躍進がもたらす新たな危機』新潮選書.
沖縄県農林水産行政史編集委員会編. 1983.『沖縄県農林水産行政史第一七巻』
――――. 2011.『沖縄県史各論編第五巻近代』沖縄県教育委員会.
奥村房夫編. 1996.『大東亜戦争の本質』紀伊國屋書店.
外務省編. 1954.『日本外交文書・第三〇巻』日本国連協会.
――――編. 1966.『日本外交年表並主要文書1840-1945（下)』原書房.
――――編. 2010a.『日本外交文書 太平洋戦争第一冊』外務省.
――――編纂. 2010b.『日本外交文書 太平洋戦争第二冊』外務省.
――――編纂. 2010c.『日本外交文書 太平洋戦争第三冊』外務省.
――――編纂. 2013.『日本外交文書　第二次欧州大戦と日本　第二冊下・大戦の諸相と対南方施策』外務省.
――――編纂. 2015.『日本外交文書 昭和期Ⅲ関係調書集』外務省.
外務省外交史料館日本外交史編纂委員会『日本外交史辞典』1979. 山川出版社.
外務省通商局. 1934.『葡領「チモール」植民地事情』.
ガウス, マフユディン（後藤乾一編訳). 2012.『M・ガウス回想録――戦前期インドネシア留学生の日本体験』早稲田大学アジア太平洋研究センター.
鹿島平和研究所編. 1973.『日本外交史・第22巻南進問題』鹿島平和研究所出版会.
片岡千賀之. 1991.『南洋の日本人漁業』同文舘出版.
カマチョ, キース・L（西村明・町泰樹訳). 2016.『戦禍を記念する――グアム・サイパンの歴

主要参考文献

雑誌論文および共著中の個別論文の書誌情報については本文を参照されたい。

・編集委員会編等の場合は、原則として筆頭編著者１、２名のみを記した。

・出版年は西暦に統一した。

明石陽至編．2001.『日本占領下の英領マラヤ・シンガポール』岩波書店.

アゴンシリョ，テオドロ・Ａ（二村健訳）1991.『運命の歳月――フィリピンにおける日本の冒険1941-1945（第１巻）』井村文化事業社

安里延．1941.『日本南方発展史――沖縄海洋発展史』三省堂.

朝日新聞社編．1944.『南方の拠点・台湾』朝日新聞社.

安達宏昭．2002.『戦前期日本と東南アジア』吉川弘文館.

荒哲．2021.『日本占領下のレイテ島――抵抗と協力をめぐる戦時下フィリピン周縁社会』東京大学出版会.

池端雪浦編．1996.『日本占領下のフィリピン』岩波書店.

池端雪浦他編．2004.『近現代日本・フィリピン関係史』岩波書店.

石井良則．2020.『戦前の小笠原諸島――その光と影』龍溪書舎.

石井米雄・吉川利治．1987.『日・タイ交流六百年史』講談社.

石井米雄他編．2002.『岩波講座・東南アジア史７　植民地抵抗運動とナショナリズムの展開』岩波書店.

――――他編．2002.『岩波講座・東南アジア史８　国民国家形成の時代』岩波書店.

――――他監修．1986.『東南アジアを知る事典』平凡社.

磯村生得．1981.『われに帰る祖国なく――或る台湾人軍属の記録』時事通信社.

市川健二郎．1987.『日本占領下タイの抗日運動――自由タイの指導者たち』勁草書房.

伊藤隆・廣橋眞光・片島紀男編．1990.『東條内閣総理大臣機密記録 東條英機大将言行録』東京大学出版会.

稲宮康人・中島三千男．2019.『非文字資料研究叢書２「神国」の残影――海外神社跡地写真記録』国書刊行会.

入江寅次．1942.『邦人海外発展史』上・下．井田書店.

イルサン，アブドゥル（宍戸久美子訳）．2006.『インドネシア人外交官の目から見た日本』オフィス・プロモシ.

イワ・クスマ・スマントリ（後藤乾一訳）．2003.『インドネシア民族主義の源流（新版）』早稲田大学出版部.

岩武照彦．1995.『南方軍政下の経済施策』上・下．龍溪書舎.

岩波書店編集部編．2001.『近代日本総合年表第４版』岩波書店.

インドネシア日本占領期史料フォーラム．1991.『証言集・日本軍占領下のインドネシア』龍溪

ラ行

ワ行

マ行

ヤ行

ハ行

ナ行

タ行

サ行

カ行

索引

略語

ア行

後藤乾一（ごとう・けんいち） 早稲田大学名誉教授、法政大学沖縄文化研究所国内研究員。1943年東京生まれ、1965年早稲田大学政治経済学部卒、東南アジア近現代史専攻。本書関連の近著として、『東南アジアから見た近現代日本』（岩波書店、2012年、高麗大学出版文化院より韓国語版近刊）、『近代日本の「南進」と沖縄』（岩波書店、2015年）、『「南進」する人びとの近現代史——小笠原諸島・沖縄・インドネシア』（龍溪書舍、2019年）。

アジアの基礎知識 6

日本の南進と大東亜共栄圏

初版第1刷発行 2022年5月30日

定価2500円＋税

著者	後藤乾一©
装丁	菊地信義・水戸部功
発行者	桑原晨
発行	株式会社めこん
	〒113-0033 東京都文京区本郷3-7-1 電話 03-3815-1688　FAX 03-3815-1810 ホームページ http://www.mekong-publishing.com
印刷	株式会社太平印刷社
製本	株式会社新里製本所

ISBN978-4-8396-0329-8　C0330　¥2500E　0330-2201329-8347